# MERIAN *momente*

W0095985

# GOLF VON NEAPEL

## AMALFIKÜSTE

ELLEN KATJA JAECKEL

# DEN GOLF VON NEAPEL ENTDECKEN
Höhepunkte für eine unvergessliche Reise     4

# DEN GOLF VON NEAPEL ERLEBEN
Ausgesuchte Adressen und Empfehlungen     20

# DEN GOLF VON NEAPEL ERKUNDEN

Die Orte, die Regionen,
die Sehenswürdigkeiten         60

# UM DEN GOLF VON NEAPEL

Touren und Ausflüge         156

# DEN GOLF VON NEAPEL ERFASSEN

Zahlen, Fakten, Hintergründe         166

# IM FOKUS

Kleine Reportagen vom Golf von Neapel

# KARTEN UND PLÄNE

# DEN GOLF VON NEAPEL
# ENTDECKEN

Vom Castel Sant'Elmo (▶ S. 65) aus erblickt man Neapel und den Vesuv in der Ferne.

# MEIN GOLF VON NEAPEL

*Benvenuti al Sud! Das Licht, die Menschen, die Kultur sind hier so ganz anders. Goethes Ausruf »… man sage, erzähle, male, was man will, hier ist mehr als alles!« hat nach wie vor Geltung: Neapel und seine bezaubernde Umgebung muss man erlebt haben.*

Es war im Herbst 1995, als ich das erste Mal an den Golf von Neapel fuhr. Gerade hatte ich mein Studium in einer süddeutschen Universitätsstadt abgeschlossen und beabsichtigte, zum nächsten Sommersemester ein Aufbaustudium anderswo anzuschließen. Dazwischen lagen sechs lange Wintermonate, die ich in Neapel zu verbringen beabsichtigte. Auslöser für diese Reise war ein kleines Zitat des Italienkenners Eckart Peterich (1900–1968): »Hinter Rom beginnt Griechenland, doch Italien hört nicht auf. Das gilt vom Geschichtlichen, noch mehr aber vom Landschaftlichen und Mythischen.« Dieser Satz faszinierte mich als Griechenlandkennerin und als Romanistin zugleich, ich entschied, den Dingen vor Ort auf den Grund zu gehen. Meine Annäherung an Neapel erfolgte also gewisserma-

◄ Castello Aragonese auf Ischia (► S. 132) – einst
Gefängnis, heute wichtige Sehenswürdigkeit.

ßen über den griechischen Umweg. Was ich wusste: Vor 2800 Jahren hatten die Griechen als Kolonisten die Gegend südlich von Cuma aus besiedelt, und im Gepäck führten sie auch Weinreben und die Olive, Erzeugnisse, die zum Besten gehören, was Italien heute produziert. Mehr noch: Die Griechen brachten ihre Schrift mit an den Golf von Neapel, woraus sich ebendort das lateinische Alphabet entwickelte, in dem wir bis heute schreiben. Ein magischer Ort also in der europäischen Kulturgeschichte, in der klassischsten aller europäischen Kulturlandschaften.

## EINE REGION DER GEGENSÄTZE UND EXTREME

Warum die Griechen ausgerechnet an diesem Fleck siedelten, fiel mir wie Schuppen von den Augen, als ich vor der Wohnung meiner Gastgeberin auf dem Posillipo stand und hinabblickte auf ein tausendfach beschriebenes, gemaltes, bedichtetes, besungenes und fotografiertes Panorama, das sich vor mir ausbreitete: mit dem zweifach geschwungenen Somma-Vesuv zur Linken, der markanten Silhouette der Insel Capri gegenüber und der Stadt zu Füßen. Die Felsküste, der Burgberg Pizzofalcone, die Seelandschaft – all dies musste die Kolonisten unweigerlich an ihr hellenisches Mutterland erinnern. Die Erinnerung daran ist unter den Neapolitanern immer noch sehr lebendig! Wie oft hörte ich in den folgenden Monaten den Satz »siamo greci«, wir sind Griechen, ausgesprochen mit einer Mischung aus Stolz, Resignation und Faszination. Nur wenige Neapolitaner, denen ich begegnete, waren jemals in Griechenland gewesen, aber in ihrer Fantasie half der Rekurs auf das Fremde als Erklärungsmuster für ihre Sonderstellung in Italien.

## ALLES IST ANDERS ALS IM NÖRDLICHEN ITALIEN

Neapel, das ist lauter, ungestümer, ungeordneter, es ist der Ort der Extreme. Armut und Reichtum, Elend und Glanz liegen nah beieinander. Ein irdisches Paradies sind das selbstgenügsame Capri und die spektakulär ins Meer hinabfallenden Orte an der amalfitanischen Küste. Gleich daneben liegt die Hölle in einer zersiedelten, von Menschenhand zerstörten Landschaft mit den an Tristesse kaum zu überbietenden Ortschaften im Hinterland. Doch verweilen wir noch einen Augenblick am Posillipo. Genügt nicht ein einziger Blick auf dieses berauschend schöne Panorama, um alle Einwände, die gegen Neapel üblicherweise erhoben werden – der

Müll! die Drogenmafia! die Jugendarbeitslosigkeit! –, zumindest für einen Moment auf einen Schlag zunichtezumachen? Egal, von wo man schaut – eine Reise an den Golf von Neapel ist immer auch ein Höchstgenuss an Belvedere, mit denen die Natur wohl keine zweite Gegend Europas so reich beschenkt hat. Sorrent, die Amalfitana, die Inseln und immer wieder auch Neapel – ein paar Schritte hinaus aus der Enge der dunklen Gassen Neapels genügen, um festzustellen: Dieser Blick auf unvergängliche Schönheit ist für alle da, und er ist umsonst. Neapel ist die Stadt der Träumer. Jedes neapolitanische Kind der »bassi«, der höhlenartigen Einzimmerwohnungen der Altstadt, kennt die Geschichte vom Aufstieg der Gassenschönheit Sophia Loren aus dem schmuddeligen Pozzuoli oder Enrico Carusos aus dem Armenviertel Santa Lucia. Und weiß: Manchmal gehen Träume in Erfüllung.

## DER NEAPOLITANER ARRANGIERT SICH, KOMME, WAS WOLLE

Die Gemütshaltung des von Naturgewalten eingezwängten und von den realpolitischen Gegebenheiten erdrückten Golfbewohners hat sich seit der Antike, so scheint mir, wenig verändert. Trotz der Gefahren, die von dem »unsichersten Boden unterm reinsten Himmel« (Goethe), dem Vesuv, und dem sozialen Elend ausgehen, hat er gelernt, das Leben an diesem schönen Flecken Erde im milden Klima zu genießen und sich zurechtzufinden. »Arrangiarsi« heißt das berühmte Zauberwort, die Alten nannten es Epikureismus; eine skurrile Mischung aus Resignation und Fatalismus, der ich auch in Griechenland schon begegnet war. Immer wieder kommt es in felix Campania zu Katastrophen von ungeheurem Ausmaß. Schlammlawinen reißen ganze Dörfer mit sich, in der Altstadt von Neapel stürzt nicht selten der unterhöhlte Untergrund ein, die Erde bebt. Umso fester ist das Fundament des Katholizismus und des Aberglaubens. In der Not wird schon der heilige Gennaro oder auch das kleine rote Horn gegen den bösen Blick schützen! Nicht den barocken Vanitas-Gedanken, sondern das fröhlich-heitere carpe diem beherzigt der Neapolitaner seit jeher. Auch im 21. Jahrhundert sorgen sich die kreativen Menschen am Golf von Neapel mehr um das Heute als um das Morgen und haben gelernt, sich mit dem täglichen Chaos, der schwerfälligen Bürokratie, der Enge und dem Verkehr kunstvoll zurechtzufinden. Die sprichwörtliche neapolitanische Kunst, sich zu arrangieren, hat immer auch mit dem Glauben an den starken Zusammenhalt in der Familie zu tun. Und die für Italiener bekannte Kindervernarrtheit gilt auch und insbesondere für den Süden. Einmal begleitete ich als Stadtführerin eine australische

Familie mit drei Kindern, davon zwei im Rollstuhl, auf ihrer Reise an den Golf von Neapel. Meine Sorge, wie wir durch den engen Verkehr und die zugeparkten Bürgersteige in Stadt und Land überhaupt vorankommen würden, war umsonst – wie sehr hatte ich die packende Hilfsbereitschaft und die überbordende Nächstenliebe der Einheimischen, ihre »carità«, unterschätzt! Wie ein wundersames Sesam-öffne-dich wurde uns der Weg frei gemacht, wurden Autos und Vespas beiseitegehoben und die Kinder in den Rollstühlen geschoben und geherzt. Es war, als wären die Statisten aus einem Film mit Totò ins wirkliche Leben gesprungen.

## WUNDERBARE VIELFALT PRÄGEN ARCHITEKTUR UND NATUR

Wer die Amalfiküste bereist, wird auch überwältigt von der architektonischen Vielfalt: Omnipräsent sind die barocken Kirchen, daneben Klöster wie aus Tausendundeiner Nacht, gotische Kathedralen, mächtige Burgen, griechische Tempel und römische Villen. Im Gegensatz zu den nord- und mittelitalienischen Städten zeigt der Golf von Neapel kein harmonisch zusammengefügtes Bild. Das mag daran liegen, dass es hier praktisch keine Bürgerkultur gab, sondern einzig das jeweils herrschende Königshaus den Stil der Zeit prägte. Die Normannen haben dem Dom von Salerno ihren Stempel aufgedrückt, die Anjou-Familie hat das mächtige Kastell am Hafen von Neapel errichtet. Aragonesen prägten das Bild Ischias, und die Bourbonen haben die gewaltige Schlossanlage von Caserta hinterlassen. Ebenso vielfältig sind die Naturschönheiten. Die spektakulär ins Meer hinabfallenden Kalksteinfelsen von Capri sind von unzähligen Grotten durchlöchert, durch die das Wasser in allen Farbnuancen von Blau und Türkis schimmert. Der Vesuv zeigt zwar seit seinem letzten Ausbruch 1944, der die Amerikaner bei der Befreiung der Stadt überraschte, keine Rauchfahne mehr, doch erloschen ist er noch lange nicht. Eine Reise an den Golf von Neapel ist eine Reise zu wundersamer Natur und wunderbaren Menschen.

**Die Autorin** Diesen Band schrieb die Romanistin, Germanistin und Komparatistin **Ellen Katja Jaeckel**. Seit vielen Jahren bereist sie die Kulturlandschaft am Golf von Neapel als Studienreiseleiterin und ist immer gerne auf der Suche nach einem edlen Tropfen Greco di Tufo und der unnachahmlichen »sfogliatella riccia«. Die Insel Capri gehört für sie zu den schönsten Orten der Welt. Für MERIAN *live!* hat sie die Bände Neapel (mit Dr. Peter Peter), Kos und Athen verfasst.

# MERIAN TopTen

*Diese Höhepunkte sollten Sie sich bei Ihrem Besuch auf keinen Fall entgehen lassen: Ob Sorrent, Pompeji oder die Amalfitana – MERIAN präsentiert Ihnen hier die wichtigsten Sehenswürdigkeiten des Golf von Neapel und der Amalfiküste.*

### 1 Spaccanapoli

Ein Spaziergang durch 2500 Jahre: Neapels Lebensader ist griechisch, römisch, gotisch, barock und vor allem neapolitanisch (▶ S. 67).

### 2 Museo Archeologico Nazionale, Neapel

Superlativ pur: die größten Skulpturen der Antike, die berühmtesten Mosaike und die schönsten Fresken aus den Vesuvstädten (▶ S. 76).

### 3 Vesuv

Der einzige noch aktive Vulkan auf dem europäischen Festland bietet vom Krater sensationelle Blicke (▶ S. 90).

### 4 Ercolano (Herkulaneum)

Übersichtlicher als Pompeji und noch besser konserviert – sogar organisches Material wie das Holz an Hausrat, Türen und Möbeln hat sich aus der Antike erhalten (▶ S. 90).

### 5 Pompeji

Römischer Luxus im Alltag: Bäderfreuden, Theater, Villen, großzügige Plätze und Lebedamen (▶ S. 96).

### 6 Sorrent

Zu einem Bummel durch die auf hohen Felsen erbaute Stadt der Zitronen gehören eine »granita di limone« und ein guter Espresso (▶ S. 107).

### ⭐ Capri

Capri ist ein Inseltraum im Farben-
rausch: rote Sonne, blaue Grotte, weiße
Villen, grün-graue Klippen und nicht
nur im Frühling ein buntes Blüten-
meer (▶ S. 121).

### ⭐ Amalfitana

Sie zählt zu den berühmtesten Straßen
der Welt: Hinter jeder Kurve überrascht ein neuer spektakulärer Ausblick auf die Steilküste zwischen Positano und Vietri sul Mare (▶ S. 146).

### ⭐ Paestum

Für Goethe und Winckelmann war es
die erste direkte Begegnung mit der
griechischen Klassik. Und bis heute
fasziniert die Malerei vom »Grab des
Tauchers« (▶ S. 162).

### ⭐ Phlegräische Felder

Es blubbert, brodelt und dampft in der
Heimat von Sibylle von Cuma und Sophia Loren, wo beeindruckende archäologische Stätten zu entdecken sind – Vorsicht bei empfindlichen Nasen (▶ S. 164)!

# MERIAN Momente
## Das kleine Glück auf Reisen

*Oft sind es die kleinen Momente auf einer Reise, die am stärksten in Erinnerung bleiben – Momente, in denen Sie die leisen, feinen Seiten der Region kennenlernen. Hier geben wir Ihnen Tipps für kleine Auszeiten und neue Einblicke.*

 **Burg im Mondenschein**
▶ Klappe hinten, c 6

Statten Sie dem Castell dell'Ovo am Abend in der Dunkelheit einen Besuch ab und genießen Sie einen Drink am Borgo Marinaio, dem ehemaligen Fischerviertel, mit Blick auf die beleuchtete mächtige Burg.

Einst schifften sich ganze Familien Neapels von hier nach Amerika ein auf der Suche nach besseren Lebensbedingungen. Heute versammelt sich die Schickeria des seit 1893 bestehenden Reale Yacht Club Canottieri Savoia in den teuren Restaurants. Ein herrlicher Ort, um den Tag ausklingen zu lassen!

Castel dell'Ovo | Neapel | V. Eldorado, bzw. Borgo Marinaio

 **Oasen der Stille**
▶ Klappe hinten, d 2

Dem ohrenbetäubenden Lärm der engen neapolitanischen Gassen entkommt man am besten in einer der zahlreichen Kirchen, wahren Ruheinseln im großstädtischen Treiben, und den Kreuzgängen, von denen es rund 50 in Neapel gibt!

Im Kreuzgang von Santa Chiara mit seinen wunderschönen Majolikakacheln begegnet man häufig zu vielen Gruppen – ruhiger ist es hingegen im »chiostro« von San Pietro a Majella, wo allenfalls Musik aus dem Konservatorium tönt. Auch im Kloster San Gregorio Armeno, nur ein paar Schritte von der geschäftigen Piazza San Gaetano im Zentrum Neapels entfernt, scheint die Zeit stehen geblieben zu sein.

Neapel | V. San Pietro a Majella 4, Eingang in den Kreuzgang des Klosters San Gregorio Armeno vom Vico Giuseppe Maffei

###  Parco Virgiliano C 4

Den ganzen Tag auf den Füßen in Neapel, durch Kirchen, Klöster und Museen? Schwirrt Ihnen schon der Kopf von so viel barocker Pracht? Dann nehmen Sie sich ein Taxi und fahren raus aus der Stadt auf die mit Panoramablicken gesegnete Posillipo-Halbinsel. Ganz am Ende, kurz vor dem Inselchen Nisida, befindet sich der große, terrassenförmige Park mit Spielplatz für die Kinder und Traumausblicken auf die Phlegräischen Felder und die Inseln im Golf. Wahrhaftig ein Ort, an dem man zur Feder greifen möchte!

Verwechseln Sie nicht Parco Virgiliano mit dem sehr ähnlich klingenden Parco Vergiliano – Letzterer, bei Mergellina gelegen, ist die Grabstätte der Dichter Giacomo Leopardi und Vergil und mehr eine Höhle denn ein Park.

Parco Virgiliano | Neapel | Posillipo | tgl. 9 Uhr bis 1 Stunde vor Sonnenuntergang

###  Picknick bei den alten Römern ▶ S. 97, c 1

Die Versorgung mit Essen und Trinken in den Ausgrabungsstätten von Pompeji ist eher ungenügend. Die meisten Besucher begnügen sich daher nur mit einem kleinen Rundgang und strömen danach in die überfüllten Restaurants außerhalb des Grabungsgeländes. Packen Sie ein mundendes Picknick ein: Picknickdecke, dazu Wein, Oliven, Weißbrot, Käse und Früchte, was schon die alten Pompejaner schätzten. Schöne Picknickplätze stehen im Grünstreifen außerhalb der Stadtmauer zwischen Porta di Nola und Porta di Vesuvio sowie hinter dem Amphitheater zur Verfügung. So kann man den ganzen Tag in Pompeji auskosten, ohne Hunger leiden zu müssen.

Pompeji

co. Einzigartig in Europa: Auf Fels- und Majolikatafeln laden 60 Zitate von Aristoteles bis Wittgenstein zum Philosophieren und Nachdenken ein.

Die Idee zu diesem meditativen Park kurz vor dem Belvedere di Migliara hatte der Capri-begeisterte Schwede Gunnar Adler-Karlsson, umgesetzt wurde sie im Jahr 2000.

Capri | von der P.zza Vittoria in Anacapri über die V. Caposcuro in 40 Minuten zu erreichen

### 5 Romantik pur ⚑ D 5

Ein lauschiges Stündchen, fernab vom Rummel gefällig? Dann packen Sie eine gute Flasche Taurasi und ein paar Gläser ein und steigen Sie in der Dämmerung den mittelalterlichen Treppenweg hinunter zur Marina Grande, dem alten Fischerhafen von Sorrent. Aufgrund des extremen Höhenunterschieds führt dieser ein Eigenleben jenseits des Trubels in der Altstadt.

Sorrent | Marina Grande

### 6 Aussicht zum Träumen
▶ S. 123, b 1

Von der Talstation des Sessellifts in Anacapri auf der Insel Capri führt ein herrlicher Spaziergang durch Obst- und Gemüsegärten bis zum Aussichtspunkt Migliera auf hohen Felsklippen. Von hier reicht der Blick auf die Punta Carena mit dem Leuchtturm und linker Hand zu den Faraglioni-Felsen.

Startpunkt: Anacapri, V. Caposcuro, 10

### 7 Im Park der Philosophen
▶ S. 123, b 3

Bevor bei Capri die rote Sonne im Meer versinkt, spazieren Sie die Via Migliera am Westhang des capresischen Sonnenbergs zum Parco filosofi-

### 8 Inselglück ▶ S. 141, c 2

Gucken Sie noch vor Ihrer Abreise den Film »Der Postmann«, 1994 unter der Regie von Michael Radford nach dem Roman »Mit brennender Geduld« von Antonio Skármeta gedreht. Und reisen Sie mit diesen Bildern vor dem inneren Auge nach Procida. Am Hafen der Corricella stellen Sie fest, dass die Realität mindestens so idyllisch wie im Film ist: Nach wie vor schaukeln die kleinen Fischerboote, die bunten Würfelhäuser türmen sich wie Legobausteine, und zum Preis eines Cappuccino in der Bar Graziella lässt sich hier der perfekte Nachmittag genießen.

Procida | Fischerhafen Corricella | nur zu Fuß oder per Boot über das Meer zu erreichen

### 9 Seefahrt entlang der Amalfitana ⚑ E/G 5

Der Blick von der Straße hinunter auf die senkrecht ins Meer hinabfallenden Felsen ist schwindelerregend. Doch oft geht es auf der berühmten, aber leider eben auch stark befahrenen Amalfitana weder vor noch zurück. Entfliehen Sie dem Straßenverkehr, steigen Sie um aufs Schiff und entscheiden Sie sich zu einer bequemen und nicht minder die Sinne betörenden Seefahrt entlang der schönen Amalfiküste.

Zwischen April und Oktober verkehren mehrmals täglich Kleinfähren zwischen den Städten Positano, Amalfi und Salerno. Eine Fahrt von Positano nach Amalfi kostet ca. 10 €.

www.coopsantadrea.com, www.alicost.it

## 10 Strandglück in Positano E5

Kaum jemand sucht sich die dichtbesiedelten Küsten rund um Neapel für einen reinen Strandurlaub aus. Die wenigen guten Badeplätze sind in der Saison überlaufen oder schwer zugänglich. Das Glück aber wartet in Positano! Fischerboote schaukeln in der von Sarazenen-Türmen eingerahmten Fornillo-Bucht vor dem Hotel Pupetto. Die traumhafte Lage fordert allerdings einen kleinen Tribut: Von der am Berg gelegenen Hauptstraße führen Treppenwege in Serpentinen hinunter an den Hauptstrand, dann schlängelt sich der Weg oberhalb der Hafenmole weiter über dem türkisfarbenen, glitzern-den Meer zum ersten romantischen, kleinen Strand. Weiter geht es durch eine Grotte zum Belvedere und zum Fornillo-Strand. Einfacher erreicht man das Glück von der Hafenmole. Ein Apérol-Spritz an der Bar gefällig?

Positano | Fornillo

## 11 Verweile doch, Augenblick, Du bist so schön … F5

… mag sich so mancher denken, der von der schwindelerregenden Terrasse der Villa Cimbrone in Ravello zwischen den marmornen Porträtköpfen hinunterschaut auf die sich steil ins Meer hinabstürzenden Felswände. Die Villa ist die Inkarnation eines englischen Gartens inmitten von dramatischer italienischer Landschaft. Wer lässt sich da nicht gerne nieder in den Glyzinienlauben oder zwischen den Kopien antiker Skulpturen, mit einem guten Roman oder auch einem Lyrik-Band in der Hand?

Ravello | Villa Cimbrone | V. Santa Chiara 26 | www.villacimbrone.com | tgl. 9 Uhr bis Sonnenuntergang | Eintritt 6 €

# NEU ENTDECKT
## Jetzt nicht verpassen

---

*Jede Region verändert sich – auch wenn vieles beim Alten bleibt. Durch neu eröffnete Museen, Hotels oder Restaurants gewinnen Orte und manchmal ganze Landstriche weiter an Attraktivität. Ebenso lässt sich die Region mit neuen Freizeitangeboten vielfältiger erleben und vielleicht sogar mit anderen Augen sehen. Hier erfahren Sie alles über die jüngsten Entwicklungen.*

◀ Neapels U-Bahn-Station Toledo gehört zu den 15 »Stazioni dell'Arte« (▶ S. 18).

## SEHENSWERTES

### Aufwertung des Hafenviertels von Neapel ⚓ C3

Jahrhundertelang kamen Entdecker, Eroberer und Touristen über den Seeweg nach Neapel, das sich ihnen aus der Ferne von der schönsten Seite zeigte. Das mächtige Hafenkastell Maschio Angioino (▶ S. 67) begrüßte die Neuankömmlinge. Bei Ankunft am Hafen aber zerstörten Lärm, Dreck und Chaos den ersten Eindruck.

In den nächsten Monaten wird das Hafenviertel mit der Stadt durch Fußgängerzonen direkt verbunden. Die nördlich gelegene Piazza Municipio ist mit dem Neptun-Brunnen und dem restaurierten Rathaus bereits fertiggestellt. Bald wird die neu eröffnete Station Municipio auch mit der U-Bahn-Linie 6 und unterirdisch mit dem neuen Kreuzfahrt-Terminal verbunden. Neben dem Hauptbahnhof wird sie dann den wichtigsten Verkehrsknotenpunkt in Neapel bilden.

Neapel | P.zza Municipio | U-Bahn: Municipio

### Grande Progetto Pompei ⚓ E4

Wer durch die Ruinen Pompejis streift, steht allzu oft vor verschlossenen Häusern und eingezäunten Gebieten. Ganze Straßenzüge sind seit Jahren unzugänglich und wirken insgesamt verlottert. Mit der Wiederentdeckung und Ausgrabung der antiken Stadt im 18. Jh. begann der andauernde Kampf gegen den zweiten (und endgültigen?) Verfall. Viele ältere Besucher erinnern sich heutzutage mit Wehmut an frühere Besuche, als deutlich mehr Häuser geöffnet waren.

Im Jahr 2012 stellte die EU nach wiederholten Einstürzen 105 Mio. Euro zur Rettung des UNESCO-Weltkulturerbes zur Verfügung – eine Summe, die nicht ausreichen wird, aber immerhin sind nun einzelne Häuser nach ihrer Restaurierung wieder für die Öffentlichkeit zugänglich.

Dazu zählen u. a. die stattliche Casa di Octavio Quartio mit einem riesigen Garten, in dem eine Nilüberschwemmung nachgeahmt wurde, ferner die Casa di Venere mit dem riesigen Fresko der Liebesgöttin in der Muschel, die Villa di Giulia Felice mit angeschlossenem »Spa«, die Casa del Frutteto mit berühmten Fresken und schönem Atrium sowie die Casa di Marco Lucrezio, in der vor exakt 100 Jahren Pablo Picasso und der Tänzer Leonide Massine für Jean Cocteau posierten.

Pompeji | www.pompeiisites.org

### Rione Terra in Pozzuoli ⚓ C3

Die Altstadt von Pozzuoli wurde am 2. März 1970 aus Sicherheitsgründen komplett evakuiert, und ihre Bewohner wurden in gesichtslose Vorstädte umgesiedelt. Einige Jahre zuvor war

bereits die Cattedrale di San Procolo ausgebrannt. Die für die Phlegräischen Felder typischen Hebungen und Senkungen des Bodens (sog. Bradyseismus) beunruhigten die Stadtväter so sehr, dass das gesamte Altstadtviertel fortan abgeriegelt wurde.

Erst 2016, 50 Jahre nach dem verheerenden Brand der Kathedrale, wurde die Altstadt wieder zugänglich. Sorgfältige Restaurierungen und Modernisierungen haben nicht nur die barocke Kirche mit Gemälden von Artemisia Gentileschi und den Resten eines antiken Tempels aus der Augustuszeit zu neuem Leben erweckt. Auch ein archäologischer Spaziergang in die römische Antike mit Blick in eine alte Bäckerei und Thermopolien bietet sich an. Erholung und Shoppingvergnügen bietet die neu gestaltete Altstadt von Pozzuoli mit Fußgängerzonen, Lungomare und guten Fischlokalen beim alten Hafen Darsenna.

Pozzuoli | Rione Terra | www.rione terra.it
Cattedrale di San Procolo: www.catte dralepozzuoli.it | Sa 9.30–13 und 16–19, So 9.30–12 und 16–21 Uhr

## MUSEEN UND GALERIEN

### Casa del Mandolino     D 3

Die Mandoline gehört zur neapolitanischen Canzone wie die portugiesische Gitarre zum Fado. Dem Instrument ist ein eigener Ort mitten im Herzen der Altstadt gewidmet. Die Ausstellung zeigt Mandolinen und andere Plektrum-Instrumente. Der Eintritt beinhaltet neben dem Besuch der Ausstellung ein 40-minütiges Konzert und eine kleine Verkostung mit typischen Produkten.

Neapel | Vico II Quercia 7 | www.casa delmandolino.it (italienisch) und www. houseofmandolin.com (englisch) | Fr–So 10–13 Uhr sowie auf Anfrage | Eintritt 15 €, erm. 10 €

### Stazioni dell'Arte     D 3

Ist die U-Bahn Neapels das beste Museum zeitgenössischer Kunst in Italien? 15 Stationen, die meisten davon auf der Linie 1, die die Altstadt mit dem Stadtteil Vomero verbindet, wurden von internationalen Top-Architekten konzipiert. Anschließend wurden die Räumlichkeiten mit zeitgenössischen Kunstwerken ausgestattet.

Einzigartig ist der Blick in den gigantischen blauen Mosaikhimmel von der Rolltreppe der Station »Toledo«. Die jüngste Station »Municipio« ist minimalistisch gestaltet, denn nichts soll ablenken von den in situ gefundenen archäologischen Zeugnissen, die in den nächsten Jahren hier ausgestellt werden – lediglich zum Preis einer Fahrkarte. Auf der Rolltreppe von der Piazza Municipio reist man von der Gegenwart über das Mittelalter in die Antike zurück.

Neapel | U-Bahn Linie 1: Garibaldi, Università, Municipio, Toledo, Dante,

Museo, Materdei, Salvator Rosa, Quattro Giornate, Vanvitell, Rione Alto und U-Bahn Linie 6: Mergellina, Augusto, Mostra | www.metro.na.it

## AKTIVITÄTEN

### Antike Klänge      🚩 E 4/5

Das universitäre Vesuvian Institute ist mit der Restaurierung der Villen von Stabia beauftragt und bietet hierzu ein umfangreiches Weiterbildungsprogramm sowie Führungen an.

Dazu gehören auch Konzerte der Musikgruppe »Synaulia«, die antike Musikinstrumente anhand von Funden, Malereien und Reliefs nachbaut und versucht, den Klängen der Antike auf die Spur zu kommen. Mit ein wenig Glück kann man die Gruppe in einer lauen Sommernacht im antiken Amphitheater in Pompeji erleben.

Castellammare di Stabia | V. Salario 12 | Auskunft erteilt Frau Lina Sorrentino unter Tel. 08 18 71 71 14 | www.stabiae.org und www.vesuvianinstitute.it

### Campania Express

Jeweils von Ende März bis Mitte Oktober wird auf der Strecke Neapel–Herkulaneum–Pompeji–Sorrent zusätzlich zur Circumvesuviana der sog. Campania Express eingesetzt. Der Zug ist besonders auf die Bedürfnisse von Touristen ausgerichtet und bietet deutlich mehr Komfort und Sauberkeit als die von Pendlern genutzte Circumvesuviana, die in allen trostlosen Vorstädten Neapels hält. Die Fahrzeit vom Hauptbahnhof Neapel nach Sorrent liegt bei etwa 50 Minuten. Plätze können online unter www.eavsrl.it reserviert werden. Besitzer der Artecard (▶ S. 176), einem Ticket für den vergünstigten Eintritt in Sehenswürdigkeiten, erhalten einen Preisnachlass auf die Fahrkarte.

Neapel–Herkulaneum–Pompeji–Sorrent | www.eavsrl.it | Ticket (Neapel–Sorrent) 8 €

🚩 Weitere Neuentdeckungen sind durch dieses Symbol gekennzeichnet.

Die nach Restaurierung wieder öffentlich zugängliche Casa di Venere (▶ S. 17) in Pompeji wurde nach dem Fresko der Liebesgöttin Venus in der Muschel benannt.

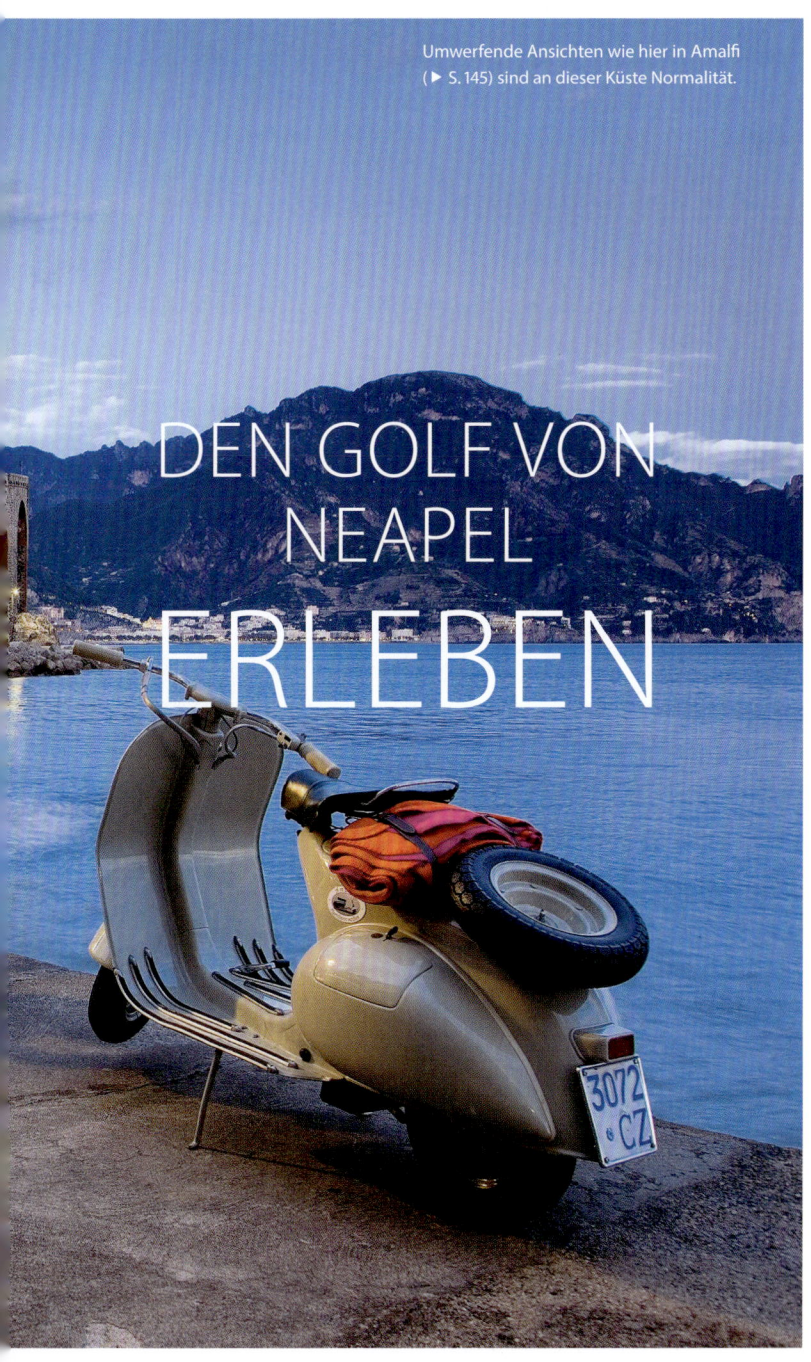

Umwerfende Ansichten wie hier in Amalfi
( ▶ S. 145) sind an dieser Küste Normalität.

# DEN GOLF VON NEAPEL ERLEBEN

# ÜBERNACHTEN

*Damit Sie auf Ihrer Reise so unterkommen, wie Sie es sich vorstellen:
Hier erfahren Sie alles, was Sie über die Hotels und weitere
Übernachtungsmöglichkeiten an der Amalfiküste wissen sollten.
Im Anschluss finden Sie besonders empfehlenswerte Adressen.*

In der Neuzeit war der Golf von Neapel auf dem Kontinent über 200 Jahre lang das Ziel der Bildungshungrigen und Staunenden: Sie erreichten ihn nach strapaziöser Kutschfahrt aus dem Norden Europas, um den Vesuv zu besteigen, die Ausgrabungen von Pompeji und Herkulaneum zu bewundern, die blaue Blume der Romantik in den Grotten von Capri zu suchen – und blieben zu diesem Zweck gleich mehrere Monate. Die Glücklichen! Eugen Roth schreibt über Goethe: »Das konnt' er als Minister halt/ mit weiterlaufendem Gehalt.« Als sich mit dem Eisenbahnzeitalter der Tourismus breiteren Kreisen öffnete, setzte im 19. Jh. der Bau vornehmer Grand Hotels ein, natürlich mit Seeblick, aber nicht unbedingt direkt am Meer, denn, Hand aufs Herz, wer ging damals freiwillig baden? So entstanden Hotelpaläste in Sorrent, auf dem Vomero und später auch an der Amalfiküste, immer in gebührendem Abstand, aber mit

◄ Service und Inneneinrichtung geben dem
Gast oft ein wahrlich königliches Gefühl.

großartigem Blick auf das Meer. Auf Capri und Ischia bestand erst ab den 1960er-Jahren ein breiteres Angebot, als sich der Tourismus von Neapel infolge von Verarmung, Politskandalen und Epidemien dorthin verlagerte. Während früher die Nachfrage der Kurgäste, motiviert durch großzügige Zuschüsse deutscher Krankenkassen, das Angebot der Thermalhotels bestimmte, setzt Ischia inzwischen auch auf einen jüngeren internationalen Wellness-Tourismus.

## INDIVIDUELLE UNTERKÜNFTE LIEGEN IM TREND

Den Umgang mit Gästen aus aller Welt, ihren besonderen Wünschen und Vorlieben sind die hilfreichen Menschen am Golf von Neapel gewöhnt, ohne dabei ihre eigenen Gebräuche aufgegeben zu haben. Auch wenn nur wenige eine professionelle Berufsausbildung in der Hotellerie absolviert haben, so sind sie doch durch Erfahrung und über mehrere Generationen geschult. Viele Hotels sind im Familienbesitz und blicken auf eine lange Tradition in der Beherbergung und Bewirtung von Gästen zurück. Die Kellner beherrschen ihr Handwerk. Ein echter Trend in Kampanien sind Bed & Breakfast-Unterkünfte, die zwar nicht immer günstiger, aber meist individueller und intimer sind. Reisegruppen wird man hier selten begegnen. Besonders in Neapels Altstadt, die lange ohne empfehlenswerte Hotellerie war, boomt dieses Modell. Eine sehr empfehlenswerte Alternative sind auch die »aziende agricole« oder »tenute«, Landgüter mit angeschlossenem Bio-Restaurant und Hofladen mit Produkten aus eigener Ernte. Sie liegen abseits vom großen Touristenstrom, sind kinderfreundlich und bieten häufig Einblicke in das italienische Familienleben sowie ein breites Angebot an Freizeitaktivitäten. Im Allgemeinen zeichnen sich diese Ferien auf dem Land durch ein überzeugendes Preis-Leistungs-Verhältnis aus. Die kleinen landwirtschaftlichen Strukturen könnten vielfach ohne diese touristische Einkommensquelle nicht mehr existieren.

## BELIEBT UND OFT SCHNELL AUSGEBUCHT

Generell wird empfohlen, frühzeitig zu reservieren, denn besonders in den Sommermonaten, über Ostern und an Weihnachten bzw. Silvester ist die Hotelkapazität schnell erschöpft, und die Einrichtungen des »agriturismo« bieten generell nur sehr wenige Zimmer. Viele Gemeinden erheben inzwischen eine zusätzliche Steuer für Hotelübernachtungen.

Inzwischen ist auch in Süditalien die Buchung über Internet Standard. Dabei sollte man das Angebot genau prüfen. In vielen Einrichtungen wird das Frühstück extra berechnet, nicht immer lohnt sich jedoch das Frühstücksangebot. In der nächsten Bar schmecken der Cappuccino und das Cornetto – das traditionelle italienische Frühstück – meist besser. In den Sommermonaten ist an vielen Küstenorten Halbpension üblich, auf Ischia hingegen ist das das ganze Jahr über der Fall. Als Standort für kulturelle Entdeckungen bieten sich v. a. Neapel oder Sorrent an, da von hier die besten Verbindungen zu allen genannten Orten bestehen.

### BESONDERE EMPFEHLUNGEN

#### B&B Donna Regina    ▶ Klappe hinten, d 1

**Originell** – Mit viel Liebe zum Detail hat Familie Mazzella einen Flügel des ehemaligen Klosters Donna Regina Vecchia aus der Anjou-Zeit in ein Bed & Breakfast umgestaltet. Von den Wohnräumen im vierten Stock fällt der Blick auf die Kirche und die umliegenden Palazzi. Schöner Kontrast: Die Zimmer wurden von zeitgenössischen Künstlern dekoriert.

Günstige Lage, nur wenige Schritte vom archäologischen Museum, dem Museum für zeitgenössische Kunst MADRE und dem Dom entfernt. Besitzer Mimmo Mazzella organisiert mit seinen architekturbegeisterten Freunden auch individuelle Stadtführungen.

Neapel | V. Settembrini 80 | Tel. 0 81 44 67 99 | www.discovernaples.net | 4 Zimmer | €€

#### Casa Astarita    D 5

**Zentral und stilvoll** – In einem Palazzo aus dem 18. Jh. haben die Schwestern Annamaria und Rita Astarita ein komfortables und im Inneren durchaus modernes B&B eingerichtet. Das Frühstück wird in Omas altem Zimmer eingenommen. Das Haus befindet sich direkt am Hauptcorso von Sorrent, nur wenige Schritte von der Piazza Tasso.

Sorrent | Corso Italia 67 | Tel. 08 18 77 49 06 | www.casastarita.com | 6 Zimmer | €€

#### La Lobra – Azienda Agrituristica biologica    D 5

**Familienparadies** – Etwa 6 km von Sorrent liegt diese Ferienoase. Oliven, Zitronen und Kiwis gedeihen hier, und die erzeugten Produkte können im Hofladen erworben oder noch besser im schattigen Garten gekostet werden. Kinder werden ihren Spaß an den Tieren haben, die hier gezüchtet werden.

Massa Lubrense | V. Fontanella 17 | Tel. 08 18 78 90 73 | www.lalobra.it | 9 Zimmer | €

#### Palumbo    F 5

**Edel** – Ein Hotel der Luxuskategorie, eingerichtet in den maurisch anmutenden Sälen des Palazzo Confalone. Musikliebhaber aufgepasst: Manchmal finden im Frühstückshof Konzerte statt. Stilvoll eingerichtete Zimmer mit Blick auf den Golf von Salerno.

Ravello | V. San Giovanni del Toro 16 | Tel. 0 89 85 72 44 | www.hotelpalumbo. it | 18 Zimmer, 3 Suiten | €€€€

## Tenuta Pera di Basso ▶ S. 133, b1

**Entspannung für Naturliebhaber** – Ein Landgut in den Hängen oberhalb von Casamicciola (zehn Autominuten entfernt), liebevoll restauriert und stilvoll eingerichtet. Drumherum nur Grün und Panorama! Pool, großer Garten und Bio-Restaurant.
Ischia | Casamicciola Terme, V. Pera di Basso | Tel. 0 81 90 01 22 | www.peradibasso.com | 16 Zimmer | €€ inkl. HP

## Villa Krupp ▶ S. 123, d2

**Kleines Traditionshaus** – Einst war der russische Schriftsteller Maxim Gorki zu Gast und begründete die russische Kolonie auf Capri. Bis heute ein literarischer Ort: Hier quartierte sich auch Nobelpreisträger Orhan Pamuk ein. Viele Zimmer bieten atemberaubende Aussichten auf die Faraglioni-Felsen und das Meer. Das Frühstück wird auf der Terrasse serviert. Früh buchen!
Capri | V.le G. Matteotti 12 | Tel. 08 18 37 03 62 | www.villakrupp.com | 12 Zimmer | €€€

Empfehlenswerte Websites für die Buchung der Unterkünfte sind:
**www.eptnapoli.info/sleeping.asp**
Hotelverzeichnis der Provinz Neapel
**www.agriturismo.it/it/agriturismi/campania**
Ländliche Unterkünfte in Kampanien
**www.bb-napoli.com**
Bed & Breakfast in Neapel

Weitere Adressen finden Sie im Kapitel
GOLF VON NEAPEL ERKUNDEN.
Preise für ein Doppelzimmer mit Frühstück:
| | | | |
|---|---|---|---|
| €€€€ | ab 150 € | €€€ | bis 150 € |
| €€ | bis 100 € | € | bis 60 € |

Klassisch-elegant ist das Grand Hotel La Medusa ( ▶ S. 115) in Castellammare di Stabia, das sich in einer über 100 Jahre alten Villa befindet.

# ESSEN UND TRINKEN

*Gehen Sie an der Amalfiküste auf kulinarische Entdeckungsreise:*
*Hier erfahren Sie alles, was Sie über die lokale Küche und*
*Gastronomie wissen sollten. Im Anschluss finden Sie besonders*
*empfehlenswerte Adressen aus diesem Band.*

Für keine Region Italiens gilt der sinnenfrohe Spruch »a tavola non s'invecchia« – bei Tische altert man nicht – so sehr wie für Kampanien mit seiner Metropole Neapel, deren Symbol ein Spaghetti verschlingender Pulcinella ist. Die Armeleuteküche Kampaniens hat längst ihren globalen Siegeszug als »dieta mediterranea« angetreten, aber nirgendwo schmeckt sie so authentisch wie am Golf von Neapel, wo die Frische der Zutaten den unverfälschten Geschmack der Gerichte, die einfach und ohne viel Gewürz zubereitet werden, bestimmt. Jenseits der Touristenzentren findet man überall solide Osterie, Trattorie oder einfach »vini e cucina« genannte Lokale, wo man mittags für ca. 20 € ein schmackhaftes Drei-Gänge-Menü inklusive Wein verzehren kann.

Das typische Menü am Golf von Neapel beginnt mit Antipasti. Fast unverzichtbar folgt dann als »primo piatto« die Pasta – in der Heimat der

◄ Add' ò Riccio (▶ S. 130) auf Capri bietet die
volle Auswahl an frischen Fischspezialitäten.

Spaghetti und Vermicelli bevorzugt man die von kleinen Manufakturen gefertigte trockene »pasta secca«, die den Sugo besonders gut zur Geltung bringt (frische Eiernudeln sind typisch norditalienisch). Das klassische »ragù« wird mit viel geriebenem Pecorino gereicht. Beliebt ist auch pikanter »sugo all'arrabbiata«, während die »pasta con vongole« (Venusmuscheln) meist »in bianco«, also ohne Tomaten, aber dafür mit viel Olivenöl, Knoblauch und Petersilie, angemacht wird. Fein, aber schwerer sind die »gnocchi alla sorrentina« in Tomatensauce und Mozzarella.

## BESTE ZUTATEN AUS NÄCHSTER NÄHE

Als »secondo piatto« wird gerne eine »frittura mista« (frittierter Fisch oder Calamari), »polipo alla casseruola« (mit Tomaten und Kräutern geschmorter Tintenfisch) oder »bistecca di vitello« (hauchdünnes unpaniertes Kalbsschnitzel) gereicht. In der Heimat der Büffelkuh wird man auch den frisch gezupften (von »mozzare«, zupfen) Büffelmozzarella als zweiten Gang kosten, der nirgendwo so gut schmeckt wie in der Ebene des Sele bei **Paestum** 🔲. Nur der mit der Milch der Büffelkuh hergestellte Käse darf sich Mozzarella nennen, alles andere heißt sehr poetisch »fior di latte« (Milchblume) und ist aus Kuhmilch hergestellt.

Fischgerichte laufen den Fleischgerichten fast immer den Rang ab. Eine Ausnahme ist natürlich das »coniglio alla cacciatora« (Kaninchen nach Jägerinnenart), das man unbedingt probieren sollte, wenn man auf Ischia ist. Die Beilage, »il contorno«, wird gesondert bestellt.

Zum Dessert wird gerne frisches Obst gereicht. Beliebt ist auch die »torta caprese«, ein köstlicher Schokoladen-Mandel-Traum aus Capri, oder die leichtere »torta di limone« (Zitronenkuchen).

Ein Aushängeschild für typische Küche ist immer auch die Bezeichnung »cucina casareccia«, Hausmannskost, und das Fehlen einer festen Speisekarte. Teurer isst man in auf fangfrischen Fisch spezialisierten Lokalen, Höhepunkt ist »pesce all'acqua pazza«, in brodelndem Salzwasser in der Pfanne kurz gedünstetem Fisch mit Knoblauch und Kirschtomaten.

Weltberühmt ist natürlich die neapolitanische Pizza, früher das Armeleutebrot der Region. Neben der echten Pizza Margherita mit Tomaten, Basilikum und »fior di latte« gibt es unzählige Varianten. In größerer Gesellschaft beliebt ist auch die »pizza a metro« (Pizza am laufenden Meter), die meterweise bestellt und variabel belegt wird.

## WEIN VON DEN HÄNGEN DES VESUVS

Die Einheimischen trinken zum Essen fast ausschließlich Mineralwasser und Landwein aus Karaffen, bessere Tropfen wie der hochgeschätzte rote Taurasi aus der Irpinia oder der trockene weiße Fiano di Avellino bleiben teureren Restaurants vorbehalten. Auf der sorrentischen Halbinsel probiere man den spritzigen dunkelroten, kühl zu trinkenden Lettere bzw. Gragnano. Schon zu Römerzeiten schätzte man den Wein des fruchtbaren Lavabodens am Vesuv, z. B. den Greco di Tufo. Zur Pizza wird traditionell Bier ausgeschenkt! Nach dem Essen, aber auch sonst zu allerlei Gelegenheiten trifft man sich auf eine Tasse des besten Espressos Italiens, der so dick sein muss, dass der Zucker lange, lange nicht untergeht …

**BESONDERE EMPFEHLUNGEN**

**Da Michele** ▶ Klappe hinten, e 2

**Legendär** – Kargste Ausstattung, wenige Marmortische (man geduldе sich, »per favore«, mit einem Wartezettel draußen vor der Tür) und eigentlich nur zwei Sorten: Margherita und Marinara. Diese wiederum sind so lecker, dass es reicht zur Krönung zu einer der besten Pizzerie der Welt – und das seit Ende des 18. Jh.!

Neapel | V. C. Sersale 1 | Tel. 08 15 53 92 04 | www.damichele.net | Mo–Sa 10–23 Uhr | €

Vorzügliche »sfogliatelle frolle« (▶ S. 32) erhält man bei Scaturchio (▶ S. 83) an der Piazza San Domenico in der römisch-griechischen Altstadt Neapels.

## Gelateria La Scimmia

▶ Klappe hinten, c 3

**Vielfalt mit Tradition** – Seit 1933 lockt der lustige Affe Groß und Klein in Neapels beste Eisdiele! Die unzähligen Eissorten werden nach alten Rezepten und mit einem Zuckergehalt von nur 19 Prozent hergestellt.

Neapel | P.zza della Carità 4 | www.gelateriadellascimmia.it

## Il Focolare

▶ S. 133, b 2

**Genuss aus heimischen Produkten** – Eines der vorzüglichsten Restaurants der Insel! Von der Slow-Food-Bewegung wurde es ausdrücklich und sehr zu Recht empfohlen. Hier kommt kein Fisch auf den Teller, dafür aber das »coniglio alla cacciatora« (Kaninchen nach Jägerinnenart), Schnecken, frisches Gemüse und viele Kräuter.

Ischia | Barano | V. Cretajo al Crocefisso | Tel. 0 81 90 29 44 | www.trattoriail focolare.it | Jan.–Nov. | €€€

## Lo Scoglio da Tommaso

 D 6

**Ausgezeichnete Küche** – Hier fängt der Wirt den Fisch noch selbst. Gemüse und Oliven kommen ebenfalls aus eigener Ernte. Wer von hier nicht mehr weg möchte, kann sich über dem Terrassenlokal über dem Meer auch in den Gästezimmern einmieten.

Nerano | P.zza delle Sirene 15 | Tel. 08 18 08 10 26 | www.hotelloscoglio. com | €€

Weitere Adressen finden Sie im Kapitel **GOLF VON NEAPEL ERKUNDEN**.

Preise für ein dreigängiges Menü:

| | | | |
|---|---|---|---|
| €€€€ | ab 45 € | €€€ | bis 45 € |
| €€ | bis 25 € | € | bis 15 € |

## KLEINE WARENKUNDE
### Pasta

*Je besser die Zutat, desto gelungener das Gericht. Tipps erhalten Sie hier, die passenden Rezepte finden Sie bei GU Kochen plus.*

Der Pasta wird nirgendwo eine solche Verehrung zuteil wie am Golf von Neapel. Die Heimat der »pasta secca«, der aus hochwertigem und proteinhaltigem Hartweizengrieß mit hohem Glutenanteil hergestellten Nudeln, ist klar der Süden Italiens und am Golf von Neapel ganz besonders das kleine Vesuvstädtchen Gragnano, wo die handwerkliche Tradition der Nudelherstellung seit Jahrhunderten hochgehalten wird. Durch Bronzeköpfe getrieben, wird die Pasta di Gragnano langsam zum Trocknen aufgehängt, mindestens 24 Stunden. Die typisch raue Oberfläche der Nudel nimmt den »sugo« besser auf und intensiviert den Geschmack. Über 50 Pastasorten sind im Sortiment der »maccaronari«, der Nudelhersteller aus Gragnano, darunter so wohlklingende Sorten wie Vesuvio, Taccozette, Scialatielli und Paccheri.

# Im Fokus
## »La Sfogliatella« – Italiens weiblichstes Gebäck

*Aus Neapel stammt sie, und wer einmal dieses deliziöse Gebäck in Form einer Venusmuschel gekostet hat, wird es immer wieder tun! Denn schon das feine Geräusch, das beim Biss in den auf- gefächerten Blätterteig zu vernehmen ist, kann süchtig machen.*

Am Anfang war das viersilbige Wort. Es hebt leise und tonlos an: »sfo«, neapolitanisch »schfo« ausgesprochen, steigert sich dann über ein palata- les weiches »glia«, um schließlich in dem melodischen Diminutivsuffix »tella« zu enden, das in der neapolitanischen Sprache so geläufig ist. Die »sfogliatella« ist eben keine einfache »sfogliata«, irgendein Blätterteigge- bäck. Nein, sie ist die temperamentvollste und zugleich schmeichelndste Kreation der neapolitanischen Konditorkunst! Außen knusprig und bei allmählichem Entkleiden ihres Blättergürtels im Innersten feucht, warm, auf dem Gaumen zerschmelzend und alle Sinne betörend. Sie ist das weiblichste Gebäck Italiens, ja die Konzentration auf das Urweibliche schlechthin. Natürlich ist hier die Rede von der »riccia«, der lockigen, venusmuschelförmigen »sfogliatella« mit der krausen Haarpracht des aufgefächerten Blätterteigs. Sie ist die Königin der neapolitanischen Pa-

◀ Als »Santa Rosa« ( ▶ S. 31) wird diese
»sfogliatella« mit Kirschfüllung bezeichnet.

tisserie. Ihrer kleinen, unschuldigen Schwester, der »frolla« im Mürbe-
teig, fehlt es am knackigen Biss, wenngleich die Füllung dieselbe ist. Die
»riccia« ist ein synästhetisches Erlebnis – sie verführt das Auge, sie riecht
nach Butter und Vanille mit ein klein wenig Orange, sie kracht deutlich
hörbar beim Hineinbeißen, und sie schmeckt … ja, himmlisch!

## SÜSSE SÜNDE OHNE REUE

Nicht selten wird das Gebäck mit dem christlichen Sündengedanken in
Verbindung gebracht. Als ein »peccato di gola«, eine Gaumensünde, um-
schrieben, bietet sich die »sfogliatella« in aufreizender Pose dem Spazier-
gänger in den Auslagen der »pasticcerie« dar, verführt ihn immer wieder
aufs Neue, und er lässt sich genussvoll auf das Spiel ein, wissend, dass die
Versündigung ohne bitteren Nachgeschmack bleibt.

Die »sfogliatella« ist nicht das einzige Beispiel für die Mystifikation des
Geschlechtlichen in der Stadt. Die Neapolitaner glauben fest an die phal-
lusartigen roten Hörner, die vor dem bösen Blick schützen, und tragen sie
als Amulett oder hängen sie in ihren Wohnungen und ihren Autos als
Schutz vor Unfällen, Diebstahl und Unglück auf. Das »malocchio« steht
für Männlichkeit im konservativen Sinne, für Schutz und Stärke. Im Gegensatz dazu versprüht die »sfogliatella« immer noch weibliche Erotik.

## HINTER KLOSTERMAUERN ERFUNDEN

Auch wenn manche Neapolitaner den Ursprung der »sfogliatella« gerne
dem heidnischen Priapus-Kult zuschreiben, so steht doch fest, dass sie in
der Urzelle der religiösen Gemeinschaft geboren wurde: Vor vielen Jahrhunderten erfanden pfiffige Nonnen des Klosters Santa Rosa, oberhalb
des Ortes Conca dei Marini an der amalfitanischen Küste, ein Gebäck,
das dort heute noch Santa-Rosa-Gebäck genannt wird. Es hatte die Form
des weiblichen Geschlechts, und die Nonnen mögen ihren Spaß daran
gehabt haben, diese Köstlichkeiten ihren Glaubensbrüdern über die
Klostermauern hinweg zu senden. Die Zutaten entstammen der Region:
Ricotta aus Agerola, Eier und Grieß aus Praiano. Das i-Tüpfelchen aber
bilden die kandierten Agrumen, meist Orangeat aus jenen Früchten, die
die eigentlichen Hauptdarsteller in der amalfitanischen Landschaft sind.
Ein paar Stückchen geben der Ricotta-Mischung ihre erfrischende Wür-
ze, ohne aufdringlich zu sein, mildern ihre Süße, ohne bitter zu wirken.

Schon früh wird die Süßigkeit literarisch fruchtbar gemacht, so in der Geschichte »Der Kaufmann« aus dem »Cunto de li Cunti«, dem Märchen der Märchen, der ersten Sammlung europäischer Fantasiegeschichten des Neapolitaners Giambattista Basile aus dem Jahr 1634. Den Namen »sfogliatella« erhielt das Gebäck erst Anfang des 19. Jh. Damals wurde der königliche Konditor und Hoflieferant Pasquale Pintauro in den Adelsstand erhoben, nachdem er das leckere Gebäck auf den königlichen Speisezettel gebracht hatte. Allerdings war er auf die »frolla« spezialisiert.

Der Schweizer Luigi Caflisch, dessen süße Kreationen in ganz Europa berühmt waren, verzichtete zunächst auf lokale Spezialitäten, als er eine Filiale in Neapel eröffnete, musste jedoch bald einsehen, dass eine neapolitanische »pasticceria« nicht ohne »babà«, »pastiera napoletana«, »struffoli«, »zeppole« und natürlich »sfogliatelle« Bestand haben würde. Pietro Carraturo schließlich verließ als Erster die aristokratischen Chiaia- und Toledo-Viertel und verlagert die Produktion des Gebäcks im Jahre 1837 in die Nähe der volkstümlichen Porta Capuana. Dort, in Bahnhofsnähe, tritt die »sfogliatella« ihren Siegeszug im Bauch Neapels an und wird gleichsam demokratisiert.

## DAS FEINE GEBÄCK LIEBT DEN GEBÜHRENDEN AUFTRITT

Seither ist sie aus der neapolitanischen Backkunst nicht mehr wegzudenken. Ob »frolla«, »riccia« oder »Santa Rosa« – Letztere mit Creme und Kirschfüllung und deutlich größer –, die »sfogliate calde« sind eine Institution. Sie an einem beliebigen Stand zu kaufen wäre Frevel. Alteingesessene Neapolitaner wissen, wo es die besten gibt, kunstvoll verpackt in großen Kartons für das sonntägliche Mittagsmahl im großen Familienkreis, bei Caflisch oder Moccia im Chiaia-Viertel, Scaturchio an der Piazza San Domenico in der römisch-griechischen Altstadt oder auch in einer der auf ihre Produktion spezialisierten Feinbäckereien hinter dem Bahnhof. Sie begleitet ihn aber auch bei seinen Besuchen in der Lieblingsbar, wenn er am Tresen steht und am »caffè« nippt. Auch in den vornehmsten Kaffeehäusern wie dem Gambrinus wird sie noch immer mit den Fingern gegessen, denn sie liegt gut in der Hand.

Die »sfogliatella« ist eitel und gestattet keine Konkurrenz. Mit dem neapolitanischen Kaffee ist sie aufgewachsen, zum Frühstück duldet sie einen Cappuccino an ihrer Seite, doch am besten genießt man sie pur, mit einem Glas klaren Wassers. Wie die Pizza ist sie sättigend und billig, beide Faktoren spielen für ihre Verbreitung eine große Rolle in einer Region, die nach wie vor zu den ärmeren Italiens gehört.

Im Laufe der Zeit hat sie nur wenig Veränderung erfahren. Länger in der Form und mit Sahne und Schokocreme gefüllt kennt man sie als »coda d'aragosta«, Langustenschwanz, und als solcher hat sie Weltkarriere gemacht und es über den Großen Teich geschafft: Als »lobster tails« füllen sie die Auslagen New Yorker Konditoreien. Zur Karnevalszeit isst man auf der gleichnamigen Halbinsel die »sfogliata sorrentina«, auch sie ohne Ricottafüllung, stattdessen mit Creme und kandierten Früchten. Nicht durchsetzen konnte sich indes die herzhafte Variante.

## SFOGLIATELLE FROLLE

**Für den Teig:**
350 g Mehl
140 g Butter
140 g Zucker

**Für die Füllung:**
150 g Ricotta; weich
150 g Zucker
1 Prise Salz

150 g Grieß
1 Vanilleschote
25 g Orangeat
25 g Zitronat
1 gestrichener TL Zimt
1 Ei

**Außerdem:**
1 Eigelb, Puderzucker

Für den Teig das Mehl mit der gewürfelten Butter, dem Zucker und etwa 6 EL Wasser glatt verkneten. Zugedeckt ca. 30 Min. kühl stellen.
Inzwischen Ricotta und Zucker gut verrühren. 450 ml Wasser mit Salz zum Kochen bringen. Den Grieß einrieseln lassen, bei schwacher Hitze unter Rühren ca. 5 Min. köcheln. In eine Schüssel füllen, abkühlen lassen. Die Vanilleschote aufschlitzen und das Mark mit einem Messer herauskratzen. Das Orangeat und das Zitronat sehr fein hacken. Die Ricottacreme unter den abgekühlten Grieß mischen. Zimt, Vanille, Ei sowie Orangeat und Zitronat unterrühren.
Den Backofen auf 180 °C vorheizen. Den Teig auf wenig Mehl knapp einen halben Zentimeter dick ausrollen. Mit einem Glas runde Scheiben ausstechen. Die Hälfte der Scheiben mit Füllung belegen (nicht ganz bis zum Rand) und mit einer zweiten Scheibe abdecken. Die Ränder gut zusammendrücken.
Ein Backblech mit Backpapier auslegen. Die »sfogliatelle« darauf legen, mit Eigelb bepinseln und im Ofen (obere Schiene) 15–20 Min. backen, bis sie goldbraun sind. Sie dürfen nicht zu dunkel werden! Das Gebäck aus dem Ofen nehmen, leicht abkühlen lassen und mit Puderzucker bestäuben. Noch warm servieren!

# Grüner reisen
## Urlaub nachhaltig genießen

*Wer zu Hause umweltbewusst lebt, möchte vielleicht auch im Urlaub Menschen unterstützen, denen ein verantwortungsvoller Umgang mit der Natur am Herzen liegt. Empfehlenswerte Projekte, mit denen Sie sich und der Umwelt einen Gefallen tun können, finden Sie hier.*

Die Camorra verschiebt riesige Mengen an Giftmüll in Italien, besonders in den tristen Städten rund um den Vesuv – eine tickende Zeitbombe! – und in Neapel türmen sich immer wieder die qualmenden Müllberge in den engen Straßenschluchten. Der Ruf der Region in Sachen Umweltbewusstsein ist denkbar schlecht. Es fehlt an Deponien und Verbrennungsanlagen sowie einer konsequenten Mülltrennung seitens der Bevölkerung. Sage mir, wo du wohnst, und ich sage dir, ob du den Müll trennst – dieser Spruch hat in der Millionenmetropole Neapel mit ihren sozial ganz unterschiedlichen Stadtvierteln immer noch Gültigkeit. Das Vertrauen in die Regierung oder die kommunale Administration ist erloschen, die Menschen am Golf haben entweder längst resigniert oder wehren sich erst, wenn es förmlich zum Himmel stinkt.
Nichtsdestotrotz gibt es auch am Golf von Neapel langsam ein Umdenken. Immer mehr Menschen engagieren sich auf Freiwilligenbasis im Naturschutz. In der Schule sind Umweltthemen in die Lehrpläne aufgenom-

◄ Im Musterbetrieb Tenuta Vannulo (▶ S. 35)
wird Büffelmozzarella von Hand hergestellt.

men worden. Und gerade im Tourismus hat sich enorm viel getan: Viele kleine Betriebe setzen bewusst auf einen nachhaltigen, d. h. sozial- und naturverträglichen Tourismus. Ferien auf dem Lande mit angeschlossenem Bio-Restaurant und einem naturverbundenen Freizeitangebot erfreuen sich auch bei Einheimischen immer größerer Beliebtheit.

## BESONDERE EMPFEHLUNGEN
### ÜBERNACHTEN

#### Il Giardino di Vigliano 🌿 D 5

Mitten im uralten Zitronenhain lässt es sich herrlich entspannen. Die Zimmer des Agriturismo in einem alten Steinhaus sind einfach, aber geschmackvoll ausgestattet. Peppino und seine Familie verarbeiten Schweinefleisch zu Salami und Schinken, backen Bauernbrot und servieren frisch gezupfte Mozzarella. Hauchdünn geschnitten und mit ein wenig Puderzucker bestäubt, sind die Zitronen auch pur ein Genuss.

Massa Lubrense | V. Vigliano 3 | Tel. 08 15 33 98 23 | www.vigliano.org | €

### EINKAUFEN

#### Tenuta Vannulo 🌿 südöstl. G 5

Seit 1996 ist dies ein biologischer Musterbetrieb für die Haltung von Büffelkühen. Antonio Palmieri setzt dabei auf Handarbeit, organisch einwandfreie Produktion von Mozzarella und allerhöchste Qualität. Vor Ort kann man die frische Mozzarella verkosten und an einer Führung über die Farm, die Produktionsräume und ein kleines Museum teilnehmen (auf Anfrage).

Capaccio Scalo | V. G. Galilei | Tel. 08 28 72 47 65 | www.vannulo.it | tgl. 8–13 Uhr, bei Voranmeldung auch später. Käseproduktion nur vormittags

### AKTIVITÄTEN

#### Delphis 🌿 A 4

Das Forschungsinstitut Delphis widmet sich seit Anfang der 1990er-Jahre der Erforschung von Delphinen, Finn- und Pottwalen, die gelegentlich den Golf von Neapel durchschwimmen.

Im Sommer organisiert Delphis ein- und mehrtägige Segeltörns auf dem Forschungsschiff »Jean Gab«.

Ischia | Forio | V. Zaro 20 | www.oceanomaredelphis.org

#### Naturreservat Vivara 🌿 B 4

Die winzige Insel Vivara ist durch ein Wasseraquädukt, welches gleichzeitig als Fußgängerbrücke dient, mit Procida verbunden. Jungsteinzeitliche Funde deuten auf eine sehr frühe Besiedelung hin – heute ist das kleine Eiland unbewohnt und ganz der Macchia, den Zugvögeln und Schmetterlingen überlassen.

Wie durch ein Wunder konnte Vivara vor Bauspekulation und Ausbeutung bewahrt werden – allerdings war es bisher aus rein bürokratischen Gründen gar nicht möglich, die Insel überhaupt zu betreten. Der Staat und die Region Kampanien wollten dies ändern und setzten ein eigenes Komitee für den Aufbau einer geeigneten Infrastruktur ein, welches vom neapolitanischen Krawattenkönig Marinella (▶ S. 85) präsidiert wird.

Ob die staatlichen Gelder sinngemäß verwendet wurden, bleibt fraglich, aber nach zwölf Jahren war es an Ostern 2013 erstmals möglich, Vivara im Rahmen von geführten Exkursionen zu betreten. Das hatte großen Erfolg, und der Verein Vivara Onlus beabsichtigt, dies künftig öfter zu wiederholen. Nicht nur Schulausflüge, Kindercamps und geführte archäologische und naturkundliche Exkursionen stehen auf dem Programm, sondern auch Tauch- und Bootsausflüge mit einheimischen Fischern (»pescaturismo«), um die spektakulären Tauchgründe der Insel zu erkunden. Auf Procida wurde ein Studienzentrum über die kleine Nachbarinsel mit kleinem Museum und einer Bibliothek eingerichtet.

Vivara Umwelt- und Studienzentrum | Procida | Villa Scotto Pagliara | V. Marcello Scotti 40 | www.vivara.it | nur am Wochenende geöffnet

### Ornithologische Station auf dem Monte Barbarossa 🏃🏻 ✈ C 6

»Ich bin überzeugt, dass der liebe Gott die Vögel gern hat, sonst hätte Er ihnen nicht das gleiche Flügelpaar verliehen, das Er Seinen Engeln gab.« (Axel Munthe: Das Buch von San Michele).

Der Schwede Axel Munthe, heute vor allem als Sammler von allerlei Nippes und Kunst sowie als Erbauer der spektakulär gelegenen Villa San Michele in Anacapri auf der Insel Capri bekannt, wirkte nicht nur als ausgezeichneter Nervenarzt mit europaweitem Ruhm, sondern setzte sich als überzeugter Tierschützer auch nachhaltig für den Schutz von Singvögeln ein und erwirkte von Mussolini ein generelles Verbot der Vogeljagd auf Capri. Damit endete die seit dem 17. und 18. Jh. populäre Jagd auf Wachteln, die als Zugvögel jährlich auf Capri landeten und in Massen abgeschlachtet wurden. Der neapolitanische Königshof begehrte die Delikatesse und war lange Garant für die wirtschaftliche Blüte Capris. Munthe behauptet, jahrhundertelang hätten die Einnahmen des Bistums Capri aus dem Erlös der gefangenen Vögel bestanden. Noch im 20. Jh. wurden massenweise Singvögel wie Drosseln, Goldammern, Lerchen, Nachtigallen, Schnepfen und Turteltauben, die auf dem Weg zu ihren Brutstätten in Europa nach ihrem langen Flug über das Mittelmeer auf Capri eine kurze Rast suchten, gefangen und nach Marseille verschifft, um in den Pariser Edelrestaurants verspeist zu werden.

Nach seinem Tod vererbte Munthe dem schwedischen Königshaus die berühmte Villa und überließ dem schwedischen Tierschutzverein auch 100 000 Kronen zur Bekämpfung von nicht artgerechter Tierhaltung in Zirkussen und Menagerien. Oberhalb seiner Villa schuf er auf dem Monte Barbarossa einen Vogelhain, wo sich im Herbst und Frühjahr die Zugvögel geschützt ausruhen können.

Seit den 1950er-Jahren ist eine ornithologische Station in den Ruinen der Bilderbuchburg auf dem Berg aktiv, die von der Stiftung Axel Munthe betreut wird. Sie widmet sich in Zusammenarbeit mit der Swedish Bird Station von Ottenby der Erforschung, Klassifizierung und Beringung der Zugvögel. Ein kleiner didaktisch angelegter Naturspaziergang durch ein Schmetterlingsterrain und einen Farngarten runden den Besuch ab.

Donnerstagnachmittags werden während der Saison Führungen angeboten. Im kleinen Museum kann man auch die – freilich ausgestopfte – endemische blaue Eidechse entdecken.

Capri | Anacapri | Monte Barbarossa, V.le A. Munthe 24 | Tel. 0 81 83 7 13 25 | nur mit Anmeldung | April-Okt., Do Eintritt frei

## Stazione Zoologica Anton Dohrn  D3

Das meereskundliche Institut in Neapel ist das älteste Meeresforschungszentrum Europas und begeistert Kinder und Erwachsene gleichermaßen mit seinem Aquarium. Es wurde 1870 von dem Stettiner Meeresbiologen Anton Dohrn (1840–1909) erbaut und stellt mit seinen Mittelmeerfischbecken eine Pionierleistung als unabhängiges Forschungsinstitut dar. Die Tiere – Seepferdchen, Tintenfische, Meeresschildkröten – werden in ihrem natürlichen Lebensraum präsentiert. Seit Beginn der 1980er-Jahre existiert eine Rettungsstation für durch Fischfang oder Ähnliches verletzte Meeresschildkröten, die hier versorgt und wieder für das Leben im Meer aufgepäppelt werden. 2004 wurde dieser sog. »Turtle Point« als eigene Institution in den Wissenschaftspark nach Bagnoli verlegt.

Der ursprünglich direkt am Meer liegende Bau wurde von dem deutschen Professor eigenhändig mithilfe des englischen Ingenieurs W. Alford Lloyd und des Bildhauers Anton von Hildebrandt entworfen. Der Maler Hans von Marées schuf 1873 für das Gemeinschaftszimmer einen Freskenzyklus, der den »Reiz des Meeres- und Strandlebens« ausdrücken sollte. Dies war der einzige Großauftrag Marées.

Neapel | Villa Comunale | Tel. 08 15 83 31 11 | www.szn.it | März–Okt. Di–Sa 9–18, So 9.30–19.30, Nov.–Feb. Di–Sa 9–17, So 9.30–14 Uhr | Eintritt 1,50 €

Vor Procida gelegen und nur über ein Wasseraquädukt erreichbar ist die winzige Insel Vivara (▶ S. 35), die ganz der heimischen Fauna und Flora gehört.

# EINKAUFEN

*Damit das Einkaufen Spaß macht und Sie wissen, wonach Sie Ausschau halten können: Hier sind Anregungen zu dem speziellen Angebot und zu individuellen Mitbringseln. Im Anschluss finden Sie besonders empfehlenswerte Adressen aus diesem Band.*

Fragen Sie bitte nirgendwo nach einem Kaufhaus – selbst in der Millionenstadt Neapel gibt es kein einziges. Die Einheimischen lieben ihre »piccoli negozi«, die kleinen Geschäfte. Das gilt für Lebensmittel wie für Mode. Ein Schaufensterbummel durch Neapel lohnt sich immer: Meistens ist das gesamte Angebot an Hemden, Krawatten oder Schuhen in der Vitrine ausgestellt, im engen Inneren türmen sich dann die Kartons. Man zeige also auf die gewünschte Ware, gebe die Größe an und nehme dann, so vorhanden, zwischen den unzähligen Kartons Platz.

Allein die Metropole Neapel ist ein wahres Einkaufsparadies, und es macht Spaß, einzutauchen ins Getümmel. Es ist relativ einfach, sich in der Stadt zurechtzufinden, denn Antiquitäten, Mode, Musikhandlungen und Krippenwerkstätten konzentrieren sich jeweils auf eine bestimmte Gegend oder sogar Straße. In der Fußgängerzone der Via Roma oder dem

◄ Von der Amalfiküste darf man auf keinen
Fall ohne Limoncello ( ▶ S. 40) heimkehren.

Toledo, wie die Neapolitaner ihre wichtigste Nord-Süd-Achse nennen, flaniert Neapels modebewusste Jugend. In den Hinterhöfen werden die Labels von Levis und Armani gefälscht, sie konkurrieren mit den Straßenangeboten der chinesischen und afrikanischen Händler. Doch Vorsicht, die Polizei kontrolliert immer wieder, da wird das vermeintliche Schnäppchen schnell teuer! Dazwischen behaupten sich unbeirrt traditionsreiche neapolitanische Familien- und Handwerksbetriebe. Ab der Piazza Trieste e Trento geht es Richtung Meer ins vornehme Chiaia-Viertel mit seinen zahlreichen eleganten Boutiquen. Auch Schuhfetischisten kommen hier voll auf ihre Kosten.

In der griechisch-römischen Altstadt, rund um **Spaccanapoli** ⭐ 1, wird es enger, lauter, geschäftiger. Bars, Devotionalien, Krippen, Musikalia – an jeder Ecke gibt es Kurioses zu entdecken, man spürt, dass hier seit 2500 Jahren Handel getrieben wird. In der Via San Gregorio Armeno mitten in der Altstadt ist das ganze Jahr über Weihnachten! Seit Jahrhunderten werden hier aus Kork, Rinde und Ton Krippen in Handarbeit hergestellt. Die Läden sind im Familienbesitz, die Handwerkskunst wird von Generation zu Generation weitergegeben. Ein typisches Mitbringsel mit langer Tradition sind auch Potenzsymbole aus roter Koralle, die schützende Funktion haben. Eine ruhigere Einkaufsmeile für Mode, Musik und Schuhe ist der mit der Bergbahn (»funicolare«) erreichbare Hausberg Neapels, der Vomero, wo man unter Platanenbäumen bummeln und sich anschließend in den Eisdielen erholen kann.

## AUF DEM LAND

Fährt man hinaus aus der Stadt, so wird man schnell die Spezialitäten der einzelnen Ortschaften entdecken: Holzintarsien aus **Sorrent** ⭐ 6, Büttenpapier aus Amalfi, Korallen- und Gemmenschmuck aus Torre del Greco, wo seit der Entdeckung Pompejis die Schnitzer ansässig sind, Luxusartikel aus **Capri** ⭐ sowie bunte, bequeme Sommermode aus Positano. Porzellanliebhaber können Stücke von Capodimonte, der nach Meißen ältesten Porzellanmanufaktur Europas, erwerben. Noch häufiger als auf Porzellan trifft man am Golf von Neapel auf die farbenfrohe Keramik aus Vietri sul Mare, dem letzten Ort an der **Amalfitana** ⭐ kurz vor Salerno. Beliebt und für den Transport geeignet sind die kleinen Limoncello-Becher, die kurz vor dem Einfüllen eisgekühlt werden.

Ischia tut Körper und Seele gut. Die Thermalquellen sprudeln nur dort, aber ihre Wirkung wird man auch noch zu Hause auf der Haut spüren: Masken, Cremes und andere Beautyprodukte der auf Naturkosmetik spezialisierten Firma Ischia Thermae verlängern das Urlaubsgefühl.

## KAMPANIEN SCHMECKEN

Kulinarische Köstlichkeiten zum Mitnehmen sind Hartkäse von den Monti Lattari, z. B. »provolone del monaco« oder »scamorza«. Der beste Büffelkäse der Welt, der rund um **Paestum** 🚩 hergestellt wird, ist nur zum Verzehr vor Ort geeignet, er verträgt den Transport nicht. Im Land, wo die Zitronen nicht nur blühen, wird man den verschiedensten Zitrusfrüchten begegnen, von der winzigen Kumquat bis zur riesigen Zitronatszitrone. Limoncello oder der Nusslikör »nocino« sind die Renner unter den Alkoholika. Für das Handgepäck empfiehlt sich auch ein Einkauf in den »pasticcerie«: Eine echte »pastiera« für das sonntägliche Kaffeekränzchen zu Hause ist ein perfektes Mitbringsel für Muttern!

## LA CANZONE NAPOLETANA

Federleichte und auf Dauer nachklingende Souvenirs sind CDs mit neapolitanischer Musik. Die größte Auswahl gibt es natürlich in Neapel, aber auch in den anderen Ortschaften werden Sie fündig. Fragen Sie nach den melancholischen Serenaden des Altmeisters Roberto Murolo (empfehlenswert z. B. die CD »'na voce, 'na chitarra«) oder den Songs mit einem Mix aus Blues, neapolitanischem Lied und Rock von Pino Daniele. Unvergessen in seiner Heimat ist auch der Opernsänger Enrico Caruso.

## LADENÖFFNUNGSZEITEN

Im Allgemeinen sind die Geschäfte Montag bis Samstag zwischen 9 und 13 Uhr und nach einer langen Siesta frühestens ab 16, häufig erst ab 17 bis 20 oder 20.30 Uhr geöffnet. In Touristenzentren bieten die Läden rund um die Uhr, auch sonntags, ihre Waren feil.

**BESONDERE EMPFEHLUNGEN**
**DELIKATESSEN**

**Fattoria Terranova** 🚩 D 5
Der kleine Laden in Sorrent bietet eine Fülle an Likören, Konfitüren, Pastasaucen und viele weitere Delikatessen der Region – alles von der azienda agri-

cola aus Massa Lubrense und garantiert in Bio-Qualität.
Sorrent | P.zza Torquato Tasso 16

**Gay Odin** ▶ Klappe hinten, d 2
Der älteste Chocolatier Neapels überzeugt nicht nur durch den betörenden

Geschmack (man probiere die »cioccolata al limone«!), sondern auch durch herrlich altmodische Verpackungen und Schaufensterdekorationen. Ein originelles Mitbringsel: der Schokoladenvesuv!

Neapel | V. Benedetto Croce/Ecke V. S. Chiara | weitere Geschäfte in Neapel s. Homepage | www.gay-odin.it

## GESCHENKE

### Carthusia ▶ S. 123, e 2

Capresische Düfte im entzückenden Flakon! Das Traditionshaus verkauft z. B. Aria di Capri oder Caprissimo.

Capri | V.le Matteotti 2 | www.carthusia.it

### Cartiera Armatruda 🔖 F 5

Handgeschöpftes Büttenpapier, edle Visitenkarten, Notizbücher: Wer nicht nur E-Mails schreibt, sondern Wert legt auf schönes Briefpapier, wird diesen Laden nicht so schnell verlassen.

Amalfi | V. Fiume

## MODE

### Fusaro ▶ Klappe hinten, c 5

Ein traditionsreicher neapolitanischer Herrenausstatter mit mehreren Filialen.

Neapel | V. Chiaia 33

## WOHNEN

### Ceramiche Solimene 🔖 G 5

Nicht zu übersehen ist der futuristische Bau der Werkstatt mit Verkaufsabteilung mit farbenfroher Keramik.

Vietri sul Mare | V. Madonna degli Angeli 7 | www.solimene.com

Weitere Geschäfte und Märkte finden Sie im Kapitel GOLF VON NEAPEL ERKUNDEN.

Besonders die Stadt Torre del Greco bei Ercolano ist für den hier produzierten Korallenschmuck (▶ S. 39) bekannt, der überall an der Küste als beliebtes Souvenir verkauft wird.

# SPORT UND STRÄNDE

*Genießen Sie Ihren Urlaub aktiv. Welche sportlichen Möglichkeiten die Amalfiküste bietet und was Sie in der Natur erleben können, erfahren Sie hier. Im Anschluss finden Sie besondere Empfehlungen.*

Wer in der warmen Jahreshälfte an den Golf von Neapel reist, sollte auch die Badehose mitnehmen. Die schönsten Badestellen bieten die Inseln Procida und Ischia sowie der Cilento mit seinen glasklaren Buchten. Findige Bewohner Capris haben die Nachfrage auch hier erkannt und aus dem Felsen (eintrittspflichtige) Badeanstalten geschlagen. Das gilt auch für die steile Amalfiküste. Diese »bagni« oder »stabilimenti« sind meist mühsam über Treppenwege erreichbar, einige kann man nur vom nächstgelegenen kleinen Hafen per Bootstaxi erreichen. Die Wassertemperaturen erlauben ein ungetrübtes Schwimmvergnügen zwischen Juni und Oktober, am schönsten ist es im September, wenn das Meer aufgewärmt, aber die Hochsaison bereits vorbei ist. Grundsätzlich sollte man aber auch in der Nebensaison an den Wochenenden die spärlichen Strände meiden, wenn viele Einheimische aus dem Großraum Neapel Erholung

◄ Traumstrand des Cilento (► S. 46), nördlich begrenzt von der Punta Tresino.

am Meer suchen. Organisierte und bewachte Strände sind den öffentlichen, die leider häufig verschmutzt sind, vorzuziehen. Die Warnflaggen (rot: Badeverbot; gelb: besondere Vorsicht, grün: Baden erlaubt) sollten auf alle Fälle beachtet werden, da Strömungen und Winde das Baden sehr beeinträchtigen können. Die sog. Blaue Flagge wurde im Jahr 2016 in Kampanien 14-mal an besonders saubere Strände mit hoher Wasserqualität verliehen, darunter an Strände in Anacapri, Positano und Massa Lubrense. Die restlichen elf Blauen Flaggen wehen zu Recht im Cilento.

## MODERNE THERMALBÄDER IN HERRLICHER UMGEBUNG

Zu jeder Jahreszeit sind die Thermalanlagen beliebt. Während man von der Antike bis in die 70er-Jahre des vergangenen Jahrhunderts vor allem den Heileffekt in Bezug auf ein bestimmtes Leiden sah, steht heute das ganzheitliche Wellness-Konzept im Vordergrund. Mit dem gestiegenen Anspruch haben sich viele Thermalbäder, besonders auf Ischia, modernisiert und setzen auf ein jüngeres Publikum. Zum Angebot gehören Schlammbäder, Sauna, türkisches Bad, Hydromassagen sowie Mineralbäder. Der Blick auf eine berauschend schöne Landschaft ist meist inklusive.
Ganz allgemein finden vor allem Wassersportarten an allen größeren Badeorten Zulauf. Die Ausrüstung zum Surfen, Tauchen und Segeln kann vor Ort ausgeliehen werden, und es gibt ein entsprechendes Kursangebot. Nur sehr wenige Hotels verfügen jedoch über Tennisplätze.
Das ganze Jahr über ist die gebirgige Region ein Paradies für geübte und ungeübte Wanderer: Höhepunkte sind die Inseln Capri und Ischia, wo die zahlreichen Wanderwege hervorragend gekennzeichnet sind. Auch das Hinterland der Amalfiküste bietet sich für ausgedehnte Wanderwege über die Monti Lattari an. Spektakuläre Aussichten auf die Steilküste garantiert der in den Bergen bei Agerola beginnende »sentiero degli dei«, der über Nocelle und Montepertuso hinab bis nach Positano führt.

### BESONDERE EMPFEHLUNGEN
### RADFAHREN

Neapel ist wegen seines hohen Verkehrsaufkommens, die sorrentinische und amalfitanische Küste wegen der schmalen steilen Küstenstraße nur bedingt für Radfahrer geeignet. Anders ist es im Cilento. In Salerno findet man perfekte Ausrüstung und Exkursionsvorschläge bei der Associazione Cycling Salerno (www.cyclingsalerno.it) und bei Ciclidea (www.ciclidea.eu).

## TAUCHEN

Ausgezeichnete Tauchgründe findet man vor Capri, an der Punta Campanella und im Cilento. Vom Felsen Vervece, der von Massa Lubrense am Ende der sorrentinischen Halbinsel gut sichtbar ist, sprang 1974 Enzo Maiorca ins Meer und stellte den damaligen Weltrekord im Apnoetauchen (87 m) auf – seither ist die Stelle zum Wallfahrtsort für Taucher geworden, der sogar am zweiten Septembersonntag mit einer kleinen Messe begangen wird.

Die Gegend um die Punta Campanella ist mit ihren 1539 ha Meeresgrund und ihren faszinierenden Unterwassergrotten vor fast 20 Jahren zum Meeresschutzgebiet erklärt worden. Die spektakulärste ist zweifelsohne die Cala di Mitigliano, zu der Unterwasserausflüge organisiert werden. In Baia in den Phlegräischen Feldern kann man in die spannende Welt der Unterwasserarchäologie eintauchen.

### Capri Diving Club    S. 123, d 1
Auch Bootsverleih und Exkursionen.
Capri | Marina Grande | V. C. Colombo 64 | www.caprisub.com

### Sea Point Diving Center    B 4
Baia | Molo di Baia 14 | www.seapointitaly.it

### Sorrento Diving    D 5
Sorrent | V. Fuorimura 20 | www.sorrentodiving.it

## THERMEN

Wellness pur versprechen die vor allem auf Ischia so zahlreich sprudelnden Thermalquellen, die auch noch in der Nebensaison und teilweise sogar in der kalten Jahreszeit Zulauf verzeichnen. Die meisten ischitanischen Hotels verfügen über eigene Thermalschwimmbecken und Kurabteilungen. Außerdem gibt es mehrere öffentliche und kostenpflichtige Thermaleinrichtungen, die sog. »giardini termali«. Diese parkähnlichen Thermalgärten umfassen große und kleine mineralische Pools, Dampfbäder, Saunen sowie eigene Strandabschnitte.

Nur noch sehr wenige Strandthermalquellen sind frei zugänglich, dazu gehören die Buchten von Cartaromana (Ischia Ponte), Maronti und Sorgeto. Wer die richtige Stelle findet, kann hier auch im Winter das warme Meerwasser genießen.

### Antiche Terme Belliazzi    ▶ S. 133, b 1
In den römischen Thermenresten sprudelt immer noch die heilkräftige Gurgitello-Quelle, und es wird Fango geschöpft. Der Sage nach hat Odysseus, der bei seiner Ankunft auf der Insel Ischia völlig erschöpft war, im warmen Wasser des Baches Gurgitello ein Bad genommen und hierdurch seine Kräfte wiedergewonnen.
Ischia | Casamicciola Terme | P.zza Bagni del Gurgitello 122 | www.terme belliazzi.it | tgl. 8.30–19, Anwendungen ab 18 Uhr | Anwendungen ab 18 €

### Giardini Poseidon    ▶ S. 133, a 2
Hier verwirklichte ein bayerischer Unternehmer 1962 seinen Traum vom südlichen Paradies: Der größte, sehr gepflegte Thermalpark Ischias umfasst heute 22 Schwimmbecken mit einer Temperatur zwischen 15 und 40 °C, dazu ein riesiges Freizeitangebot, Dampfbäder, Jacuzzi usw.

Ischia | Forio | Spiaggia di Citara | www.giardiniposeidonterme.com | Mitte April–Sept. tgl. 9–19, Okt. tgl. 9–18.30 Uhr | Tagesticket 32 €, ab 13 Uhr etwas günstiger | Kindern unter 12 J. ist der Eintritt in den Kurbereich nicht gestattet

## Sorgente Nitrodi ▶ S. 133, b 2

Die sodahaltige Nitrodi-Quelle entspringt einer Grotte bei Buonopane und hat sich v. a. bei Hautkrankheiten bewährt. Kleine gemauerte Badebecken und Duschen im wildromantischen Ambiente. Hier wachsen zahlreiche Kräuter wie Rosmarin und Thymian zur Kräutertherapie.

Ischia | Buonopane | V. Pendio Nitrodi | www.fonteninfenitrodi.com | März, April, Okt., Nov. tgl. 10–18, Mai–Sept. tgl. 9–19.30 Uhr | Eintritt 12 €, ab 15 Uhr 10 €

## Terme di Cavascura ▶ S. 133, b 2

Von Sant'Angelo führt ein hübscher, teils steiler Weg zu den noch ursprünglichen Thermalgrotten der Omitello-Quelle. Am Wegesrand kommt man vor der Cavascura-Schlucht an einigen sympathischen Tavernen vorbei.

Ischia | Sant'Angelo | V. Cavasucra | www.cavascura.it/terme | April–Okt. 8.30–18 Uhr

## Terme Negombo ▶ S. 133, a 1

Eine terrassenförmig angelegte, exotische Anlage, die sich mit zwölf Thermal- und Meerwasserpools sowie Sauna, Hydromassage und türkischem Bad fast bis ans Meer erstreckt.

Ischia | Lacco Ameno | V. di San Montano | www.negombo.it | April–Okt. 8.30–19 Uhr | Tageskarte 30–32 €, ab 13 Uhr günstiger

Eine Wohltat für einen verspannten Nacken- und Schulterbereich sind die wasserfallartigen Duschen im »Templare«-Becken der Therme Negombo ( ▶ S. 45) in Lacco Ameno auf Ischia.

## WANDERN

Zu den schönsten Naturerlebnissen am Golf von Neapel gehören Wanderungen und Trekking in allen Schwierigkeitsgraden. Capri ist die perfekte Wanderinsel, sie lädt mit ihren abwechslungsreichen, gut ausgeschilderten Wegen zu überwiegend einfachen Spaziergängen ein, der Abstieg über den Passetiello vom Monte Solaro nach Capri-Stadt genügt allerdings auch anspruchsvollen Wanderern. Noch sportlicher geht es im bergigen Hinterland der Amalfiküste an den Monti Lattari zu. Traumaussichten garantiert der Weg von Agerola nach Positano, der zu Recht den Namen Sentiero degli Dei, »Weg der Götter«, trägt.

Wanderrouten auf Capri und oberhalb der amalfitanischen Küste werden kompetent auf www.giovis.com beschrieben. Die Reiseleiterin Giovanna di Rosa begleitet einige wunderschöne Touren auf Ischia (www.ischiawandern.com).

## STRÄNDE

Die besten Bademöglichkeiten bieten die Inseln und der Cilento. Hier sorgen die Tiefe des Wassers und die Meeresströmung für sauberes, klares Wasser. Jedes Jahr werden hier Strände mit der Blauen Flagge ausgezeichnet (www.bandierablu.org). Viele Hotels an der amalfitanischen und sorrentinischen Küste verfügen über private Strandabschnitte. Hier wie auf den Inseln gibt es nur wenige öffentliche Strände, aber stattdessen gebührenpflichtige öffentliche Badeanstalten, die mit Liegen und Sonnenschirmen ausgestattet sind. Selbst an kleinen

Dem Himmel so nah – der »Weg der Götter« Sentiero degli Dei ( ▶ S. 46) zwischen Agerola und Nocelle bzw. Positano gehört zweifellos zu den schönsten Wanderwegen Italiens.

Felsbuchten gelangt man so über Platt-formen bequem ins Wasser.

AMALFIKÜSTE

**Spaggia Fornillo**  🏖 E 5

Nur über Treppenwege erreichbar ist dieser wild-romantische Ort.

Positano

CAPRI

**Canzone del Mare**  ▶ S. 123, d 2

Wenn morgens die ersten Boote im Hafen einlaufen, beginnt die Hektik in den Gassen Capris. Wer sich nach ei-nem ruhigen Plätzchen sehnt, sollte lieber eine Badeanstalt besuchen. Das mondänste Strandbad der Insel geht zurück auf eine Idee des Regisseurs Monty Banks und besteht seit 1936. Preislich ist das Canzone del Mare be-stimmt kein Schnäppchen, ein ganzer Tag ungestörter Badespaß und der wunderschöne Blick auf die Faraglioni-Felsen sind es aber wert.

Capri | V. Marina Piccola 93 | www.la canzonedelmare.com | Eintritt ab 20 €, inkl. Liege, Schließfach und Handtuch

**Spiaggia Punta Carena**  ▶ S. 123, a 2

Im äußersten Südwesten nahe des Leuchtturms ist dies einer der wenigen frei zugänglichen Felsstrände Capris.

Anacapri | V. nuova del Faro

ISCHIA

**Maronti**  ▶ S. 133, b 3

Am Sandstrand von Maronti, einem der Top-Strände im Golf von Neapel mit glasklarem Wasser und feinem Vulkan-schotter, suchten schon die Rheuma-patienten der Antike an den Fumaro-len Linderung ihrer Beschwerden.

Barano

**Spiaggia di Grado**  ▶ S. 133, a 3

Bis heute machen sich an der Spiaggia di Grado bei Sant'Angelo viele Einhei-mische und Urlauber den Spaß, im hei-ßen Sand in Alufolie eingewickelte Kartoffeln zu rösten. Vorsicht ist mit Kleinkindern geboten, Schuhe nicht vergessen!

Sant'Angelo

**Spiaggia di San Francesco**  🧍‍♀️
▶ S. 133, a 1

Der Sandstrand nördlich von Forio ist gut für Kinder geeignet.

Forio

PROCIDA  🏖 B 4

Schnurgerade ziehen sich die langen, schmalen Sandstrände an Procidas Westküste; weiter südlich in Chiaiolella kann man ein Bad mit einem Aus-flug im kreisrunden gleichnamigen Fischerhafen verbinden.

SORRENTINISCHE HALBINSEL

**Marina del Cantone**  🏖 D 6

Das herrliche Fleckchen an der süd-lichen zerklüfteten sorrentinischen Halbinsel ist die wohl schönste Bade-stelle der Gegend mit klarem Wasser und grobem Kiesstrand vor großarti-ger Berglandschaft. An Wochenenden sollte man im Sommer den Strand meiden, da dann halb Neapel hier zu finden ist.

Anfahrt mit dem Pkw über die Serpen-tinstraße von Nerano oder SITA-Busse von Sorrent mit Umsteigen in Nerano

**Marina della Lobra**  🏖 D 5

Romantische Felsbucht mit klarem Wasser, über Treppenwege erreichbar.

Massa Lubrense | V. Fontanella

# FESTE FEIERN

*Prozessionen auf dem Wasser und durch die Straßen, mit viel Blasmusik und Feuerwerk, Straßensänger und Fußballturniere vor Madonnenaltären: Am Golf von Neapel ist so viel los, dass man auch ohne die offiziellen Events bestens unterhalten ist.*

Schon Goethe hat voller Entzücken festgestellt: »Man sage, erzähle, male, was man will, hier ist mehr als alles.« Wie recht er hatte! Auch 227 Jahre später hat diese Aussage unbeschränkte Gültigkeit, denn der Protagonist der zahlreichen Feste und Events ist natürlich das Volk, das mit unge-zähmter Leidenschaft, Inbrunst oder Klage sowohl Schmerz wie Freude herausschreit. Volksfrömmigkeit und Wunderglaube sind in dieser von Natur- und Politkatastrophen nicht verschonten Region bis heute unge-brochen, die Traditionen werden seit Generationen gepflegt. Besonders beeindruckend sind sicherlich die Osterprozessionen in der Karwoche, der sog. »settimana santa«, auf den Inseln Procida und Ischia oder auch in Sorrent. Aber jeder Ort oder jedes einzelne Stadtviertel hat seine Hei-ligen, die vor Unglück schützen und die am jeweiligen Namenstag gefei-ert werden. In Neapel ist dies natürlich der Heilige Gennaro, Bischof von

◀ Die weißen Kapuzen der Osterprozession
(▶ S. 50) symbolisieren Marias Suche nach Jesus.

Benevent und frühchristlicher Märtyrer, dessen Blut sich dreimal im Jahr verflüssigt, und wehe, wenn dies nicht geschieht, so wie 1944, als der Vesuv ausbrach, oder 1980, als die Region von einem schweren Erdbeben erschüttert wurde …

## ERNTEFESTE UND HISTORISCHE WETTBEWERBE

Neben diesen christlichen Traditionen feiern viele Orte ihre »sagre« oder »fiere«, lokale Feiern aus Anlass der Ernte von z. B. Zitronen oder Kastanien; Hinweise dazu erhält man über Plakate, auf der Internetseite www.sagreinitalia.it oder im monatlich erscheinenden Gratis-Magazin »Qui Napoli« (auch online unter www.inaples.it/deu/quinapoli.htm).

Sportlich geht es bei der historischen Ruderregatta zu, die jeweils am ersten Juniwochenende in einer der ehemaligen Seerepubliken Italiens ausgetragen wird, also in Venedig, Genua, Pisa und Amalfi. Die ehemalige Seemacht Amalfi, die 2016 als Siegerin hervorging, wird 2020 wieder zu diesem Spektakel einladen, bei dem die bis zu 11 m langen Ruderboote der jeweiligen Städte ihren Wettkampf austragen. Noch vor dem Rennen finden eine Bootsprozession zu Wasser und ein Umzug in historischen und wertvollen Kostümen statt. Die vier Städte erinnern damit an ihre einst starke autonome Stellung im Mittelalter.

## IM MAI WIRD VERBORGENES SICHTBAR

Die Idee, den Mai zum »Monat der offenen Türen« von Kirchen, Klöstern und Denkmälern zu machen, stammt aus Neapel und hat mittlerweile viele Nachahmer nicht nur am gesamten Golf, sondern auch in anderen Städten Italiens gefunden. In dieser Zeit stehen die Türen auf zu geheimen Kunstschätzen, die aus konservatorischen, bürokratischen oder auch rechtlichen Gründen ansonsten verschlossen bleiben. Man erhascht so einen Blick in private Archive und Palazzi, Zisternen und Klostergärten. Begleitet wird man dabei von Freiwilligen, z. B. engagierten Gymnasiasten bis hin zu Privatsammlern; Prospekte informieren über die einzelnen Veranstaltungen. Unbedingt sollte man wegen des großen einheimischen Interesses vorher ein Zimmer reserviert haben!

Ein reges Nachtleben spielt sich nur in den Metropolen Neapel und Salerno ganzjährig ab. Ansonsten steht und fällt dieses mit der touristischen Nachfrage und bleibt auf die schöne Jahreszeit (April bis Okt.) beschränkt.

## FESTKALENDER
### JANUAR
#### Carnevale
Die Karnevalszeit wird traditionell am 17. Januar mit vielen Prozessionen an der Amalfiküste und in San Antonio Abate in Neapel eingeläutet.
Ab 17. Jan.

### MÄRZ/APRIL
#### Pasqua
Wie in ganz Süditalien wird am Golf von Neapel die Karwoche besonders prächtig gefeiert. Sehr eindrucksvoll sind die Karfreitagsprozessionen in Sorrent, Ponte (Ischia), Positano, Amalfi und Procida (Processione dei Misteri, Terra Murata, ab 7 Uhr).
Karwoche | www.chiesadinapoli.it

#### Pasquetta
Am Ostermontag fahren die Neapolitaner gern aufs Land – dann ist es besonders voll auf den Golfinseln. Eine Prozession zu Ehren der Madonna dell'Arco führt von Neapel bis zum Wallfahrtsort Sant'Anastasia am Vesuv.
Ostermontag

#### Festival Musicale di Ravello
Im lauschigen Garten der Villa Rufolo, dem Wallfahrtsort für Wagnerianer, aber auch im Auditorium Niemeyer in Ravello finden zahlreiche Klassik- und Jazzkonzerte statt.
April–Okt. | www.ravellofestival.com

### MAI
#### Festa di San Gennaro in Neapel
Prozession vom Dom nach Santa Chiara, Blutwunder im Dom, Rosenregen von den Balkons in Neapel.
Erstes Wochenende im Mai

#### Maggio dei Monumenti in Neapel
Zahlreiche sonst der Öffentlichkeit verschlossene Kirchen, Klöster, Paläste und Gärten öffnen im Mai in Neapel ihre Türen
Anfang Mai–Anfang Juni | www.comune.napoli.it

#### Festa di San Costanzo auf Capri
Mitte Mai feiert Capri seinen Schutzpatron mit Prozession und Feuerwerk.
14. Mai

#### Festa della Santa Restituta auf Ischia
Lacco feiert seine Patronin mit einer Bootsprozession und führt die Statue der Heiligen von Lacco nach Casamicciola über das Meer. Der Tag endet mit einem großen Feuerwerk.
17. Mai

### JUNI
#### Palio delle Quattro Repubbliche Marinare
Die vier ehemaligen Seerepubliken Italiens (Amalfi, Pisa, Genua und Venedig) treten im Ruderwettkampf an. Hotels sind frühzeitig ausgebucht!
Erster So im Juni, in Amalfi wieder 2020

#### Konzerte in der Villa San Michele
Klangwunder im intimen Rahmen der Michaelskapelle oder im Garten mit Aussicht.
Juni–Aug. | Capri | Villa di San Michele, Viale Axel Munthe 34 | www.villasanmichele.eu

#### Ischia Film Festival
Internationales Kinofestival auf dem Castello Aragonese auf Ischia.
Ende Juni | www.ischiafilmfestival.it

## JULI

### Neapolis Festival in Neapel

Zwei Tage lang steigt das größte internationale Rockfestival Süditaliens auf dem stillgelegten Industriegelände von Bagnoli.

Mitte Juli | www.neapolis.it

### Santa Maria del Carmine in Neapel

Fest zu Ehren der Madonna del Carmine vor deren Kirche, mit Feuerwerk und simuliertem Turmbrand.

16. Juli | P.zza del Carmine 2 | www.chiesadinapoli.it

### Festa di Sant'Anna auf Ischia

Nächtliche Bootsprozession mit unzähligen schwimmenden Lichtern, beleuchtetem Kastell und abschließendem Feuerwerk, von Ischia Ponte in die Cartaromana-Bucht.

26. Juli

## AUGUST

### Lo Sbarco dei Saraceni in Positano

Historienspektakel über die Sarazeneneinfälle.

15. Aug.

### Ferragosto

Ein Feiertag in ganz Italien und Höhepunkt des Sommers. Besonders in Pozzuoli feiert man die Muttergottes, überall gibt es Feuerwerke.

15. Aug. | www.chiesadinapoli.it

## SEPTEMBER

### Festa della Madonna di Piedigrotta

Das größte und farbenprächtigste Volksfest Neapels mit Umzügen und einem traditionellen Schlagerfestival.

Anfang Sept. | Stadtviertel Chiaia, Zone Piedigrotta | www.innaples.it

### San Giovan Giuseppe della Croce auf Ischia

Ischia Porto und Ponte feiern ihren Schutzheiligen mit Bootsprozession und Feuerwerk.

Erster So im Sept.

### Festa di San Gennaro in Neapel

Geburtstag des Stadtpatrons San Gennaro mit Blutwunder im Dom.

19. Sept. | www.sangennaro.eu

### Napoli Film Festival

Der Golf von Neapel entwickelt sich zum Hotspot für Cineasten. Das Festival lockt mit aktuellen Produktionen aus dem Mittelmeerraum.

Ende Sept.–Anfang Okt. | www.napoli filmfestival.com

## NOVEMBER

### Krippenausstellungen in Neapel

Am ersten Novembersonntag beginnt die Hochsaison für die Krippenausstellungen in Neapel. Verpassen Sie nicht die Exemplare aus dem 18. Jh. in San Martino und im Palazzo Reale!

Erster So im Nov.–Anfang Jan.

### Festa del Vino, Procida

Im Ortsteil Madonna della Libera auf Procida. Probieren Sie das leckere Weineis!

Freitagabend Mitte Nov. | Borgo di Terra Murata, Piazza della Repubblica 11

## DEZEMBER

### Capodanno in Neapel

Die Silvesterparty steigt mit viel Musik auf der Piazza Plebiscito, danach wird ein Feuerwerk vom Castel dell'Ovo abgeschossen.

31. Dez. | www.comune.napoli.it

# Im Fokus
## Heiligenblut, Osterprozessionen, Krippen –
## Religion oder Folklore?

*Auch wenn selbst hier im katholischen Süditalien die Zahl der sonn-*
*täglichen Kirchgänger stetig abnimmt – die allerorts stattfindenden*
*Heiligenfeste bleiben wichtige Termine für die Bevölkerung. Denn:*
*Der Schutzpatron ist ihnen im wahrsten Sinne des Wortes heilig!*

Sie stehen in Kalendern und katholischen Kirchen, aber abgesehen vom
Autofahrerpatron Christophorus und Antonius von Padua, der letzten
Hoffnung aller Vergesslichen, werden die Heiligen bei uns nur noch selten persönlich angefleht. In Neapel ist das anders. Schließlich müssen
sich Jesus, Gottvater und der Heilige Geist um die ganze Christenheit
kümmern, und auch die Madonna ist für alle Mütter da. Viel zu unper-
sönlich! Da hält man sich lieber an einen handfesten Heiligen, wie den
Bischof San Gennaro, der mit seinem Blut persönlich dafür bürgt, seine
himmlischen Netzwerke zugunsten der Vesuvstadt und, wenn nötig,
auch des Fußballclubs SSC Napoli einzuspannen. Der Heilige Januarius,
wie er in lateinischen Quellen heißt, fand ein grausames Ende – er wurde
im Amphitheater von Pozzuoli enthauptet. Doch ein von ihm geheilter
Blinder fing das Blut des Märtyrers auf, das heute in Ampullen in der

◀ Die Gottesmutter ( ▶ S. 52) wird als Altar-
figur in Scharen zum Kauf angeboten.

Cappella di San Gennaro im Dom von Neapel gehütet wird. Dass der
Patron unermüdlich über seine Stadt wacht, beweist er spätestens seit
1389 mit dem einzigen periodisch wiederkehrenden Wunder der katholischen Welt. Jeweils eine Woche nach dem ersten Maisonntag und dem
19. September sowie am 16. und 17. Dezember verflüssigen sich vor den
staunenden Augen der Gläubigen, die die Ampullen küssen dürfen, die
Blutreliquien des Blutzeugen.

## ORT DES GEBETS SIND DIE VOTIVALTÄRCHEN

Heiligenfeste sind ein Must, doch zum sonntäglichen Gottesdienst in der
Kirche stellt sich der Neapolitaner eher selten ein. Da gibt es eine viel
persönlichere, direktere – und bequemere! –Alternative: die Haus- und
Straßenaltärchen, die überall in den »vicoli« und Altstadtgassen zu finden sind. Hier werden wundertätige Madonnenbildchen, verblichene
Schwarz-Weiß-Fotos und Gipsbüsten von medizinisch engagierten Heiligen wie dem 2002 heilig gesprochenen Krankenhausgründer Padre Pio
(1887–1968) oder Giuseppe Moscati, dem Arzt Carusos, um Heilung angefleht. Mit Papierblumen, Kerzen und silbernen Ex-Voti, die schon mal
kaputte Beine oder Augenleiden zeigen, sollen die himmlischen Helfer
gnädig gestimmt werden. Viele beten auch für die Seelen der verstorbenen Verwandten im Fegefeuer, dem »purgatorio«. Wer die unteren Par-
tien der Heiligenschreine genau durchmustert, entdeckt meistens, wie
winzige halbnackte Priester und Jungfrauen, Greise und Babys – natürlich aus Ton – händeringend in der Feuersglut um Hilfe bitten.

## MAKABRER TOTENKULT, BIS DIE POLIZEI KOMMT

Mittlerweile ist der exzessive Ahnenkult der Stadt, der sogar von kirchli-
chen Autoritäten bekämpft wurde, in den Fokus der ethnologischen For-
schung geraten. Bei einer Führung durch die Kirche Santa Maria della
Sanità erklären junge Guides aus dem sozialen Problemviertel, wie die
Toten bis in die jüngste Vergangenheit »zweimal« bestattet wurden, bis
der Kult polizeilich untersagt wurde. Zuerst ließ man auf barocke Manier
die Leichname in Nischen verwesen, bis das Fleisch von den Knochen
fiel. Manchmal wurden erst nach Jahren die bloßen Gebeine in eine
Grabkammer umgebettet. Und so manch einer nahm den Schädel einer
geliebten Person gern als makabres Souvenir zu sich nach Hause mit …

Neapel ist eine der wenigen italienischen Städte, wo im Advent Hochsaison ist. Denn die Vesuvmetropole hat der christlichen Welt ein Ritual beschert, das bis heute als Inbegriff katholischer Weihnachtszelebration gilt: das Aufstellen der Krippe. Aus den grobschlächtigen, lebensgroßen Statuen von Hirten, Schafen, Ochs und Esel und der Hl. Familie, die seit der Renaissance süditalienische Kirchen schmückten, entwickelten Handwerkersippen im 18. Jh. die raffinierte, sinnenbetörende Vielfalt der »presepi napolitani«. Lange bevor alpine Holzschnitzer im Grödnertal oder in Oberammergau das Thema entdeckten, wurden hier mit Klein- und Kleinstfiguren aufwendigste Szenarien der Geburt Jesu im Stall von Bethlehem erdacht, die die geballte Vielfalt des Gassenlebens vom Marktschreier bis zum zerlumpten Bettler (»sciammanato«), vom Kameltreiber der Heiligen Drei Könige bis zur Osteria-Wirtin umfassten. Der bourbonische Reformkönig Karl III. förderte höchstpersönlich diesen Krippenkult durch Gründung einer Seidenmanufaktur, in der extra Miniaturmuster gewoben wurden, um die Tonfigürchen stilecht einzukleiden. Neapolitanische Krippenfiguren wurden zum teuer bezahlten Exportschlager, Adelsfamilien reservierten eigene Salons in ihren Palazzi für diese religiösen Schaukästen, die traditionell ab dem 8. Dezember, dem Fest Mariä Verkündigung, ausgestellt werden.

## NICHT NUR KLASSISCHE KRIPPENFIGUREN

Heute lebt dieses Gewerbe mitten im »ventre di Napoli«, dem Bauch Neapels, in den Altstadtgassen um die Kirche San Gregorio Armeno fort. Dutzende von Krippenmachern verkaufen Jesuskinder und glibbrige Fischkörbe, Zitronenverkäuferinnen und Orientalen und mischen unter die heiligen Figuren auch unbekümmert einen Bunga-Bunga-Berlusconi. Ein unerschöpfliches Thema sind die »paesaggi«, die gebirgigen Pappmascheelandschaften mit stallartigen Hirtenbehausungen, in denen die Tonfigürchen gruppiert werden. Die Krippenfiktionen der Neapolitaner sprengen oft die Grenzen der Fantasie – es gibt »presepi«, die in ausgeweidete Fernseher einmontiert werden. Vespa- und Autofahrer können sich von den Kurven und Serpentinen der Amalfitana bei einer Bootsfahrt durch die Grotta Smeralda entspannen. Höhepunkt der Rudertour: der »presepe sottomarino«, die Unterwasser-Krippe, die auf dem smaragdfarbenen Meeresboden auftaucht.

Noch folgenreicher für die Kirche wurde eine Idee des Bischofs, Lyrikers und Kirchenvaters Paulinus von Nola (354–431). San Paolino, wie ihn die Einwohner des ca. 35 km nordöstlich von Neapel gelegenen quirligen

Provinzstädtchens nennen, beschloss, die Gläubigen durch metallene Glöckchen zum Gottesdienst zu locken und zu mahnen. Damit löste er liturgisch und auch kunstgeschichtlich gesehen die Architekturvielfalt vom Campanile bis zu Glockenturmfassaden aus. Die Tonträger tragen in den meisten romanischen Sprachen bis heute den Namen der Region, wo sie erstmals zum Einsatz kamen: »La campana«, »die Kampanische«, ist das italienische Wort für Glocke.

## BLASMUSIK ZUR FEIER DER HEILIGEN

Der praktisch touristenfreie Geheimtipp Nola, eine Kleinstadt bei Neapel am Fuße des Vesuvs, gerät alljährlich am Sonntag nach dem 22. Juni in religiöse Ekstase, wenn bei der »Festa dei Gigli« die Heimkehr des Bischofs Paolino aus westgotischer Sklaverei gefeiert wird. Acht 25 m hohe »Lilien«, fantasiereich mit Pappmascheedekorationen von fast indischer Üppigkeit geschmückte Holzgerüste, werden zu lauter, festlicher Blasmusik durch die Innenstadt zum Dom bugsiert. Kirchenkritiker werden in Nola aber auch eines weltberühmten Ketzers und Religionsphilophen gedenken, der auch viele Jahre an evangelischen Universitäten in Deutschland verbrachte. Giordano Bruno, der in Rom 1600 auf dem Scheiterhaufen für seine Leugnung der Gottessohnschaft Christi und seine pantheistischen Auffassungen verbrannt wurde, erblickte 1548 in dem kampanischen Städtchen das Licht der Welt. Der »Nolaner« wurde 2000 von Papst Johannes Paul II. in einem Akt um 400 Jahre verspäteter Reue teilrehabilitiert.

## OSTERFEIER IN SPANISCHER TRADITION

Jahrhundertelang gehörten Neapel und das kampanische Hinterland zum spanisch-habsburgischen Imperium, das diese Provinzen durch Vizekönige regierte. Kein Wunder, dass das Osterfest bis heute mit dem Pomp der spanischen »semana santa« gefeiert wird. Fromme Bruderschaften, die in Büßergewändern mit Ku-Klux-Clan-artigen Gesichtsmasken auftreten und auch Kleinkinder als Mönche und Nonnen verkleiden, ziehen zu scheppernder Trauermusik mit Statuengruppen oder Laiendarstellern der Passion durch die Altstadtgassen. Besonders suggestiv wirken die Osterprozessionen vor der maurischen Kulisse der Kathedrale von Amalfi, wenn schwarz gekleidete Büßer bei Fackellicht und klagender Musik die prächtige Domtreppe erklimmen.

Ein Gastbeitrag von Dr. Peter Peter

# MIT ALLEN SINNEN
## Den Golf von Neapel spüren und erleben

*Reisen – das bedeutet aufregende Gerüche und neue Geschmacks-erlebnisse, intensive Farben, unbekannte Klänge und unerwartete Einsichten; denn unterwegs ist Ihr Geist auf besondere Art und Weise geschärft. Also, lassen Sie sich mit unseren Empfehlungen auf das Leben vor Ort ein, fordern Sie Ihre Sinne heraus und erleben Sie Inspiration. Es wird Ihnen unter die Haut gehen!*

◀ Anblick, Duft und Geschmack von Zitronen ( ▶ S. 58) erfreuen die Sinne.

## BESONDERE EMPFEHLUNGEN
### EINKAUFEN

### Il Gusto della Costa ◀ F 5

Valentino Esposito ist der Chef der kleinen Manufaktur Il Gusto della Costa, die an der Hauptstraße von Praiano an der Amalfiküste liegt. Hier kann man ihm über die Schulter schauen, wenn in der kleinen Abfüllanlage der Limoncello-Likör hergestellt wird. Hauchdünn geschält werden seine Bio-Zitronen, die dann drei Tage in Alkohol lagern und schließlich mit Wasser und Zucker gemischt werden. Das ist keine Hexerei, aber bei industrieller Herstellung schmeckt das Ergebnis häufig mehr nach Alkohol als nach Frucht. Bei Valentino ist es umgekehrt. Im Angebot sind auch Kompotte, Schokoladen und Zitruskonfitüren.

Praiano | V. G. Capriglione 24 | www.ilgustodellacosta.it | Führungen und Verkostungen nach Voranmeldung

### Bottega dei Sapori e dei Saperi della Legalità ▶ Klappe hinten, c 5

In Italien gibt es ein Gesetz, nach dem beschlagnahmte Güter, Immobilien und Ländereien, die einst in der Hand der Mafia waren, für soziale Zwecke genutzt werden können. Der Verein Libera Terra ist ein Zusammenschluss vieler kleiner Initiativen, die auf ehemaligem Mafialand biologische Landwirtschaft betreiben. Das Angebot ist vielfältig: Es gibt Wein aus Sizilien, Gemüse und Süßigkeiten aus Kampanien, Peperonipaste aus Kalabrien, Knabbergebäck aus Apulien und vieles mehr. Erwerben kann man die Produkte in vielen Ipercoop-Supermärkten und Fairer-Handel-Läden, aber auch direkt in den Verkaufsräumen von Libera Terra. Mit dem Erlös unterstützt man die vielen Menschen, die sich gegen die mafiose Herrschaft auflehnen und mit ihrer ehrlichen Arbeit die wahren, guten Früchte der Erde Süditaliens hervorbringen.

Kaufen Sie in den Geschäften von Libera Terra mit dem Namen Bottega dei sapori e dei saperi della Legalità, und Sie können »den Geschmack und das Bewusstsein der Legalität« mit nach Hause nehmen!

Neapel | V. Raffaele De Cesare, 22 (Nähe Palazzo Santa Lucia) | www.liberaterra.it

### AKTIVITÄTEN

### Capo Miseno ◀ B 4

Vor 200 Jahren war dieses Kap ein Höhepunkt auf der klassischen Bildungsreise für junge Kavaliere der Grand Tour: Vom Kap Misenum schweift der Blick fächergleich über den Golf von Pozzuoli und die vorgelagerte Insel Procida. Ihren Namen verdankt die Halbinsel dem Grab des Reisegefährten von Odysseus, das Homer hier lokalisierte. Der römische Dichter Vergil machte Misenus zum Trompeter der Aeneas, der gegen den muschelblasenden Triton im musikalischen Wettkampf verlor.

Vom kleinen Ort Miseno aus kann man das Kap zu Fuß erkunden und an der Spiaggia Miliscola herrlich entspannen. In der Bucht werden Miesmuscheln gezüchtet – kosten Sie Spaghetti alle cozze!

Anfahrt mit dem Pkw über Bacoli im Rahmen einer Tagestour durch die Phlegräischen Felder

### Giro dell'Isola di Capri ▸ S. 123, d 1

Lassen Sie die Blaue Grotte links liegen und entscheiden Sie sich bei Sonnenschein für eine einstündige Umrundung der Insel Capri per Boot, um noch viele weitere Grotten zu entdecken und in die Farbenwelt der Dolomitfelswände einzutauchen: die Grüne, die Korallenfarbige, die Weiße …!

Wenn der Kapitän gut gelaunt ist, wird er durch den Bogen des mittleren Faraglione fahren und mit dem Boot so manövrieren, dass Sie fast mit dem Kopf an die Grottendecke stoßen. Ablegestelle und Informationskiosk befinden sich an der Mole 23.

Laser Capri | Capri | V. Cristoforo Colombo 69 | www.lasercapricom | in der Saison stdl. | 18 €

### Pescaturismo ⚑ D 5

Wer möchte nicht gerne einmal beim Fischfang dabei sein und anschließend den Fang putzen und direkt an Bord verspeisen?

Beim Pescaturismo begegnen Sie nicht nur den einheimischen Fischern, sondern unterstützen darüber hinaus deren mühevolle Arbeit und tragen beispielsweise zur Anschaffung neuer Netze bei.

Social Fishing Diving Adventures | Neapel | V. Francesco Caracciolo 9 | Tel. 0 34 07 01 22 98 | www.asgam.it

### Pizza backen und Sprachkurs
▸ Klappe hinten, d 3

Mithilfe eines professionellen Sprachlehrers und Pizzabäckers werden Sie in die Geheimnisse der »vera pizza napoletana«, der wahren neapolitanischen Pizza, eingeweiht – und lernen daneben auch noch ein paar Redewendungen auf Italienisch! In der Kleingruppe und mit Freunden macht es noch mehr Spaß, allerdings müssen Sie für diesen Kurs etwa acht Wochen einplanen.

Die Sprachschule bietet an Wochenenden auch Italienisch-Crashkurse an (zwölf Stunden Sprachkurs inklusive eines gemeinsamen Besuchs in einer Pizzeria mit dem Sprachlehrer).

Centro Italiano Lingua e Cultura Italiana | Neapel | Vico Santa Maria dell'Aiuto 17 | www.centroitaliano.it

### Wanderung durch duftende Zitronenhaine ⚑ D 5

Zwischen Massa Lubrense und der Punta Campanella wachsen die berühmten Zitronen von Sorrent, deren Bezeichnung »limoni di Sorrento« seit 2000 geschützt ist. Die so benannten Zitrusfrüchte sind naturbelassen und tragen das Gütesiegel IGP, »Indicazione geografica protetta«.

Bei einer Wanderung zur äußersten Spitze der sorrentinischen Halbinsel passiert man unweigerlich wunderschöne Zitronenhaine, deren Kultur hier bis ins Mittelalter zurückreicht. Die großen Pergolen aus Kastanienstangen werden im Winter mit Strohmatten abgedeckt, um die empfindlichen Früchte vor Kälte und Wind zu schützen. Probieren Sie einen eisgekühlten Limoncello vor Ort!

Der älteste Zitronenhain der Küste, Il Gesù, einst im Besitz des Jesuitenordens, liegt in Massa Lubrense. Rund 300 Jahre alt sind auch die Zitrusfrüchte von Meister Peppino im Giardino Vigliano. Lassen Sie sich verführen von den betörenden Düften der intensiven Bergamotte, der frischen Mandarine und der knallgelben Zitrone!

Il Gesù | Massa Lubrense | V. IV. Novembre 26 B | Tel. 08 18 08 94 19 | www. massalubrense.it/ilgesu/hpage.htm | Besichtigung nach Voranmeldung | Verkauf von Zitronen, Orangen, Honig und Olivenöl

## Wanderung am Vesuv  ⚑ D 4

Wer den Vesuv abseits der ausgetretenen Pfade erleben will, aber auf eine mühsame und teure Wanderung mit privatem Führer verzichten möchte, schließt sich am besten der Organisation Busvia del Vesuvio an. Direkt an der Station der Circumvesuviana in Pompei Scavi besteht ein bequemer Shuttle zum Startpunkt der grünen Allrad-Busse, mit denen es in den Nationalpark am Vesuv geht.

Daneben werden auch weitere interessante, mehrsprachige Exkursionen angeboten, so z. B. rund um den Vesuv zu einem Weingut (mit Verkostung) oder einem Betrieb, der Lavastein verarbeitet. Ebenfalls spannend ist die Auffahrt in ausrangierten Militärjeeps auf der holprigen alten Straße aus dem 18. Jh. ab Boscoreale.

🕐 An Werktagen ist auf dem Vesuv bedeutend weniger los als am Wochenende, wenn große Reisegruppen dem Giganten einen Besuch abstatten.

Busvia del Vesuvio | Sorrent | V. San Renato 15 | Haltestelle Pompei Scavi; Circumvesuviana | www.busviadel vesuvio.com | während der Saison tgl. 9–15 Uhr, Abfahrt einmal stündl. | Voranmeldung unbedingt empfohlen

Ein Schotterweg führt den Vesuv (▶ MERIAN TopTen S. 59) hinauf, auf dem es im Frühjahr, Herbst und Winter frischer ist als unten am Golf. Es empfiehlt sich, eine Jacke mitzunehmen.

Mit der Vespa auf der Amalfitana ( ▶ MERIAN
TopTen, S. 146) – pures Italienfeeling!

# DEN GOLF VON NEAPEL ERKUNDEN

# NEAPEL

*Überall herumflitzende, knatternde »motorini« in engen Gassen, kombiniert mit faszinierender Kunst und Architektur – Neapel ist in jeglicher Hinsicht eine Stadt der Extreme, die so schnell nicht überboten werden können!*

Napule, wie die Einheimischen ihre Stadt nennen, ist die Hauptstadt der Region Kampanien sowie der Provinz Neapel und Italiens drittgrößte Stadt. Offiziell wohnt hier eine Million Einwohner, inoffiziell sind es wohl doppelt so viele, die sich den dichtbesiedelten Grund, eingezwängt zwischen Vesuv und der Vulkanlandschaft der Phlegräischen Felder, teilen. Neapel ist laut, sinnlich, betörend! Am besten wirft man sich gut ausgeschlafen schon frühmorgens ins Getümmel, spaziert über den Fischmarkt und taucht ein in die größte Altstadt Europas, die seit 1995 in ihrer Gesamtheit zum UNESCO-Weltkulturerbe zählt.

Die einstige Hauptstadt des Königreichs beider Sizilien war jahrhundertelang eine der größten Städte Europas und für die Reisenden der Grand Tour der absolute Höhepunkt. Ungebrochen ist bis heute die Faszination angesichts einer Fülle an kunsthistorischen und architektonischen Höhe-

◄ Neapel präsentiert sich vielerorts, hier Piazza Bellini (► S. 81), als Freiluftmuseum.

punkten aus Antike, Gotik, Barock und Rokoko, die sich gegenseitig zu überbieten scheinen. Könige, Prinzen, Fürsten und Bürger Neapels haben über die Jahrhunderte mit Leidenschaft gesammelt. Herausgekommen sind Museen von Weltrang! Neapels Museen decken einen Zeitraum von der Frühgeschichte bis in die Gegenwart ab.

## MUSEALE HÖHEPUNKTE

Ein absolutes Muss ist das berühmte **Museo Archeologico Nazionale**  mit seinen Mosaiken und Fresken aus den verschütteten Vesuvstädten sowie die Gemäldesammlung im Schloss Capodimonte, die Meisterwerke von Tizian und Caravaggio, aber auch Andy Warhols berühmtes Vesuvbild und Fotografien von Mimmo Jodice zeigt. Nicht nur zur Weihnachtszeit ist das Museo di San Martino mit seiner einmaligen Kollektion neapolitanischer Krippen einen Besuch wert.

## BERGAUF, BERGAB DURCH DIE STADTVIERTEL

Die Stadt ist aber nicht nur ein riesiges offenes Museum – ihr eigentlicher Protagonist ist das neapolitanische Volk, das seit 2500 Jahren die engen, wäschebehangenen Gassen bewohnt. Für den »ventre«, den »Bauch« Neapels, die dicht bevölkerte Altstadt mit ihrem schachbrettartigen Grundriss und ihrer wichtigsten, in west-östlicher Richtung verlaufenden Ader **Spaccanapoli**, sollte man am besten einen ganzen Tag einplanen.

Auch das elegante Chiaia-Viertel mit seinen Jugendstil-Wohnpalästen und der sich im Westen erhebende Posillipo-Hügel (das neapolitanische Sanssouci: Der Name leitet sich aus dem Griechischen »pausilypon« ab, was so viel bedeutet wie »unterdrücke die Traurigkeit« = sorgenfrei) bieten sich für einen ausgedehnten Bummel an. Vom Kloster San Martino auf dem Hausberg Vomero, früher Jagdrevier der Bourbonen, führt ein langer Treppenweg, die 414 Stiegen zählende Pedamentina, hinab in die Spanischen Viertel und zur größten Geschäftsstraße, dem Toledo, der bis ins 19. Jh. die längste Hauptverkehrsader Europas war. Er ist ab der Piazza Trieste e Trento bis zur Via Armando Diaz eine beliebte Fußgängerzone mit trendigen und günstigen Modegeschäften.

Demografisch betrachtet ist Neapel die jüngste Stadt Italiens, bedingt auch durch den Sitz von sechs Universitäten – darunter die vom Staufer-könig Friedrich II. gegründete Università Federico II, die für das Studium außereuropäischer Sprachen weltbekannte Università Orientale sowie das berühmte Musikkonservatorium San Pietro a Majella, an dem schon Scarlatti, Cimarosa und Bellini paukten.

Neapels Vielfalt kann man das ganze Jahr über entdecken. Zum Blutwunder von San Gennaro strömen viele Pilger im Mai und September in die Stadt. Der Mai ist unter dem Namen »Maggio dei Monumenti« zum offiziellen Kulturmonat erklärt worden, da dann auch ansonsten verschlossene Kunstschätze der Öffentlichkeit zugänglich gemacht werden. Besonders viel los ist in der Krippenmetropole natürlich in der Adventszeit.

## NEAPEL

Stadtplan ▶ Klappe hinten
960 000 Einwohner

### SEHENSWERTES

#### 1 Cappella Sansevero

Das spätbarocke Gesamtkunstwerk der höchst individuellen Familienkapelle ist eine Idee des gelehrten Fürsten Raimondo di Sangro, Principe di Sansevero (1710–71). Der Philosoph, Erfinder, Alchemist, Hexenmeister und Zauberer gab ein allegorisches Figurenprogramm in Auftrag. Als Virtuosenstücke aus Marmor gelten Corradinis Schamhaftigkeit, die wie eine römische Vestalin von Kopf bis Fuß in ein Musselintuch gehüllt ist, und der sich Marmornetzen entwindende Disinganno (Enttäuschung). Ein verblüffender Höhepunkt der Bildhauertechnik ist Giuseppe Sammartinos Toter Christus (1753), der unter einem hauchdünn durchscheinenden Bahrtuch liegt. Im Keller werden die konservierten Leichname eines Mannes und einer Schwangeren gezeigt.

🏳 C3 V. Francesco de Sanctis 19 | www.museosansevero.it | tgl. 9.30–18.30 Uhr | ♿ | Eintritt 7 €, erm. 5 €

#### 2 Castel dell'Ovo

Das auf der Insel Megaris gelegene »Eierschloss« zu Füßen des Pizzofalcone-Hügels hat prominente Gäste erlebt. In der Antike befand sich hier eine Nobelvilla des Lucullus und später das privilegierte Meeresgrundstück des letzten weströmischen Kaisers Romulus Augustulus, der hier 476 n. Chr. in der Verbannung starb. Im Mittelalter bauten Normannen, Staufer und Herrscher aus der Anjou-Linie die Hafenfestung aus, in der Friedrich II. seinen Staatsschatz hortete und seine Enkel als Gefangene schmachteten. Heute wird der Bau für Kongresse, Konzerte und Ausstellungen genutzt und beherbergt die Büros der Denkmalpflege. Der Name taucht 1278 zum ersten Mal auf und bezieht sich auf Vergil. Der in Neapel gestorbene Dichter soll ein Ei in eine Flasche und diese in einen Eisenkäfig gehext haben, der in einem unsichtbaren Saal des Schlosses aufgehängt wurde – solange das Ei heil bleibt, wird Neapel bestehen …

V. Eldorado 3 | Mo–Sa 9–19.30, So 9–14 Uhr, im Winter 1 Std. früher | Eintritt frei

## Burg im Mondenschein

Kehren Sie am Abend in der Dunkelheit zum Kastell zurück und genießen Sie einen Drink am Borgo Marinaio, dem ehemaligen Fischerviertel Neapels, mit Blick auf die beleuchtete mächtige Burg. Ein herrlicher Ort, um den Tag ausklingen zu lassen (▶ S. 12).

### 3 Castel Sant'Elmo

1329 erweiterte der Anjoukönig Robert der Weise sternförmig die Zitadelle, die zusammen mit der Certosa di San Martino Neapels Vedute bestimmt. Noch 1943 planten deutsche Truppen, den von den Italienern verminten Wehrbau zu sprengen. Heute werden die riesigen Kasematten für Wechselausstellungen und zur Schau der Sammlung Napoli Novecento mit Gemälden, Skulpturen und Zeichnungen aus dem 20. Jh. genutzt.

V. Tito Angelini 22 | www.polomuseale napoli.beniculturali.it | tgl. 8.30–19.30 Uhr | Eintritt 5 €, erm. 2,50 € (Artecard)

### Catacombe di San Gennaro

▶ Klappe hinten, nördl. c 1

Der Eingang zu Neapels ausgedehntestem Katakombenkomplex befindet sich neben der Kirche Madre del Buon Consiglio, einer modernen Petersdomkopie. Die Katakomben wurden vom 2. bis 10. Jh. als Grabstätte für Bischöfe, Märtyrer und Herzöge, aber auch einfache Christen verwandt. Bei der Führung werden die frühchristliche Friedhofsbasilika, Fresken aus dem Alten Testament und Grabkammern gezeigt.

V. Tondo di Capodimonte 13 | www. catacombedinapoli.it | Führungen stdl. Mo–Sa 10–17, So 10–13 Uhr | ♿ nach Voranmeldung | Eintritt (inkl. San Gaudioso-Katakomben, P.zza Sanità 14) 8 €, erm. 5 € (Artecard)

### 4 Duomo di San Gennaro

Die Fassade des angevinischen Gotteshauses ist bis auf die Türfiguren neugotisch (1877–1905), und auch der Innenraum trägt deutliche Spuren der neugotischen Renovierung. Innen thronen über der Eingangstür die Barockstatuen des Dynastiegründers Karl von Anjou, seines Enkels Karl Martell von Ungarn und dessen Habsburger Gemahlin Clemenza.

Hauptsehenswürdigkeit ist die vom rechten Seitenschiff abgehende Cappella di San Gennaro, die die berühmten Blutampullen des Heiligen Januarius enthält. Das in Glasfläschchen aufbewahrte Blut des in der Solfatara von Pozzuoli enthaupteten Bischofs von Benevent verflüssigt sich jedes Jahr regelmäßig für eine Woche nach dem 1. Maisonntag und dem 19. September. Vom linken Seitenschiff betritt man die frühchristliche Basilika Santa Restituta – das Deckengemälde Luca Giordanos zeigt, wie die maghrebinische Heilige auf einem Boot nach Neapel antreibt und aparterweise von der fischschwänzigen Sirene Parthenope angebetet

Aus insgesamt sieben verschiedenen Straßen setzt sich Spaccanapoli ( ▶ MERIAN TopTen, S. 67) zusammen, die von oben betrachtet tatsächlich die Stadt zu spalten scheint.

wird. Als frühchristliche Kostbarkeit gilt das Battistero San Giovanni in Fonte. Der Mosaikschmuck dieser Taufkapelle zeigt Markuslöwe, Matthäusengel und Lukasstier, außerdem Petri Fischzug, Christus als guten Hirten und Hirsche, die sich an den Paradiesesflüssen laben. In Santa Restituta befindet sich auch der Eingang zu archäologischen Ausgrabungen des antiken Neapel.

V. Duomo 147 | Mo–Sa 8–12.30, 16.30–19, So 8–13.30, 17–19.30 Uhr | archäologische Ausgrabungen und Baptisterium: Mo–Sa 9–12, 16.30–19, So 9–12.30 Uhr | Eintritt 3 €, erm. 1,50 €

### 5 Il Gesù Nuovo

Die seltsame lavaschwarze Diamantquaderfassade der Jesuitenkirche (1584–1601) hat früher den 10 000-Lire-Geldschein geziert. Tatsächlich wurde in den Bau die im spanischen Stil gehaltene Front des Palazzo Sanseverino (1470) integriert. Der üppig mit Marmor inkrustierte Innenraum des Jesuitenarchitekten Giuseppe Valeriani ahmt das Kuppel- und Triumphbogenschema von Michelangelos Petersdom nach. Über der Innenseite des Portals ein Kolossalgemälde Solimenas: »Die Vertreibung des Heliodor aus dem

Tempel von Jerusalem.« Der Steinluxus (grüner Malachit, Türkis) des Hochaltars ist typisch für Jesuitenkirchen, die durch ihre bis nach China reichende Weltmission an die Materialien kamen. Ein einzigartiges Beispiel für das Theatergefühl der Gegenreformation ist die Kapelle links vom Altarraum: Vergoldete Kopfreliquiare sind wie in Opernlogen angeordnet – schließlich stand gerade der Jesuitenorden für barockes Welttheater. Dahinter befindet sich die winzige, ganz von Votivplättchen aus Silber und Blech übersäte Kapelle des Hl. Ciro, einem wundertätigen Arzt und Lokalheiligen. Brüste, Leber, Nieren, Zähne – kein Körperteil ist auf den kleinen Plättchen ausgelassen. Rechts vom Haupteingang wird der Armenarzt und Wundertäter Giuseppe Moscati (1880–1927), einer der modernen Volksheiligen Neapels, verehrt – auch der sterbenskranke Tenor Enrico Caruso suchte ihn auf.

P.zza Gesù | Mo–Sa 8–12, 16.30–19, So 8–13.30 Uhr

## 6 Maschio Angioino (Castel Nuovo)

Das aus Lavaquadern erbaute Hafenkastell stellte zugleich Trutzburg und Residenz der Anjoukönige dar. Ein Höhepunkt italienischer Renaissancekunst ist der zur Landseite eingelassene Triumphbogen aus hellem Marmor (ca. 1444–1471). Er soll den Einzug Alfons I. des Weisen von Aragon 1443 in Neapel feiern, der als Italicus (»Sieger über Italien«) tituliert wird. Im zentralen Skulpturfries sitzt der König gleich einer Allegorie aus Petrarcas »Trionfi« auf einem Prunkwagen und hält einen Reichsapfel. Ganz wie in der keltischen

Artussage brennt ein Feuer zu seinen Füßen. Ein fein gearbeiteter Chor von Musikanten und Reitern begleitet den Monarchen. Im Burginneren befinden sich die Cappella Palatina, die Sala di Baroni sowie das Museo Civico (Stadtmuseum).

P.zza Municipio | Stadtmuseum: Mo–Sa 9–19 Uhr | Eintritt 6 €, erm. 3 € (Artecard)

## Spaccanapoli

Die stets von Spaziergängern, Geschäftsleuten, Musikern und Händlern belebte Straßenschlucht führt vom Vomero über die Spanischen Viertel hinab mitten ins brodelnde Leben von Neapels dicht bevölkerter Altstadt. Eigentlich hat die Straße in ihren verschiedenen Abschnitten ganz andere Namen, aber jeder nennt sie »Spaccanapoli« (wörtlich: sie spaltet Neapel), weil sie die Stadt auf einer stattlichen Länge von 2 km, von der Kirche Santa Maria ad Ogni Bene dei sette Dolori bis Forcella, in zwei Teile teilt. Sie ist gesäumt von historischen Palazzi, Kirchen, Pfandleihhäusern, Obelisken und Pestsäulen.

## 7 Napoli Sotterranea

Neapels »centro storico« steht auf Grotten, Hohlräumen und Stollen – über 700 sollen es sein. Schon Griechen und Römer fingen an, den Tuffstein für bis zu 40 m tiefe Zisternen, Wasserleitungen (die noch vor hundert Jahren praktisch die ganze Stadt versorgten), Vorratsspeicher und Katakomben zu unterwühlen. Der ganz große Drang nach unten setzte im Barock ein: Weil Gesetze die Einfuhr von Baumaterial untersagten, um das chaotische Anwachsen der Metropole ein-

zudämmen, kamen pfiffige Neapolitaner auf die Idee, das Baumaterial einfach aus dem Untergrund herauszuscharren und die Schächte der tiefgelegten Wasserleitungen allmählich zu erweitern. Die Folge ist, dass weite Teile der Altstadt auf Hohlräumen balancieren und hin und wieder ein Palazzo in die Tiefe stürzt. Solche Geschichten erzählen die Führer, die Touren durch Neapels Unterwelt und das römische Theater begleiten. Für Führungen in deutscher Sprache ist eine telefonische Voranmeldung erforderlich.
P.zza San Gaetano 68 | www.napoli sotterranea.org | Tel. 0 81 29 69 44 | anderthalbstündige Führungen tgl. stdl. 10–18 Uhr | Eintritt 10 €

### Palazzo Donn'Anna
▶ Klappe hinten, westl. a 6

Das riesige Gebäude direkt am Meer, das mit seiner imposanten Kulisse die Scheidelinie zwischen Mergellina und dem »sorgenbrechenden« Posillipo bezeichnet, wurde 1642 von Cosimo Fanzago für Anna Carafa, die neapolitanische Ehefrau des Vizekönigs Filippo Ramiro Guzman, Herzog von Medina de las Torres, mit 400 Arbeitern begonnen. Nur zwei Jahre später wurde nach der Abberufung Guzmans und dem Tod Annas der halbfertige Bau aufgegeben, in der Masaniello-Verschwörung vom Volk geplündert und durch das Erdbeben 1688 beschädigt. Im 19. Jh. wurde die Bauruine als Mietshaus adaptiert. Beeindruckend, ebenso wie die Legenden um den Palazzo, ist bei einer Bootsfahrt Richtung Marechiaro der Anblick der von zentralen Pfeilerloggien gegliederten Meerfassade.
Mergellina | V. Posillipo 365

### 8 Palazzo Reale

Gerne beginnen Stadtführer ihre Erläuterungen zu Neapel mit den 1888 als savoyische Propaganda in der Fassade des Königspalastes aufgestellten Statuen des Königreiches Sizilien/Neapel/beider Sizilien: Der 1130 in Palermo gekrönte Roger steht für die Normannendynastie (1130–1189/94), der Hohenstaufe Friedrich II. (1212–1250) ist mit Adlerhelm und Laute als Begründer der italienischen Literatur dargestellt. Karl von Anjou (1265–1285) verlegte die Hauptstadt des sizilianischen Reiches nach Neapel, und Alfons der Weise von Aragon (1442–1458) vereinigte Sizilien mit Neapel. Damit gehörte Kampanien auch zum Habsburger Weltreich Kaiser Karl V. (1516–1558), in dem die Sonne nicht unterging. Der Bourbone Karl III. (1734–1759) gilt als Mäzen des goldenen 18. Jh., während Napoleons Schwager Murat (1808–1815) in hautenger französischer Generaluniform das französische Intermezzo verkörpert. Mit Vittorio Emanuele (1860–1878), dem den Degen ziehenden »Vater des Vaterlandes«, endet die Selbstständigkeit Neapels – ein paar Schritte weiter lockt der schönste Vesuvblick. Der ziegelrote riesige Palazzo Reale, ein frühabsolutistisches Fürstenschloss mit drei Innenhöfen, in dem spanische Vizekönige und später die Bourbonenherrscher residierten, wurde ab 1599 vom Petersdom-Baumeister Domenico Fontana geschaffen. Heute beherbergt das stadtteilgroße Gebäude ein Museum, Amtsräume und die Nationalbibliothek.
P.zza del Plebiscito 1 | Museum Do–Di 9–20 Uhr | Eintritt 4 €, erm. 3 € (Artecard), Höfe frei zugängl.

### ⑨ Piazza del Plebiscito mit San Francesco di Paola

König Nase (Ferdinand IV./I.) wandte sich im sizilianischen Exil an einen Heiligen, der die Route zurück aufs süditalienische Festland kannte wie kein Zweiter. Der Heilige Franziskus von Paula, Patron Kalabriens, hatte einst, auf seinem Mantel stehend, die Meerenge von Messina ruhig überfahren. Als der König 1815 triumphal nach Neapel zurückgekehrt war, befahl er den Bau einer gigantischen Votivkirche. Das klassizistische Gotteshaus wurde 1817 bis 1836 von Pietro Bianchi aus Lugano nach dem Vorbild des Pantheons aufgeführt und von halbkreisförmigen Kolonnadenarmen, einem englischen »crescent« gleich, umgeben. Da eine Weissagung den Tod des Königs prophezeit hatte, sobald die Kirche fertig sein würde, wurde jahrelang nur mit ein oder zwei Bauarbeitern weitergebaut, was die lange Bauzeit von 20 Jahren erklärt.

P.zza Plebiscito | U-Bahn: Toledo

### ⑩ Quartieri Spagnoli

Mit Spanischen Vierteln werden die steil ansteigenden Straßenzüge zwischen Toledo, Via Chiaia, Corso Vittorio Emanuele und Montesanto bezeichnet. Ihr enges Koordinatensystem barocker Hochhäuser wurde ab dem 16. Jh. als Quartier für die spanischen Söldner einschließlich Schenken und Bordellen errichtet. Längst hat es sich mit seinen Wäscheleinen, seinen »bassi«-Behausungen zu ebener Erde und »motorino«-fahrenden Kindern zum Inbegriff Neapels entwickelt.

U-Bahn: Toledo

Mit 25 000 m² Fläche ist Neapels Piazza del Plebiscito (▶ S. 69) eine der größten ganz Italiens, weshalb sie oft Ort für Großkundgebungen und auch bedeutende Festivals ist.

# Im Fokus
## Pino Daniele und der Blues Neapels

*Neapels Opernschule ist eine Institution von Weltrang, und mit dem neapolitanischen Lied hat sich die Stadt ebenfalls ein musikalisches Denkmal geschaffen. Eine Liebeshymne hat sich Neapel somit auf jeden Fall verdient – Pino Daniele hat sie geschrieben!*

Neapel und der Gesang gehören zusammen. Die Stadt hat viele musikalische Genies von Weltrang hervorgebracht und ausgebildet, um 1700 eine eigene Opernschule begründet und mit Ohrwürmern wie »O sole mio« oder »Torna a Surriento« die sog. »canzone napoletana«, das neapolitanische Lied, in die ganze Welt exportiert. Elvis Presley hat aus »O sole mio« den Evergreen »It's now or never« mit viel Herzschmerz gemacht, und viele andere berühmte Interpreten haben zum Ruhm der Melodien Neapels beigetragen. Wer kennt ihn nicht!

Bis heute ist die Musiktradition am Golf von Neapel quicklebendig. Durch die engen Gassen Neapels streifen immer noch die »posteggiatori«, die Straßensänger, deren Repertoire von der Belcanto-Arie über die romantische mandolinenbegleitete Serenade bis hin zum fetzigen, mit afrikanischen und lateinamerikanischen Rhythmen unterlegten neapolitanischen Pop reicht. Sie stehen in einer viele Hundert Jahre alten Musik-

◀ Auch in der Kunst wird Neapels
»Musikalität« oft dargestellt ( ▶ S. 70).

tradition, die nicht nur am berühmten Konservatorium San Pietro a Majella, sondern ebenso spontan in den »vicoli« und bei den Seelenmessen in den zahlreichen Kirchen gepflegt wird.

Die den Neapolitanern eigentümliche Neigung zum Theatralischen konnte und kann das Musikwunder nur befördern. Bereits 1737 wurde das an den Königspalast angebaute Teatro San Carlo eröffnet, als erstes Opernhaus überhaupt, lange galt es als die erste patriotische Bühne Italiens – schließlich gehörte die Mailänder Scala bis zur Einigung Italiens zur österreichischen Lombardei.

## IN NEAPEL WERDEN WELTHITS GEBOREN

Lange vor dem kommerzialisierten Schlagerfestival von San Remo hatte Neapels Musikszene mit dem alljährlichen Piedigrotta-Festival ein eigenes Forum, wo Welthits wie »Te voglio ben assaje« (1839) oder »Funiculì, Funiculà« (1880, zur Einweihung der Vesuv-Bergbahn) ihren Ursprung hatten. Was zunächst aus purer Freude am Singen entstand, entwickelte sich nach und nach zu einer Art Liederwettbewerb, an dem auch die Musikverleger kräftig mitverdienten. Letztere unterstützten die Verbreitung der Lieder nicht nur mittels der teureren Sammlungen, »raccolte«, sondern auch auf Einzelblättern, den »foglie volanti«, später auch in den illustrierten »copielle«, die auch für die ärmeren Bevölkerungsschichten erschwinglich und sehr begehrt waren. Das goldene Zeitalter der neapolitanischen Kanzone ist zweifelsohne der Zeitraum 1880 bis 1910, in dem das Volkslied auch die bürgerlichen Kreise, ihre Salons und die beliebten »caffè concerti« erobert. Die Interpreten der »canzone napoletana« waren immer mehr auch ausgebildete Tenöre, darunter natürlich auch der unvergessene und viel gefeierte Enrico Caruso (1873–1921).

## MUSIKALISCHER EINFLUSS AUS AMERIKA

Nach dem Ersten Weltkrieg schwappten neue Rhythmen über den Großen Teich: der Swing, der Jazz und der Blues, die auch die neapolitanische Musikszene entscheidend beeinflussten. Der große Meister des 20. Jh. war zweifelsohne der Sänger und Gitarrist Roberto Murolo (1912–2003). Er hat in den frühen 1960er-Jahren rund 800 Lieder für eine Anthologie der neapolitanischen Kanzone aufgenommen, die immer noch als musikalisches Archiv gelten darf. Darin sind Lieder vom Mittelalter (»Jesce

Sole«, um 1200), der Renaissance (»Michellemmà«, 1650) und unzählige berühmte Lieder von Komponisten und Liedermachern des 19. und 20. Jh. enthalten, die dank Murolo wieder gerne gehört und überall gesungen werden. Murolo hat früh mit jüngeren Musikern zusammengearbeitet, darunter Fabrizio de André, Pino Daniele und Lucio Dalla, mit denen er die erfolgreichen Alben »ʻNa voce, ʻna chitarra« (»Eine Stimme, eine Gitarre«) und »Quantavogliadicantare« (»Ohwelchlustzusingen«) aufnahm.

## MUSIKALISCHES NATURTALENT, AM RICHTIGEN ORT GEBOREN

Einer von ihnen, Pino Daniele, ist auf eine ganz besondere Weise in seine Fußstapfen getreten und galt unbestritten als der Star am modernen neapolitanischen Musikhimmel. 1955 in Neapel geboren und in ärmlichen Verhältnissen aufgewachsen, brachte sich Pino Daniele das Spiel auf der Gitarre selbst bei, die Musik von Glenn Miller, Elvis Presley und Mario Merola begleitete seine Jugend. »Io, lo ripeto, non sarei esistito come artista se non fossi nato a Napoli« – »Aus mir, so muss ich es immer wieder betonen, wäre kein Künstler geworden, wäre ich nicht in Neapel geboren« – sagte er von sich selbst. Tatsächlich hat er in Neapel neue musikalische Wege beschritten, indem er lateinamerikanische und afrikanische Klänge mit der neapolitanischen Tradition vermischte. Er hat Elemente des Blues, Rock und Rap entlehnt und es dabei doch geschafft, einen unverwechselbaren neapolitanischen Sound zu erzeugen. Das ist so verwunderlich nicht, brachten doch in der unmittelbaren Nachkriegszeit viele amerikanische Soldaten die »schwarze Musik« in die engen neapolitanischen Gassen. Neapel wurde so zur Hauptstadt des Blues in Italien!

## PINO DANIELES MELANCHOLISCHE LIEBESHYMNE AN NEAPEL

Aus einer Verbindung eines amerikanischen Soldaten und einer Neapolitanerin stammt übrigens auch einer der bekanntesten Saxofonisten und Jazzmusiker Italiens, James Senese, der im Januar 1945 in Neapel geboren wird und dessen Musik zu den Meilensteinen im Leben von Pino Daniele gehört. Als »Taramblu« hat er seinen Stil bezeichnet, als Mischung aus der volkstümlichen Tarantella, dem Rumba und dem Blues. Pino Daniele sang mit hoher Stimme seine melodiösen Balladen vor allem im neapolitanischen Dialekt (aber nicht ausschließlich). Mit dem eingängigen und zugleich sozialkritischen Song »Napule è« hat er die heimliche Hymne Neapels komponiert. Das Lied gehört zu seinem ersten Album »Terra Mia«, mit dem Pino Daniele 1977 den Durchbruch schaffte und sich in die Herzen der Neapolitaner sang – eine gelungene Mischung aus Blues und neapolitanischer Kanzone, in dem er die Schönheiten, aber auch Widersprüchlichkeiten der Stadt beschreibt. In der brillanten Musikdokumentation »Passione« (2010) des italo-amerikanischen Regisseurs John Turturro beschließt »Napule è« die rasante zweieinhalbstündige musikalische Fahrt durch Neapels Gassen.

Auch im 1995 veröffentlichten Album »Non calpestare i fiori nel deserto«, das sich 800 000-mal verkaufte, variiert Pino Daniele Blues mit World Music im neapolitanischen Dialekt. Auf der Bühne stand Pino mit fast allen musikalischen Größen Italiens, er hat zusammen mit der israelischen Sängerin Noa musiziert, ebenso wie mit Eric Clapton und den Simple Minds. Sein früher und plötzlicher Herztod im Januar 2015 hat eine schmerzliche Lücke im musikalischen Neapel hinterlassen. Unvergessen sind seine Auftritte auf Neapels halbkreisförmiger Piazza del Plebiscito. Seine Stimme bleibt uns erhalten. Grazie, Pino!

## NAPULE È

Napule è mille culure
Napule è mille paure
Napule è a voce de' criature
che saglie chianu chianu
e tu sai ca' nun si solo.

Napule è nu sole amaro
Napule è addore e' mare
Napule è 'na carta sporca
e nisciuno se ne importa
e ognuno aspetta a' ciorta.

Napule è na' camminata
inte viche miezo all'ato
Napule è tutto nu suonno
e a sapè tutti o' munno
man nun sanno a verità.

Neapel ist tausend Farben
Neapel ist tausend Ängste
Neapel ist die Stimme von Kreaturen,
die sich leise erheben
und du weißt, dass Du nicht allein bist.

Neapel ist eine bittere Sonne
Neapel ist der Duft des Meeres
Neapel ist ein schmutziges Papier
und keinen kümmert's
und jeder wartet auf das Glück.

Neapel ist ein Spaziergang
durch die Gassen
zwischen all den Menschen
Neapel ist ein einziger Traum
und das weiß die ganze Welt,
aber sie kennen die Wahrheit nicht.

(Pino Daniele, Album »Terra Mia«, 1977)

### ⑪ Sant'Angelo a Nilo

Die im 15. Jh. im Stil der katalanischen Gotik errichtete Kirche wurde 1725 durchgehend restauriert. Sie birgt rechts vom Hochaltar ein Kleinod der Frührenaissance: Das Baldachingrab des Kardinals Rinaldo Brancaccio wurde 1427 bis 28 von Donatello und Michelozzo in Pisa gemeißelt und nach Neapel verschifft. Gruppiert um den Sarkophag sind Tugenden, Heilige und Engel, die die Posaune des Jüngsten Gerichts blasen.

P.zzetta Nilo 23 | U-Bahn: Dante | Mo–Sa 9–13, 16.30–19 Uhr

### ⑫ Santa Chiara mit Kreuzgang

Santa Chiara war die Staatskirche und bevorzugte Grablege der Anjou-Könige. 1316 wurde hier zum ersten Mal eine Messe gelesen, für die Nonnen gab (und gibt) es einen eigenen Raum hinter dem Chor. Paradoxerweise ist die gotische Schlichtheit des heutigen Baus einer Katastrophe zu verdanken. 1943 tobte nach einem Bombenabwurf tagelang ein Feuer und vernichtete die barocken Zutaten, beschädigte allerdings auch die Steinkatafalke der Anjou-Könige schwer: Das Wandgrab Robert des Weisen (1343) von Giovanni und Pacio Bertini (hinter dem Hochaltar) zeigt den König im Kreise seiner engsten Verwandten, darunter seiner zweiten Frau Sancha. Ein zweites Mal ist der König in der Grabkammer liegend (im Franziskanerhabit) dargestellt, während ihn Allegorien der sieben freien Künste als »pleureurs« beweinen – ein durchaus frühhumanistischer Gedanke. Im Barock hatte sich der Klarissinnenkonvent endgültig zum begehrtesten Kloster des neapolitanischen Adels

entwickelt; das Privileg, mitten in der übervölkerten Innenstadt einen großzügigen, schattigen Orangengarten zu genießen, trug sicher dazu bei.

Im Jahr 1738 betrieb dann die sächsische Prinzessin Anna Amalia, Gattin des Bourbonenkönigs Karl III., die Verwandlung in einen Lustort, indem sie den Kreuzgang mit bunter, glasierter Majolika und Pergolen schmücken ließ – ein »paradiso terrestre« von Rokoko-Charme.

V. Benedetto Croce | www.monastero disantachiara.com | tgl. 7.30–13, 16.30–20 Uhr | Kreuzgang: V. Santa Chiara 49 C | Mo–Sa 9.30–17.30, So 10–14.30 Uhr | Eintritt 6 €, erm. 4,50 € (Artecard)

### ⑬ San Domenico Maggiore

Trotz zahlreicher Umbauten ist im Innenraum mit seinem polygonal gebrochenen Chor die Feierlichkeit einer gotischen Anjoukirche spürbar. Die Ausstattung umfasst mehrere Werke Luca Giordanos sowie Francesco Solimenas Deckengemälde in der Sakristei, »Triumph des Domenikanerordens« (1709). Im Dominikanerkloster lehrte von 1271 bis 74 Thomas von Aquin, der größte katholische Scholastiker.

P.zza San Domenico | U-Bahn: Dante

### ⑭ San Lorenzo Maggiore

Die gotische Franziskanerkirche wurde unter Karl I. von Anjou über einer frühchristlichen Kirche und den Resten der antiken Basilika errichtet. Ältester Bauteil ist der französisch wirkende Kapellenchor, der tatsächlich von Steinmetzen aus dem Anjou ausgeführt wurde, während das Langhaus im 14. Jh. von lokalen Bautrupps unter

72 Säulen ließ Prinzessin Anna Amalia mit Majolikakacheln verkleiden und verwandelte den Kreuzgang des Klosters Santa Chiara (▶ S. 74) so in ein irdisches Paradies.

Verwendung antiker Säulen fortgeführt wurde. Die Fassade im kurvierten Stile Borrominis wurde erst 1742 von Ferdinando Sanfelice ergänzt. Auf dem Kirchenboden sind in Gold die Fundamente der frühchristlichen Kirche nachgezogen. Im Kreuzgang himmelte 1334 der Novellendichter Giovanni Boccaccio Fiammetta, die morganatische Tochter Roberts des Weisen, an, während Petrarca, erschreckt durch ein Unwetter, elf Jahre später die Nacht mit den Mönchen durchbetete. Von besagtem Kreuzgang, der über dem römischen Fleischmarkt

liegt, steigt man hinunter aufs Forum des antiken Neapels: Hier wurden eine Bäckerei, eine Färberei und das »aerarium« (Schatzkasse) freigelegt.

P.zza S. Gaetano | www.sanlorenzo maggiore.na.it | tgl. 8–12, 16–19 Uhr | Complesso Archeologico di San Lorenzo Maggiore: P.zza San Gaetano 316 | tgl. 9.30–17.30 Uhr | Eintritt 9 €, erm. 7 €

### 🟠 Santa Maria della Sanità

Die Basilika mit der bunten Majolikakuppel liegt tief unter der barocken Sanità-Brücke in einem der ärmsten und volkstümlichsten Stadtviertel Neapels. Wegen des Kultes des beliebten Sanità-Patrons kennen sie die meisten Einheimischen als San Vincenzo. Der heutige Bau wurde im 17. Jh. in großzügigem Barock von Fra Nuvolo aufgeführt. Prominente Maler wie Luca Giordano, Paceco de Rosa und Andrea Vaccaro schufen Altargemälde – den Sakristeialtar schmückt ein naives Marienbild Gianni Pisanis (2003). Unter der geschwungenen Treppe zum Altarraum haben sich Fundamente einer frühchristlichen Kirche mit einem Fresko des 9. Jh. erhalten, das Maria mit zwei Bischöfen zeigt.

Ein ergreifendes Monument neapolitanischen Totenkultes bilden die unter der Kirche gelegenen antiken Catacombe di San Gaudioso, die im Barock für die natürliche Mumifizierung von Leichen verwendet wurden und mit makabren Totentanzszenen ausgeschmückt sind.

P.zza Sanità 14 | www.catacombe dinapoli.it | Führungen tgl. zur vollen Stunde von 10–13 Uhr (Artecard)

**MUSEEN**

### 🔵16 Casa del Mandolino 🚩

Seit März 2016 ist der Mandoline ein eigener Ort mitten im Herzen der Altstadt gewidmet. Die Ausstellung zeigt Mandolinen und andere Plektrum-Instrumente (▶ S. 18).

Neapel | Vico II Quercia 7 | www.casa delmandolino.it (it.) und www.houseof mandolin.com (engl.) | Fr–So 10–13 Uhr sowie auf Anfrage | Eintritt 15 €, erm. 10 €

### 🔵17 Certosa e Museo nazionale di San Martino

Das weiße Klostergebäude von San Martino aus dem 14. Jh. ist eines der dominantesten Bauwerke Neapels. Ein Besuch lohnt nicht nur wegen des atemberaubenden Rundblicks auf Altstadt, Pizzofalcone, Chiaia-Viertel, Mergellina, Posillipo, den Vesuv und den Golf, sondern auch wegen der Räumlichkeiten und herrlichen Innenhöfe, Gärten und Kreuzgänge der ehemaligen Kartause. In den über 70 Sälen ist die Geschichte Neapels illustriert. Für die Ausstattung des Klosters haben die berühmtesten Künstler aus Neapels Goldenem Zeitalter (16. bis 18. Jh.) gearbeitet. Ihre Werke sind bis heute an Ort und Stelle zu bewundern. Unter der Franzosenherrschaft wurde das Kloster 1806 säkularisiert. Heute ist das dritte Nationalmuseum Neapels im Staatsbesitz und beherbergt auch die weltberühmte Krippensammlung.

Largo San Martino 5 | www.polo musealenapoli.beniculturali.it | Do–Di 8.30–19.30 Uhr | Eintritt 6 €, erm. 3 €

### 🔵18 Conservatorio di San Pietro a Majella

Seit 1826 befindet sich Neapels hoch angesehenes Musikkonservatorium im ehemaligen Kloster. Die musikalische Ausbildung reicht bis in das 16. Jh. zurück. Die Bibliothek umfasst eine große Anzahl von Originalpartituren, das Museum eine Sammlung großer Komponistenporträts, Autogramme und persönliche Andenken wie Donizettis Tabakdose oder Cimarosas Spinett.

V. S. Pietro a Majella 35 | U-Bahn: Dante | unregelm. Öffnungszeiten, Portier fragen | freier Eintritt (Trinkgeld)

### ⭐2 Museo Archeologico Nazionale

Der imposante Bau war ursprünglich als Reitschule der spanischen Habsburger gedacht, ein Projekt, das wegen Wassermangels jedoch nie ausgeführt wurde. Stattdessen richtete man die Universität hier ein. Nach zahlreichen Erweiterungen und Umbauten entstand im 18. Jh. der Museumsbau, der die schon damals weltberühmte Sammlung aufnehmen sollte, die König Karl III. von Bourbon von seiner Mutter Elisabetta, der letzten Farnese, geerbt hatte. Sie umfasste u. a. die größten Skulpturen der Antike, die in den römischen Caracalla-Thermen ausgegraben worden waren. Hinzu kamen die ständig wachsenden Funde der jungen Archäologie aus dem seit 1738 bzw. 1748 entdeckten Herkulaneum und Pompeji.

Die Gemäldesammlung der Farnese befindet sich seit 1957 aus Platzgründen im Museo di Capodimonte.

Für den Besuch sollte man unbedingt mindestens einen halben Tag einplanen. Die Sammlungen gliedern sich im Wesentlichen in vier Abteilungen: Skulptur (Erdgeschoss), Ägyptische Sammlung (Untergeschoss), Mosaiken und Erotisches Geheimkabinett (Zwischengeschoss), Bronze sowie Hausgerät und Fresken aus den Vesuvstädten (Obergeschoss).
P.zza Museo 19 | U-Bahn: Museo 1 | http://cir.campania.beniculturali.it/ museoarcheologiconazionale | Mi–Mo 9–19.30 Uhr | Eintritt 8 €, erm. 4 € (Artecard)

**⑲ Museo della Ceramica Duca di Martina**

Seit 1927 birgt das Museum in der Villa Floridiana die Porzellan-, Email-, Keramik- und Elfenbeinsammlungen von

Im Museo MADRE (▶ S. 79) kommt man ob der groß(artig)en Kunstwerke – hier ein Werk des Neapolitaners Francesco Clemente – aus dem Staunen nicht heraus.

Placido de Sangro, Fürst von Martina. Die meisten ausgestellten Stücke stammen aus Europa (Meissen, Frankenthal, Nymphenburg, Sèvres, Saint-Cloud, Chantilly, Castelli d'Abruzzo …) und Ostasien. Auch aus der königlichen Porzellanmanufaktur Capodimonte sind Stücke vorhanden, z. B. die große Vase Augustus Rex. Es lohnt sich, das Gebäude zu umrunden – von der Freitreppe auf der Rückseite bietet sich ein spektakulärer Blick auf das Meer.

Villa Floridiana | V. D. Cimarosa 77 | U-Bahn: Vanvitelli | www.polomeseale napoli.beniculturali.it | Mi–Mo 8.30– 19 Uhr | Eintritt 4 €, erm. 2 € (Artecard)

## Museo e Gallerie nazionali di Capodimonte      C 3

Oberhalb der Stadt ließ Karl III. von Bourbon den Real Palazzo di Capodimonte in einem seiner bevorzugten Jagdgebiete errichten. Der Palast hatte von Anfang an eine Doppelfunktion: Er sollte einerseits als prunkvolle Residenz des Hofes, andererseits als repräsentativer Aufbewahrungsort für die geerbte Farnese-Sammlung dienen. Bereits im dritten Jahr seiner Herrschaft ließ der König Gemälde, Antiken und Skulpturen aus Parma nach Neapel transportieren, die an verschiedenen Orten aufgestellt wurden. Die Gemäldesammlung wurde erst 1957 von der Antikensammlung getrennt und ist seither ständig gewachsen. Nach dem Erdbeben im Jahre 1980 wurden einige gefährdete Gemälde aus Kirchen in der Stadt hierher ausgelagert – und blieben. Das »piano nobile« birgt die berühmte Farnese-Sammlung mit Werken von Tizian, Mantegna und Bellini. Für den Besuch dieser großar-

tigen Gemäldesammlung, die zu den herausragendsten der Welt gehört, sollte man einen halben Tag einplanen.

V. Capodimonte (P.ta Grande) oder V. Miano 2 | www.polomusealenapoli.beni culturali.it | Do–Di 8.30–19.30, im Sommer Do bis 22.30 Uhr | Eintritt 7,50 €, erm. 3,25 €; ab 14 Uhr 6,50 € | Eintritt in den Park frei (Artecard)

## 20 Museo di Palazzo Reale

In der Beletage im Palast der Vizekönige der spanischen Habsburger sind 30 Säle, das sog. »appartamento storico«, als königliche Gemächer zu besichtigen mit dem Dekor und Mobiliar der Königsfamilie sowie dem Hoftheater aus dem 18. Jh. Das Meiste stammt allerdings aus der Zeit der Napoleoniden und letzten Bourbonen, also aus dem 19. Jh. Doch finden sich auch Gemälde der bedeutenden neapolitanischen Barockschule um Ribera, Preti und Giordano. Einige Werke von Schedoni und Guercino aus der Farnese-Sammlung waren gar für die Ausschmückung des Stadtpalastes der Bourbonen bestimmt, die sich ansonsten auf ihre Schlösser von Capodimonte und Caserta konzentrierten.

P.zza del Plebiscito 1 | www.palazzoreale napoli.it | Do–Di 9–19 Uhr | Eintritt 4 €, erm. 2 € (Artecard)

## 21 Museo Diego Aragona Pignatelli Cortes

Am Chiaia-Ufer erhebt sich die von einem gepflegten englischen Park umgebene neoklassizistische Villa Pignatelli. Im Erdgeschoss besucht man die historischen Räumlichkeiten der einst von fremden und neapolitanischen Aristokraten bewohnten Villa. Der Engländer Sir Ferdinand Richard Acton, Sohn eines Ministers unter dem Bourbonen Ferdinand IV., hatte die Villa 1826 in Auftrag gegeben. Nach ihm zogen die Rothschilds ein, die bis zur Einigung Italiens die Bourbonen finanziell unterstützten. Aus dieser Zeit stammt der weiß-goldene Stuckdekor der sog. Sala Rossa. Die übrigen Gemächer, d. h. der Ballsaal, der Blaue und Grüne Salon, das Esszimmer, die Bibliothek sowie die Möbel und Tischaufsätze, sind nach dem Geschmack der letzten Besitzer, der Pignatelli, gestaltet. Zum Museo Pignatelli gehört auch das sehenswerte Museo delle Carrozze Marchese Mario D'Alessandro di Civitanova, das in einem kleinen Nebengebäude im Park Kutschen der unterschiedlichsten Typen wie Mail Coach, Poney-Chaise, Dog Kart oder Coupé zeigt.

Riviera di Chiaia 200 | www.polo musealenapoli.beniculturali.it | Mi–Mo 8.30–19 Uhr | Eintritt 5 €, nur Park 2 € (Artecard)

## ㉒ Museo MADRE – Museo d'Arte Donnaregina

Im altehrwürdigen Palazzo Donnaregina hat der portugiesische Architekt Alvaro Siza ein Museum eingerichtet, das sich zeitgenössischen Künstlern wie Yannis Kounellis, Anish Kapoor, Jeff Koons oder auch Mimmo Paladino widmet. Die angrenzende, ehemals verschlossene Kirche Santa Maria Donnaregina Vecchia wurde in das Museum integriert.

V. Settembrini 79 | www.museomadre. it | Mi–Sa, Mo 10.30–19.30, So 10.30– 23 Uhr | Eintritt 3,50 €, erm. 1,50 €, Mo frei (Artecard)

In die königlichen Gemächer des Palazzo Reale ( ▶ S. 78) gelangt man über die »scalone d'onore«, die mit weißem und rosa Marmor geschmückte Prachttreppe.

### 23 PAN Palazzo delle Arti Napoli

An lauschigen Sommerabenden schlendert Neapels Jeunesse dorée am liebsten durch die Gassen im Chiaia-Viertel mit seinen zahlreichen schönen Boutiquen, Enoteche und Bars. Seit einiger Zeit kommen auch Kunstfreunde voll auf ihre Kosten. Das Kunsthaus Neapels, im herrlichen Palazzo Roccella aus dem 18. Jh. untergebracht, ist ein Magnet für Kreative aus den Bereichen Film, bildende Kunst, Design, Architektur und Fotografie. Es werden zahlreiche Sonderausstellungen geboten.

V. dei Mille 60 | www.comune.napoli. it | Mo, Mi–Sa 9.30–19.30, So 9.30– 14.30 Uhr | Eintritt frei

### Stazioni dell'Arte 🚩

15 Stationen der U-Bahn, die meisten davon auf der Linie 1 zwischen Vanvitelli und Toledo, die die Altstadt mit dem Stadtteil Vomero verbindet, werden Stazioni dell'Arte, also Kunststationen, genannt. Während internationale Top-Architekten die Räumlichkeiten konzipierten, wurden die Stationen mit zeitgenössischen Kunstwerken bereichert. Einzigartig ist der Blick in den Mosaikhimmel von der Rolltreppe der Station »Toledo«. Die jüngste Station »Municipio« ist minimalistisch gestaltet, denn nichts soll ablenken von den in situ gefundenen archäologischen Zeugnissen, die in den nächsten Jahren hier ausgestellt werden – zum Preis einer Fahrkarte. Die Rolltreppe vom Platz stellt dabei eine Art Zeitmaschine dar, auf der man von der Gegenwart über das Mittelalter in die Antike zurückreist (▶ S. 18).

U-Bahn Linie 1 und 6 | www.metro.na.it

Wer Neapel besucht, muss das Gran Caffè Gambrinus (▶ S. 82) besuchen, das seit Italiens Staatsgründung 1860 besteht und in den 1970er-Jahren detailgetreu restauriert wurde.

## ÜBERNACHTEN

### Casa del Monacone

▶ **Klappe hinten, nördl. c 1**

**Originell** – Der neapolitanische Designer Riccardo Dalisi hat aus kargen Mönchszellen ein schmuckes Bed & Breakfast gezaubert. Jede Menge Insiderinfos und Tuchfühlung mit dem neapolitanischen Volk sind dem Gast hier garantiert.

V. Sanità 124 | Tel. 08 17 44 37 14 | www. catacombedinapoli.it/casaDelMonacone. asp | 6 Zimmer | ♿ | €–€€

### 24 Chiaja Hotel de Charme

**Elegant-intim** – Ein Haus in barockem Palazzo in zentraler Lage, nur 20 m von der Piazza Plebiscito entfernt. Im Winter ist es im Kaminsalon urgemütlich. Komfortable, mit Geschmack und alten Möbeln eingerichtete Zimmer.

V. Chiaia 216 | Tel. 0 81 41 55 55 | www. hotelchiaia.com | 27 Zimmer | €€€

### 25 Decumani

**Wohnen wie ein Kardinal** – Kardinal Sisto Riario Sforza, letzter Bischof der Bourbonen, richtete sich hier mitten in der Altstadt einst wohnlich ein. Frühstück im Ballsaal.

V. San Giovanni Maggiore Pignatelli 15 | Tel. 0 81 5 51 81 88 | www.decumani. com | 22 Zimmer | ♿ | €€€

### 26 Donna Regina ▶ S. 24

### 27 Palazzo Alabardieri

**Elegant im Boutique-Viertel** – Das in einem Hinterhof versteckte Hotel ist ideal, um auch noch am Abend das pralle Leben Neapels zu genießen oder am nahe gelegenen Lungomare zu spazieren. Es bietet besten Service und Komfort, die Zimmer sind mit eleganten Stilmöbeln ausgestattet.

V. Alabardieri 38 | Tel. 0 81 41 52 78 | www.palazzoalabardieri.it | 44 Zimmer | €€€€

### 28 Piazza Bellini

**Lichtdurchflutet** – Und das mitten in der Altstadt! Zum archäologischen Museum sind es nur ein paar Fußminuten. Ein herrlicher Innenhof empfängt die Besucher. Moderne und saubere Zimmer, auch auf zwei Etagen für Familien. Ein ideales Hotel für einen Städtetrip. Sehr gutes Preis-Leistungs-Verhältnis.

V. Santa Maria di Costantinopoli 101 | U-Bahn: Dante | Tel. 0 81 45 17 32 | www.hotelpiazzabellini.com | 48 Zimmer | €€

### 29 San Francesco al Monte

**Beeindruckendes Ambiente** – Der einstige Konvent auf Neapels Hausberg Vomero bietet nicht nur gastliche Zimmer und ein großartiges Frühstückspanorama auf Golf und Stadt. Es dient auch als Galerie hochkarätiger zeitgenössischer Kunst. In den Hotelfluren entdeckt man Originale von Robert Rauschenberg oder Hermann Nitsch, dazwischen thront eine Krippe aus dem 18. Jh.

Corso Vittorio Emanuele 328 | Tel. 08 14 23 91 11 | www.hotelsanfrancesco.it | 55 Zimmer | ♿ | €€€€

## ESSEN UND TRINKEN

RESTAURANTS

### 30 Al Cucciolo Bohemien

**Wo die Männer am Herd stehen** – Seit 1963 kocht hier Papa Carmine, heute tatkräftig unterstützt von seinen drei

Söhnen. Neapolitanische Spezialitäten, sehr guter Fisch, Hausmannskost. Das Lokal ist sehr beliebt bei Sängern und Orchestermitgliedern des Teatro San Carlo – wie die Fotos zahlreicher Stars an den Wänden beweisen.

Vico Berio 5/8 (gegenüber der Galleria Umberto in den Spanischen Vierteln) | Tel. 0 81 40 79 02 | tgl. 12–16 und Mo–Sa 19–24 Uhr (im Winter So geschl.)

**31 Da Michele** ▶ S. 28

### 32 Hosteria Toledo

**Beim Lieblingsitaliener** – Urgemütliches Traditionslokal in den Spanischen Vierteln, das seit 1951 neapolitanische Spezialitäten vom Lande und aus dem Meer zubereitet. Dafür garantiert Stefano Preziosi mit seiner Familie.

Vico Giardinetto 78 | U-Bahn: Toledo | Tel. 0 81 42 12 57 | www.hosteriatoledo.it | Di abends geschl.

### 33 Nennella

**Erstklassige Hausmannskost** – Schon vormittags ist die ganze Wirtsfamilie beim Gemüseschnippeln anzutreffen. Spezialität dieser volkstümlichen Trattoria in den Spanischen Vierteln ist »pasta con fagioli« – Nudeln mit Bohnen gekocht!

Vico Lungo Teatro Nuovo 103–105 | Tel. 0 81 41 43 38 | So geschl. | €

### 34 Rossopomodoro

**Pizza, Pasta, aber nicht nur!** – Das Lokal mit drei Standorten in Neapel legt großen Wert darauf, keine Schutzgelder an die Camorra zu zahlen, und hat sich der Addiopizzo-Initiative angeschlossen. Glutenfreie, nicht minder leckere Kost für Allergiker.

P.zza Trieste e Trento 7 | U-Bahn: Municipio | Tel. 0 81 41 27 91

### 35 La Scialuppa

**Fisch und Meer** – Neben dem Castel dell'Ovo und direkt am Meer gelegen ist dies ein Top-Fischrestaurant, das seit 1860 besteht und seinen Preis wert ist. Ab und zu treten Sänger und Mandolinenspieler auf.

Borgo Marinaro 4 | Tel. 0 81 7 64 53 33 | www.ristorantelascialuppa.it | Mo geschl. | €€€

### 36 Trianon

**Pizza e basta!** – Hier gibt es wirklich nur Pizza, aber was für eine! So riesig, dass sich eine neapolitanische Großfamilie zum Pizzafest einfinden kann. Dazu trinkt man hier am liebsten Bier. Mehrere Stockwerke, immer brechend voll, ohrenbetäubender Lärm: ein wahres Erlebnis!

V. Pietro Colletta 42-46 | U-Bahn: Porta Nolana | Tel. 0 81 5 53 94 26 | www.pizzeriatrianon.it | €

CAFÉS UND EISDIELEN

### 37 Gambrinus

**In bester Gesellschaft** – Der germanische Gott, dem wir der Legende nach das Bier verdanken, steht heute für Neapels elegantesten Kaffee- und Teesalon – und für das wahre Foyer des Teatro San Carlo. Im vorderen Bereich um den Tresen herrscht ständig Gedränge, in den »salotti« dahinter prallen die vornehme Gesellschaft und Touristen aufeinander.

V. Chiaia, Ecke P.zza Trieste e Trento | www.grancaffegambrinus.com

**38 Gelateria La Scimmia** ▶ S. 29

Die Via Chiaia im Stadtviertel Chiaia (▶ S. 63) ist heute komplett Fußgängerzone und eine elegante Shoppingmeile. Alle namhaften italienischen Designerlabels sind hier vertreten.

### 39 Moccia

**Klein und famos** – Vincenzo Romanos Pasticceria wird von Einheimischen aus allen Stadtteilen für ihre köstlichen neapolitanischen »babàs« (getränktes Biskuit) gerühmt.

V. San Pasquale 21/22/23

### 40 Scaturchio

**Konditorkönig** – Aus der engen Pasticceria gegenüber der Säule des Heiligen Dominik dringt der Duft der »sfogliatelle ricce« und der »delizie di limone«, den beiden vorzüglichen Spezialitäten des Hauses. Gebacken wird im Hinterhof, und wer es bequem mag, wird auch auf der Piazza bedient.

P.zza San Domenico Maggiore 19 | U-Bahn: Dante | www.scaturchio.it

### EINKAUFEN
#### ACCESSOIRES
### 41 Talarico

Seit 1860 fertigt man hier Regenschirme: vom klassischen Burberry-Karo bis zum knalligen Pink, mit Holz- oder Metallknauf, für die Kleinsten und auch für die ganze Familie. Mario, Pietro und Luca breiten ihre Ware gerne vor Ihnen aus, spannen die Schirme in

Windeseile auf und rollen sie ebenso geschickt wieder ein, ein Erlebnis nicht nur für Regentage!

V. due porte a Toledo 46 | www.mario talarico.it

## Oasen der Stille

Gönnen Sie sich in einer der vielen Kirchen und Kreuzgängen Neapels einen Moment der Ruhe zwischen Einkaufsgedränge, Motorroller-Geknatter und schwül-staubiger Stadtluft. Die richtige Atmosphäre zum Durchatmen und Entspannen ist garantiert (▶ S. 12)!

BÜCHER

### 42 Feltrinelli

Neapels größte Buchhandlung mit fremdsprachiger Abteilung. In der Filiale an der Piazza dei Martiri hervorragende CD-Auswahl. Stöbern ist hier bis spät abends und auch sonntags möglich!
– V. S. Tommaso d'Aquino 70 | Mo–Sa 9–20, So 10–14 Uhr
– V. Santa Caterina a Chiaia, 23, Ecke P.zza dei Martiri | Mo–Sa 9–21, So 10–14 und 16–22 Uhr

DELIKATESSEN

### 43 Gay Odin ▶ S. 40

MÄRKTE

Hier mischt man sich unters Volk, am besten ohne Portemonnaie und Handtasche – frei und unbeschwert geht das mit ein paar Scheinen in der vorderen Hosentasche! Vom Kauf von vermeintlich günstigen Elektrowaren wird unbedingt abgeraten, man wird schnell Opfer eines Betrugs.

### 44 Mercatino dell'Antiquariato

Floh- und Antiquitätenmarkt im wunderschönen Park Villa Comunale.

V. Caracciolo | Bus: P.zza Vittoria | jedes 3. und 4. Wochenende im Monat, Dez. durchgehend bis 24.

### 45 Mercatino di Antignano

Küchenartikel, Mode und Schuhe werden auf diesem Markt verkauft.

P.zza Antignano | Mo–Sa 7–13.30 Uhr

### 46 Mercatino Posillipo

Der Markt der »besseren Gesellschaft«, Angebot und Preise sind dementsprechend: Hier findet man Markenkleidung und Schuhe von sehr guter Qualität, außerdem eine Vielzahl an Accessoires und schönen Stoffen.

V.le della Rimembranza | Do 7–13 Uhr

### 47 Mercato Popolare

Nomen est omen, denn authentischer geht's nicht! Hier feilscht das neapolitanische Volk um Fisch, Obst und Gemüse. Bester Fischmarkt Neapels!

P.ta Nolana, V. Marina | tgl. 8–14 Uhr

### 48 Montesanto

So volkstümlicher wie ohrenbetäubender Fisch-, Gemüse- und Alles-was-man-zum-Leben-braucht-Markt im Zentrum. Hier sind Kleidung und Schuhe günstiger als auf dem Toledo.

V. Pignasecca | tgl.

MODE

### 49 Brautmode

In der Via Duomo reiht sich ein Brautladen an den anderen. Die Neapolitanerinnen bevorzugen cremefarbene Brautkleider. Die passenden Schuhe, Hüte, Handtaschen und andere

Brautaccessoires findet die angehende Ehefrau ebenfalls hier.

entlang der V. Duomo

**50 Fusaro** ▸ S. 41

**51 Marinella**

Maßgeschneiderte Binder kann man bei Neapels exklusivstem Krawattenschneider in Auftrag geben, doch ist bereits die erlesene Auswahl im neapolitanischen Showroom beeindruckend. Zu den Kunden Marinellas zählt auch der König von Spanien.

V. Riviera di Chiaia 287 | www.marinella napoli.it

TYPISCH NEAPOLITANISCHES

**52 Giuseppe Ferrigno**

Giuseppe und Marco Ferrigno gelten als die großen Künstler unter Neapels Krippenmachern. Seit bald 200 Jahren werden hier traditionelle und typisch neapolitanische Figuren kreiert. Ihre spaghettiessenden Pulcinelli und Heiligen Drei Könige stehen in Museen in Japan und den USA und sind dennoch erschwinglich. Die Figuren sind ein ganz besonderes Mitbringsel.

V. San Gregorio Armeno 8 | U-Bahn: Dante | www.arteferrigno.it

**53 Napolimania**

Das ultimative Souvenir für alle, die verrückt nach Neapel sind: von T-Shirts mit flotten neapolitanischen Sprüchen über die verschiedensten Pulcinelli, das rote Horn, das vor dem bösen Blick schützt, bis zu neapolitanischer Luft, vakuumverpackt.

V. Toledo 312/313 sowie am Flughafen Napoli Capodichino

Laut und lebendig preisen die Fischhändler auf dem Markt von Montesanto (▸ S. 84) mitten in Neapels Altstadt ihre Ware an. Für die Anwohner ist er wie ein Open-Air-Supermarkt.

## KULTUR UND UNTERHALTUNG

Neapolitaner sind auch im Alltag natürliche Schauspieler. Kein Wunder, dass die Stadt eine der lebendigsten Theaterszenen ganz Italiens hat – das meiste wird freilich im neapolitanischen Dialekt präsentiert. Ein unvergessliches Erlebnis kann ein Abend in den weinroten Plüschsesseln des Teatro San Carlo sein, eines der mythenumwobensten Opernhäuser der Welt.

### MUSIK

#### 54 Bourbon Street
New Orleans und Blues in Neapel.
V. Bellini 52 | U-Bahn: Dante | www.bourbonstreetjazzclub.com | Okt.–Juni Di–So

#### 55 Otto Jazz Club
Der Jazzclub in town!
Salita Cariati 23 | U-Bahn: Università | Okt.–Juni

#### 56 Pietà dei Turchini
Seltenes und Wiederentdecktes aus dem unerschöpflichen Fundus der klassischen neapolitanischen Musik bringt dieses nach den im Barock türkisblau gewandeten Musikeleven benannte Ensemble in einem Kirchenraum zur Aufführung.
V. Caterina da Siena 38 | www.turchini.it | Nov.–Mai

#### 57 Teatro Trianon
Heimstätte der berühmten neapolitanischen »canzone« im Forcella-Viertel.
P.zza Vincenzo Calenda 9 | www.teatrotrianon.org

### THEATER

#### 58 Teatro Mercadante
Das nach dem neapolitanischen Opernkomponisten Saverio Mercadante benannte Haus mit 200-jähriger Tradition hat Bellini, Verdi, Rossini und die Duse auf seinen Brettern gesehen. Heute hat es sich der großen neapolitanischen Komödientradition verschrieben und brilliert in den Dialektklassikern Eduardo de Filippos. Wegen der Pantomimik der Akteure auch für nicht Italienisch sprechende ein Genuss!
P.zza Municipio 1 | Tel. 0 81 5 51 33 96 | www.teatrostabilenapoli.it

#### 59 Teatro San Carlo
Das legendäre Opernhaus wurde in nur 270 Tagen von Baumeister Angelo Carasala und Architekt Giovanni Medrano hochgezogen und als Hofoper direkt an den Palazzo Reale angebaut.
Bei der Eröffnung 1738 war König Karl von Bourbon zunächst sehr ungehalten, dass kein Durchgang zum Palast geplant war – noch in der verlängerten Pause wurde er durchgebrochen und zunächst provisorisch mit Teppichen verhängt. Da die Mailänder Scala bis 1860 und das venezianische Teatro La

**Parco Virgiliano** 3

Den ganzen Tag unterwegs von einer Sehenswürdigkeit zur nächsten, und eine Pause für alle Sinne wäre jetzt genau das Richtige? Fahren Sie raus auf die Posillipo-Halbinsel. Kurz vor dem Inselchen Nisida erwartet Sie der reizende Parco Virgiliano – wahrhaftig ein Ort, an dem man umgehend zur Feder greifen möchte (▶ S. 13)!

Im Teatro San Carlo (▶ S. 86) ist auch den Orchestermusikern ein eindrucksvoller Ausblick garantiert. Über 3000 Zuschauer haben in diesem berühmten Opernhaus Platz.

Fenice bis 1866 zu Österreich gehörten, galt das San Carlo lange als die nationale Bühne Italiens. Heute wird das mehr als 3000 Zuschauer fassende Haus ohne eigenes Ensemble mit eingekauften Produktionen geführt.
V. San Carlo 98 | U-Bahn: Toledo | www.teatrosancarlo.it | Kartenreservierung Tel. 0 81 79 72 331 | tgl. Führungen 6 €, erm. 5 €

### SERVICE

**AAST Neapel** ▶ Klappe hinten, d 4
Touristeninformationsbüro mit ausgezeichneter Internetseite.

V. San Carlo 9 und P.zza del Gesù | www.inaples.it

**Associazione culturale Insolitaguida**
Neben Stadtführungen werden auch sog. »passeggiate narrate« angeboten, die die unbekannten Ecken und Legenden der Stadt aufdecken. Private Gruppenführungen möglich.
Tel. 0 81 19 31 91 38 | www.insolita guida.it

## Ziele in der Umgebung
◎ **PHLEGRÄISCHE FELDER** ▶ S. 164

# RUND UM DEN VESUV

*Majestätisch, beunruhigend, kahl, so erscheint er,*
*je weiter man sich dem Gipfel nähert: Der Vesuv ist ohne Zweifel*
*der Protagonist der kampanischen Landschaft.*
*Seit dem 18. Jahrhundert ist er auch ein touristisches Ziel.*

Wo früher Reisende – so auch Goethe – zum Krater des **Vesuvs** ⭐ mittels Tragegestellen geschleppt wurden, führt heute eine bequeme Autostraße bis unterhalb des Gipfels. Es verbleiben nur noch ein paar Hundert Meter eines teils steilen Serpentinen-Schotterwegs, den man zu Fuß in etwa einer halben Stunde zurücklegt. Die berühmte Standseilbahn von 1880, die mittels des Lieds »Funiculì, funiculà« den Einheimischen die Angst vor dem Berg nahm, ist längst eingestellt, was von ihr übrig blieb verrostet. Dem heutigen Besucher zeigt sich der Berg von Neapel aus mit zwei Gipfeln. Der eine, heute Somma (1132 m) genannt, ist der letzte Rest jenes etwa 2000 m hohen Kegelbergs, den die Menschen in historischer Zeit vor dem Jahr 79 n. Chr. kannten und der beim berühmten Ausbruch in jenem Jahr weggesprengt wurde. Seither hat sich ein neuer Kegel aufgebaut, der heute Vesuv (1281 m) genannt wird. Von den Griechen und Rö-

◀ Bis zu 600 m Durchmesser misst der
Krater des Vesuvs (▶ MERIAN TopTen, S. 88).

Neapel
Rund um
den Vesuv
Amalfiküste
Capri, Ischia,
Procida
Sorrentinische
Halbinsel

mern wurde bereits der Somma-Kegel »Vesbius« oder »Vesuvius« genannt. Der Somma-Vesuv ist ein Schicht- oder Stratovulkan mit einem einzigen zentralen Schlot und aufgebaut aus abwechselnden Schichten von vulkanischen Lockermassen wie Asche, Lapilli, Bims, Steinen und Lavaschichten, die bei Eruptionen hinausgeschleudert werden. Es gibt permanent tätige Schichtvulkane, deren Schlot ständig offen ist und aus dem die aus der Tiefe dringenden Gase permanent entweichen können. Der Somma ruhte jedoch wahrscheinlich seit dem 12. Jh. v. Chr., weshalb sein Schlot durch erkaltete Lava verstopft war. So kam es unter einem ungeheuren Druck im Jahr 79 n. Chr. zu einem sog. Initialausbruch, der, weil er von Plinius d. J. zum ersten Mal beschrieben wurde, auch »plinianischer Ausbruch« genannt wird.

## VULKANAUSBRUCH VON UNGEHEUREM AUSMASS

Dieser verheerende Ausbruch zerstörte die Städte der Umgebung und verschob die Küstenlinie um fast 2 km. Seither folgten weitere schwere Eruptionen, allein nach 1631 brach der Vesuv 18-mal aus! Den letzten Ausbruch erlebten auch die amerikanischen Soldaten im Jahr 1944. Seither ist die berühmte Rauchfahne des Vesuvs verschwunden, aber der Vulkan ist nicht erloschen, er ruht vielmehr, was man leicht an den rauchenden Fumarolen und dem Schwefelgeruch erkennt. Unter der erstarrten Lavaschicht brodelt noch immer das Magma. Die Aktivität des Vulkans steht deshalb unter ständiger Kontrolle des Observatoriums, das sich am Westhang in 600 m Höhe befindet: Diese weltweit erste Vulkanbeobachtungsstation registriert seit 1845 jede Veränderung – der Vesuv ist daher der meist erforschte und am besten beobachtete Vulkan der Erde.

## GEDEIHLICHER GRUND FÜR PFLANZEN ALLER ART

Die Hänge des Vesuvs werden teilweise landwirtschaftlich genutzt: Auf dem fruchtbaren Boden gedeihen Obst, Gemüse und Wein – darunter der berühmte Lacryma Christi. Seit 1995 stehen weite Teile unter Naturschutz und gehören zum Parco Nazionale del Vesuvio, in dem in den letzten Jahren ein Netz von verschiedenen Wanderwegen angelegt wurde.

Die Wege führen durch Pinien-, Kastanien- und Eichenwälder und an im Frühjahr herrlich gelb leuchtenden Ginstersträuchern und zahlreichen Orchideen vorbei. Was für eine Farbenpracht!

##  VESUV　　　E3

### MUSEEN UND GALERIEN

#### Museo Vulcanologico dell'Osservatorio Vesuviano

Eine Ausstellung mit Messinstrumenten führt in die faszinierende Welt der Vulkane ein. Anmeldung erforderlich! Ercolano | V. dell'Osservatorio, ca. 500 m oberhalb des Restaurants Kona | www.ov.ingv.it | Sept.–März Mo–Sa 9.30–16, So 10–16, April–Juli Mo–Sa 9–16, So 10–16 Uhr | Eintritt frei

### ESSEN UND TRINKEN

#### Kona

**Einfach gut** – Leckere Pasta, Fisch- und Gemüsegerichte sowie hervorragende Antipasti. Ercolano | V. dell'Osservatorio 14 | Tel. 0 81 7 7 73 9 68 | www.ristorantekona.it | Dez. und Jan. geschl. | €

### SERVICE

#### Parco Nazionale del Vesuvio

Informationsmaterial zum und Führungen im Nationalpark. Ottaviano | Palazzo Mediceo | V. Palazzo del Principe | Tel. 0 81 18 65 39 11 | www.vesuviopark.it

### ANFAHRT

#### Busverbindungen zum Krater

Shuttle »Vesuvio Express« ab Circumvesuviana Ercolano, Tel. 08 17 39 36 66, www.vesuvioexpress.info, tgl. alle 40 Minuten ab 9.30 Uhr oder Bus EAV ab Circumvesuviana Pompei, Auffahrt 9.50, 10.40, 11.30, 12.20, 13.20, 14.50 und 15.40 Uhr.

#### Mit dem Pkw

Anfahrt mit dem Pkw über die kurvenreiche, landschaftlich schöne Strada del Vesuvio von Ercolano. Am Ende der Auffahrtsstraße befindet sich in über 1000 m Höhe ein Parkplatz. Ab hier geht es nur noch zu Fuß weiter über eine steile Schotterpiste hinauf zum Krater, der bis zu 600 m Durchmesser hat (ca. 1,5 km Aufstieg, gute Schuhe empfehlenswert). Der Kraterrand ist zur Hälfte begehbar, Eintritt 10 €. Informationen, auch zu Wanderwegen, gibt es am Infokiosk 100 m vom Großparkplatz entfernt.

##  ERCOLANO (HERKULANEUM)　　D4

53 000 Einwohner

Bis Ende der 1960er-Jahre hieß die moderne Stadt noch Resina. Aufgrund des gestiegenen Interesses an den Ausgrabungen entschied sich der Stadtrat, den antiken Namen Herkulaneum zu italienisieren – seither ist Ercolano der offizielle Name der Stadt. Die Ortschaft steht auf der von einer Lava- und Schlammzunge verschütteten antiken Stadt und gehört zu den dicht besiedelten Vororten der Metropole Neapel. Als man im Jahr 1709 auf die Reste des antiken Theaters stieß, beeilte sich Fürst d'Elbeuf, senkrechte Schächte anzulegen, um den Skulpturenschmuck zu rauben. Auch die vom Bourbonenkönig Karl III. ab 1738 veranlassten Ausgrabungen galten vorrangig der Bergung von Kunstschätzen, Gold und Schmuck sowie Skulpturen für seine Schlösser. Wissenschaftliche Grabungen fanden, wie in Pompeji, erst 130 Jahre später statt. Der Ausbruch des Vesuvs hat in Herkulaneum auf andere Weise zum Untergang der Stadt geführt als in Pompeji: In der Nacht vom 24./25. August 79 n. Chr. schwebte eine heiße Gaswolke über der Stadt und erstickte dort das Leben. Ihr folgte ein Schlammstrom, der bis in alle Ritzen vordrang, mit seiner Wucht einige Bauten verschob und die Küstenlinie um etwa 500 m verlegte. Bis heute ist die von dieser mittlerweile versteinerten Schlammmasse von durchschnittlich 16 m Stärke zerstörte Stadt nur zu einem Drittel ausgegraben. Der Be-

rühmtheit des Ortes tat dies keinen Abbruch: Bereits Mitte des 18. Jh. erschien der erste Reiseführer über das antike Städtchen unter dem Titel »Beschreibung von der wiedergefundenen uralten Stadt Ercolan«, den schon Goethe seinem Freund Schiller zur Lektüre empfahl. Schiller war selbst nie dort, was ihn nicht daran hinderte, über die Ruinen von Herkulaneum zu dichten. Bei der Anlage der Stadt orientierte man sich – wie auch in Pompeji – an den Lehren des antiken Stadtplaners Hippodamos von Milet, der das System rechtwinklig zueinander verlaufender Straßen erfand – in der Moderne haben es viele Städte von Mannheim bis Manhattan kopiert. Die Größe der ausgegrabenen, auch doppelstöckigen Häuser legen nahe, dass die etwa 5000 antiken Bewohner weniger wohlha-

Die Casa del Rilievo di Telefo in Herkulaneum ( ▶ MERIAN TopTen, S. 90) birgt ein Relief mit Darstellung der von Euripides geschriebenen Tragödie des Telephos.

bend als die Bewohner des antiken Pompeji waren – in der Nähe der Großstadt Neapolis waren Grund und Boden offenbar teuer. Dennoch gab es auch einige reiche Patrizier, die großzügige Panoramavillen vor der Stadt oder auf der Stadtmauer mit Blick auf das Meer bauten. Es fehlen auch die großen Gewerbebetriebe – insgesamt ging es in Herkulaneum wohl stiller zu, es finden sich weder tiefe Wagenspuren noch Wahlwerbung an den Häuserwänden. Die große Menge an aufgefundenem Angelgerät zeigt, dass ein Großteil der Bewohner der damals direkt am Meer gelegenen Stadt von der Fischerei lebte. Was in Pompeji verbrannte oder aufgrund von Luftzufuhr verfiel, konnte hier 2000 Jahre konserviert werden: Möbelteile, Fischernetze, Gewebestücke, Papyri, Brotlaibe und sogar Früchte. Besonders eindrucksvoll sind die Gruppen von dicht aneinander liegenden Skeletten in den Bootshäusern, die am Strand gefunden wurden. Es ist anzunehmen, dass viele Bewohner, nachdem sie von der ersten Phase des Vulkanausbruchs verschont geblieben waren, durch Erdstöße gewarnt, fliehen konnten und dass ein Teil, der sich noch über das Meer retten wollte, von einer Gaswolke überrascht wurde und erstickte. Zurückgelassenes wertvolles Hausgerät ist ein Hinweis, dass die Flucht überstürzt erfolgte.

Für die Besichtigung der Ausgrabungen sollte man einen halben Tag veranschlagen. Vom Eingang, der sich etwa 20 m über der antiken Stadt erhebt, gewinnt man einen hervorragenden Eindruck von der Gewalt des Schlammes, der Herkulaneum begrub.

Dargestellte Szenen der griechischen und römischen Mythologie sind auf dem Ausgrabungsgelände von Herkulaneum (▶ MERIAN TopTen, S. 90) zahlreich zu finden.

## SEHENSWERTES

### Scavi di Ercolano

Bei der **Casa dell'Atrio a Mosaico** (Haus mit dem mosaikverkleideten Atrium) handelt es sich um eine der schönsten Aussichtsvillen mit einem selten großen Garten. Die Villa lag in antiker Zeit nur 30 m von der Küste entfernt. In einem der Schlafräume fand man eine hölzerne Kinderwiege mit einem kleinen Skelett.

Die **Casa a Graticcio** (Fachwerkhaus) gehört zum Typ des großstädtischen Mietshauses, wie es beispielsweise auch im kaiserzeitlichen Ostia häufig vorkommt. Zwischen tragenden Backsteinen sind dünne Wände aus rechtwinklig angeordnetem Holzfachwerk gezogen, nach dem das Haus benannt ist. Diese Rahmen waren mit Maueroder Flechtwerk aus Rohr oder Weidenruten gefüllt. Der antike Architekt Vitruv übte harsche Kritik an dieser »Billigbauweise« wegen der hohen Brandgefahr.

Statt eines Atriums begegnet man in der **Casa del bel Cortile** (Haus mit dem schönen Hof) einem mosaikgeschmückten Lichthof, der gleichzeitig auch als Treppenhaus dient.

Die weitläufige Anlage der **Casa dei Cervi** (Haus der Hirsche) mit einer Länge von 43 m zeigt, wie das traditionelle Einfamilienhaus weiterentwickelt wurde. Seinen Namen erhielt das mit Fresken geschmückte Haus nach einer im Garten gefundenen Skulpturengruppe fein modellierter Hirsche, die von Hunden angefallen werden.

Durch Umbauten wurde die **Casa del Tramezzo di Legno** (Haus mit der hölzernen Trennwand), ein ursprüngliches Patrizierhaus, in ein Mietshaus für mehrere Familien mit Läden und Handwerksbetrieben verwandelt. Den Namen gab die hölzerne Trennwand, die jeden zentralen Raum gegen das Atrium hin abschloss, aber nur hier noch ganz erhalten ist.

Die **Casa Sannitica** (samnitisches Haus) gehört zu den ältesten der Stadt. Sie ist ein schönes Beispiel für zweigeschossige vorrömische italische Privatarchitektur, die hellenistisch beeinflusst ist. Die Dekoration des Vestibüls ist im sog. ersten Stil (bunte Stuckplatten als Marmorimitation, gemalte Kassettendecke) ausgemalt.

Da die Grundstücksfläche der **Casa del Mosaico di Nettuno ed Anfitrite** (Haus mit Neptun- und Amphitritemosaik) keinen Garten zuließ, wandte der Besitzer einen kleinen Trick an, um seinen Traum eines bepflanzten Gartens mit fließendem Wasser zu erfüllen: Hinter dem Atrium liegt ein Lichthof, der als Sommerspeisesaal fungierte und den ein herrliches Mosaik mit der Darstellung des Meeresgottes und der Nymphe Amphitrite unter einer Muschel schmückte. So sollte ein lauschiger Garten imitiert werden. Ein Wasserbehälter speiste den Springbrunnen und wurde als Nymphäum mit drei Nischen gestaltet.

**Decumanus maximus** – die Straße war der Mittelpunkt des gesellschaftlichen und religiösen Lebens in Herkulaneum. Mehrere Brunnen, Läden, Wirtshäuser und Schenken lagen an ihr.

Östlich des **Decumanus inferiore** zeigen zwei Säulen den Eingang zur **Palaestra** (Sportanlage) aus augusteischer Zeit. Ein Großteil dieser riesigen Sportanlage ist noch immer unter den Schlammmassen begraben. In der Um-

gebung hat man viele Bäckereien und Tavernen ausgegraben, die offenbar der Versorgung der Athleten dienten. Die **Terme Urbane** (Thermenanlage) stammt ebenfalls aus augusteischer Zeit. Das Frauenbad ist zwar kleiner als das Männerbad und auch weniger reich dekoriert, dafür besser erhalten. Im Tepidarium (lauwarm geheizter Raum) befindet sich ein schönes Mäanderband. Das Apodyterium (Ankleideraum) hat eine weiß gerillte Stuckdecke und ein Bodenmosaik mit Triton, Delfinen, Polypen und Muränen.
Corso Resina | www.pompeiisites. org | April–Okt. 9–19.30, Nov.–März 8.30–17 Uhr, Einlass bis 90 Min. vor Schließung | Eintritt 11 €, erm. 5,50 € (Artecard)

### Villa Campolieto

Mit den Ausgrabungen im 18. Jh. setzte ein Boom an der Küste ein, der den neapolitanischen Adel anregte, wie ihre römischen Vorfahren prächtige Villen als Sommerresidenzen an der Küste zu errichten. Insgesamt 122 Villen entstanden – die luxuriösesten gaben der Strecke zwischen Portici und Torre del Greco den Namen »miglio d'oro«: Goldene Meile. Die meisten fielen der Bauspekulation in den Nachkriegsjahren zum Opfer. Eines der schönsten dieser spätbarocken Baudenkmäler, die von Luigi Vanvitelli errichtete Villa Campolieto, ist in Ercolano zu besichtigen und lädt im Sommer zu einem Kulturfestival ein. Mit dem Eintrittsticket kann man auch zwei weitere Villen in Gehdistanz besuchen: Villa Favorita und Villa Petti Ruggiero.
Corso Resina 283 | www.villevesuviane. net | tgl. außer Mo 10–13 Uhr | Eintritt 3 €

### MUSEEN UND GALERIEN

### Museo Archeologico Virtuale (3D-Museum)

Einen Katzensprung von den Ausgrabungen entfernt kann man die Eindrücke von den Grabungen mittels Computeranimationen vertiefen und die antike Stadt virtuell aufleben lassen. Toll: ein atemraubender Film über den historischen Ausbruch des Vesuvs.
V. IV Novembre 44 | www.museomav. it | März–Mai tgl. 9–17.30, Juni–Sept. tgl. 10–18.30, Okt.–Feb. Di–So 10–16 Uhr | Eintritt 7,50 €, erm. 6 €, Audioguide 3 € (Artecard)

### ESSEN UND TRINKEN

### Viva lo Re

**Das Auge isst mit** – Ausgezeichnete Weinkarte, fabelhafte Antipasti. Die Speisekarte ist nicht üppig, dafür sind die Produkte von erlesener Qualität. Das Lokal engagiert sich nachhaltig für die Korruptionsbekämpfung, der Wirt Maurizio Focone erzählt interessierten Besuchern gerne seine eigene Geschichte im Kampf gegen die Camorra.
Corso Resina 261 | Tel. 08 17 39 02 07 | tgl. 12–16 und Di–Sa 19–23 Uhr | www. vivalore.it

### SERVICE

### Ente Ville Vesuviane

In der Villa Campolieto befindet sich diese zentrale Auskunftsstelle für die Vesuv-Villen, die auch das Programm für das »Festival delle Ville vesuviane« erstellt.
Corso Resina 281 | www.ville vesuviane.net

### Ufficio Turistico

V. IV Novembre 89 | Tel. 081 7881234

## Ziele in der Umgebung

◎ **VILLA OPLONTIS** 🏖 E 4

Seit den 1960er-Jahren förderten systematische Ausgrabungen eine herrliche römische Villa zutage, die unter dem Namen »Villa di Poppea« bekannt geworden ist und auf der Liste der zu schützenden Weltkulturdenkmäler der UNESCO steht. Vermutlich gehörte die 10 000 m² riesige Villa der römischen Familie der Poppaea, der auch die Gattin des Kaisers Nero angehörte. Die Ausstattung mit Schwimmbad ist ungewöhnlich prächtig, von besonderer Bedeutung sind die Wanddekorationen im Zweiten Stil.

Die Villa lag im Gebiet des antiken Oplontis an der Stelle des heutigen Torre Annunziata. Es handelte sich nicht um eine Stadt, sondern um eine vornehme Wohngegend an der Küstenstraße. Da man bei den Ausgrabungen keine Leichen barg, geht man davon aus, dass die Villa zum Zeitpunkt des Vesuvausbruchs unbewohnt war. Stattdessen stieß man auf gestapeltes, eingepacktes Mobiliar und Baumaterial. Man nimmt an, dass die Villa im Moment der Katastrophe renoviert wurde. Bei einem Rundgang durch den ausgedehnten Wohntrakt entdeckt man zahlreiche hervorragend erhaltene Wandmalereien und entzückende Darstellungen von Vögeln, Glasschalen und Körben mit Früchten, Masken, Veduten mit Szenen des täglichen Lebens und Pfauen.

Torre Annunziata, V. Sepolcri | www. pompeiisites.org | April–Okt. 9–19.30, Nov.–März 8.30–17 Uhr, Einlass bis 90 Min. vor Schließung | Eintritt 5,50 €, erm. 2,75 € (Artecard)

11 km südl. von Ercolano

Die Wandgemälde in der Villa Oplontis (▶ S. 95), hier eine tragische Maske und ein Pfau, sind typisch für den Zweiten Stil der römischen Wandmalerei.

## ⭐ POMPEJI

Stadtplan ▶ S. 97

25 500 Einwohner

Das heutige Pompeji liegt südlich vom Vesuv, am Ufer des Flusses Sarno, der 3 km entfernt in den Golf von Neapel mündet. Durch den historischen Vesuvausbruch hat sich die Küstenlinie verschoben, Pompeji wurde erst in der Neuzeit wieder besiedelt. Für die meisten Italiener ist Pompeji vor allem Pilgerziel: Hier befindet sich die **Basilica della Beata Vergine del Rosario**, die auf die Initiative des Rechtsanwaltes Bartolo Longo zurückgeht. Die Kirche fasst 6000 Gläubige und hat den Rang einer päpstlichen Basilika.

Die beim historischen Vesuvausbruch zerstörte und im 18. Jh. unter dem Bourbonen Karl III. wiederentdeckte historische Stadt Pompeji gehört zu den besterhaltenen antiken Stadtruinen überhaupt. Für die meisten Besucher ist Pompeji das Paradebeispiel einer römischen Stadt. Sie verkennen, dass Pompeji eine oskische Gründung des 8. vorchristlichen Jh. ist, ab dem 6. Jh. v. Chr. griechisch kolonisiert wurde und ab dem 5. vorchristlichen Jh. unter samnitische Herrschaft geriet. Erst 80 v. Chr. wird Pompeji Kolonie. Diese antike, bei ihrer Zerstörung bereits 700 Jahre alte Stadt lag an der Kreuzung der Handelsstraßen von Neapel nach Nocera bzw. von Nola nach Sorrent, was ganz wesentlich zur wirtschaftlichen Bedeutung beitrug, ebenso wie die unmittelbare Nähe zum Meer und zur Mündung des Flusses Sarno. Der älteste Stadtkern, der vor dem 6. Jh. v. Chr. entstand, entspricht dem etruskisch-italischen Schema einer »urbs quadrata«, einer quadratisch angelegten Stadt mit einem Tempelbezirk im Osten und einem außerhalb des Wohnbereichs gelegenen Gräberfeldes. Ihr Name stammt entweder von oskisch »pompe« (fünf) als Fünf-Weiler-Siedlung oder von einer Familie namens Pompei.

Als Handelsstadt, in der Wein, Textilien, Öl und das berühmte Garum, eine Fischsauce, vertrieben wird, entwickelt sich Pompeji schnell zu einer blühenden Provinzstadt mit etwa 15 000 Einwohnern. Zur Zeit der späten römischen Republik werden ein römisches »theatrum tectum«, ein Badebezirk und das Amphitheater erbaut, die Straßen werden gepflastert. Unter Augustus wird die Stadt an die kampanische Wasserleitung angeschlossen. In der Kaiserzeit wird dank der »pax romana« die Stadtmauer als Befestigung überflüssig, reiche Pompejaner nutzen sie als Substruktion für ihre Villen am Stadtrand, von wo sie einen herrlichen Blick auf das Meer genießen.

Erster Vorbote für den verheerenden Vesuvausbruch ist möglicherweise das Erdbeben am 5. Februar 62 n. Chr., bei der die Stadt zahlreiche Tote zu beklagen hat. Ein umfangreiches Wiederaufbauprogramm setzt ein, mit dem man immer noch beschäftigt ist, als die antike Stadt endgültig zerstört wird. Als der Vesuv am 24. August des Jahres 79 n. Chr. gegen 13 Uhr ausbricht, begräbt er die Stadt für 1800 Jahre unter einer 6 m hohen Schicht von Asche, Lapilli und Bimssteinen. Der Ausbruch trifft die Pompejaner völlig unvorbereitet, etwa 15 Prozent der Bevölkerung finden den Tod, der Rest kann fliehen, kehrt jedoch nicht an den Ort des Schreckens zurück. Alles, was am Unglücksort noch herausragt, wird eingeebnet. So mancher, der sein Hab und Gut retten möchte, bezahlt es mit dem Leben.

Mit der Zeit gerät Pompeji in Vergessenheit und wird erst durch einen Zufall Mitte des 18. Jh. wieder entdeckt. In zahlreichen Grabungskampagnen grub man sich durch hohe Ascheschichten und legte die antike Stadt mit ihren mehrstöckigen Gebäuden, Tempeln,

Theater, Geschäften, Villen und Tavernen zu zwei Dritteln wieder frei.

Für die ausführliche Besichtigung sollte man einen ganzen Tag einplanen. Wichtig sind bequeme flache Schuhe, man läuft auf 2000 Jahre altem Pflaster! Es gibt nur ein einziges Restaurant (Self-Service und zumeist sehr überfüllt) bei den Forumsthermen und wenige Toiletten.

## SEHENSWERTES

### Basilica della Beata Vergine del Rosario ▶ S. 97, östl. d 3

Die riesige Wallfahrtskirche ist Ziel vieler Millionen Pilger, die vor allem aus dem Inland strömen – und die antiken Ausgrabungen meist ignorieren. Dementsprechend blüht das Geschäft mit Devotionalien. Die Ex-Voto-Sammlung im Kirchraum ist beeindruckend. Vom 80 m hohen Kirchturm genießt man einen weitschweifenden Blick über das moderne christliche Treiben und die Ruinen der heidnischen Stadt.

### Scavi di Pompei

Wer durch die Ruinen Pompejis streift, steht allzu oft vor verschlossenen Häusern und eingezäunten Gebieten. Da ganze Straßenzüge unzugänglich wa-

ren, stellte die EU im Jahr 2012 nach wiederholten Einstürzen 105 Mio. € zur Rettung des UNESCO-Weltkulturerbes zur Verfügung.

Vom Haupteingang, der ❶ **Porta Marina**, zu den Ausgrabungen hin bietet sich ein majestätischer Blick auf den für diese Stadt so unheilvollen Hausberg, den Vesuv. Über eine Rampe gelangt man in die Stadt, getrennte Eingänge waren Fußgängern und eigens für die Stadt genormten Fuhrwerken vorbehalten.

Der ❷ **Tempio di Apollo** war bis zur Gründung der römischen Kolonie 80 v. Chr. das wichtigste Kultzentrum der stark griechisch geprägten Stadt. Der Kult blieb auch unter den Römern erhalten, was der Bau des heute sichtbaren Podiumstempels beweist. Die Statuen Apolls und seiner Schwester

Wo heute grüner Rasen wächst, war einst ein komplett mit wertvollem Marmor bedeckter Platz in der Mitte des antiken Forums (▶ MERIAN TopTen, S. 96) von Pompeji.

Diana sind Kopien der Originale aus dem späten 1. Jh. v. Chr.

Die ③ **Basilica** aus dem 2. Jh. v. Chr. diente als Gerichtsstätte und Versammlungsort der Bürger. Der Bautypus mit seinen aus Ziegeln gemauerten und mit Stuck überzogenen Säulen setzte sich später als Grundform für christliche Kirchen durch.

Das politische, religiöse und wirtschaftliche Zentrum des römischen Pompejis war das ④ **Foro**. Der heutige Schotter verfälscht den Eindruck: Einst war der Boden ganz mit kostbarem Marmor bedeckt, der so rar war, dass man auch klitzekleine Reste, für den Straßenbelag als Katzenaugen, verwendete. Ein doppelstöckiger Säulengang umrahmte den für den Durchgangsverkehr gesperrten Platz, an dem sich drei wichtige Überlandstraßen kreuzten. Am nördlichen Ende erhebt sich der ⑤ **Tempio di Giove**, Podiumstempel der kapitolinischen Trias, der den Göttern Jupiter, Juno und Minerva geweiht war. Umrundet man das Forum im Uhrzeigersinn, stößt man zunächst auf den Fleisch- und Fischmarkt, das ⑥ **Macellum**. Zwei Gipsabgüsse veranschaulichen hier drastisch den verzweifelten Lebenskampf der Menschen. Zwei Kultorte schließen sich südlich an: Im ⑦ **Santuario dei Lari** wurden die Schutzgötter der Stadt verehrt. Vom ⑧ **Tempio di Vespasiano** aus augusteischer Zeit ist nicht viel mehr als ein schöner Altar mit einer Opferszene erhalten. Das größte Gebäude am Forum ist der ⑨ **Edificio di Eumachia,** die die Patronin der Wäscher und Wollwirker war. Eumachia war eine reiche Adlige und Besitzerin mehrerer Betriebe, die sich nicht nur mit dem Woll-, sondern auch mit dem Weinhandel beschäftigten. Sie bekleidete außerdem das angesehene Amt der Venuspriesterin. Besonders dekorativ ist der Marmorfries am Eingang des Gebäudes, auf dem sich Schnecken, Vögel und Insekten tummeln. Neueren Forschungen zufolge war hier auch der Sklavenmarkt angesiedelt. Am südlichen Ende des Platzes liegen das Wahlbüro, wo die Gemeindewahlen stattfanden, und die Gebäude der Stadtverwaltung. Im Westen ist die gut erhaltene ⑩ **Mensa Ponderaria** zu sehen: In einer Kalksteinplatte sind neun Löcher für verschiedene genormte Hohlmaße von Waagen eingelassen. Der Eichtisch stammt aus vorrömischer Zeit. Um 20 v. Chr. wurden die oskischen Maße den römischen angeglichen, wie eine Inschrift auf der Vorderseite des Tisches belegt. Das ⑪ **Foro olitorio**, der Gemüsemarkt, dient heute als Aufbewahrungsstätte für Amphoren und Gipsabgüsse. Dahinter befindet sich eine ⑫ **Latrine**, wie sie in der Umgebung von Märkten üblich waren.

Die ⑬ **Terme del Foro** wurden nach Gründung der römischen Kolonie errichtet. Über die Via del Foro betritt man im Männertrakt zunächst den tonnengewölbten Umkleideraum. Entsprechend unserer heutigen Saunakultur badeten die Römer von heiß (»caldarium« oder »sudatorium«) über lauwarm (»tepidarium«) bis kalt (»frigidarium«).

Das Anwesen der ⑭ **Casa del Fauno** erstreckt sich über 3000 m². Die Wohnräume wurden 1830 in Anwesenheit von August von Goethe aufgedeckt. Im Speisesaal verbarg sich das weltberühmte Alexandermosaik, das 1832 ins archäologische Museum von Neapel abtransportiert wurde. Seinen Namen erhielt das Haus nach der bekannten Bronzestatuette eines tanzenden Fauns im Atrium (das Original befindet sich im archäologischen Museum in Neapel). Die Inschrift »HAVE« im Bürgersteig vor dem Haus heißt den Gast willkommen. Die nur von innen zugänglichen Läden und Tavernen zur Straßenseite wurden vom Besitzer selbst betrieben. Dieses Haus gilt als schönstes Beispiel späthellenistischen Familienbesitzes in Pompeji.

Das Privathaus ⑮ **Casa dei Vettii** ist kleiner als die Casa del Fauno, aber was die Ausstattung mit Fresken aus der Zeit Neros anbelangt, nicht weniger luxuriös. Der Reichtum der Vettier stammt aus dem Weinhandel. Am Eingang wiegt ein Priapos seinen gigantischen Phallus ab, die Szene sollte das Haus vor dem bösen Blick schützen (apotrophäische Wirkung). Das Hauptatrium führte Gäste und Bewohner in den Garten, dessen Bepflanzung aufgrund botanischer Untersuchungen als authentisch gelten kann. Das Nebenatrium, in dem ein schöner Hausaltar erhalten ist, nutzten die Bediensteten als Durchgang zum Wirtschaftstrakt. Weltberühmt sind die Szenen mit Amoretten bei der Ausübung der verschiedensten Berufe: Parfümeurs, Winzer, Tuchwalker und Goldschmiede.

In der ⑯ **Casa della Caccia Antica** sind die Fresken im »tablinum« mit jagenden Eroten in einer Nillandschaft gut erhalten. Insgesamt 34 Bäckereien gab es einst in Pompeji, darunter die nahe gelegene des N. Popidius Priscus. Typisch sind der Holzscheitofen und die Mahlsteine aus Lava, die von Eseln und Sklaven betrieben wurden.

⑰ **Lupanare**, das Freudenhaus, war noch vor 50 Jahren für Frauen unzugänglich. Es ist das größte und am besten organisierte unter den zahlreichen Bordellen Pompejis. Auf zwei Stockwerken erstrecken sich jeweils fünf kleine Zimmer sowie eine Toilette. Die Fresken zeigen verschiedene Stellungen des Liebesspiels.

Die ältesten Thermen Pompejis, die ⑱ **Terme Stabiane,** stammen aus dem 2. Jh. v. Chr. Frauen und Männer badeten selbstverständlich getrennt. Insgesamt hatte Pompeji vier öffentliche Bäder mit Palästra, über die man in den Männertrakt gelangt. Die tonnengewölbten Räume der Apodyterien sind mit bunten Stuckreliefs verziert, Farbreste sind noch sichtbar.

Die Via del Teatro führt zum ältesten Zentrum Pompejis, zum ⑲ **Foro Triangolare,** dessen Name sich auf seine dreieckige Form bezieht. Es erhebt sich auf einem prähistorischen Lavahügel, in dem ein dorischer, Herkules geweihter Tempel aus der Mitte des 6. Jh. v. Chr. stand. Der heilige Bezirk war von 95 Säulen und östlich von einer Mauer umgeben. Von hier hat man einen herrlichen Blick auf die nach dem Erdbeben von 62 n. Chr. in eine Gladiatorenkaserne umfunktionierte Palästra, das große Theater und die Ruinen. Im Hintergrund erhebt sich die **Wallfahrtskirche Madonna del Rosario** des modernen Pompeji, die jedes Jahr Millionen italienischer Pilger – und damit mehr Besucher als die antike Ruinenstadt! – anzieht. Das älteste ⑳ **Teatro Grande** Pompejis ist ganz im hellenistischen Stil in der Nähe eines

Tempels und unter Ausnutzung des Akropolis-Hanges ohne Substruktionen errichtet worden. Es fasste in römischer Zeit etwa 5000 Zuschauer. Gleich daneben liegt das **21** **Teatro Piccolo**, ein überdachtes Odeon, das für Musikaufführungen und Rezitationen genutzt wurde. Besonders hübsch ist die in einem geflügelten Löwenfuß endende Balustrade.

Die **22** **Casa del Frutteto** ist ein Atriumhaus mit berühmten Fresken. Anders als bei anderen Häusern sind die Kunstwerke nicht nur in den Empfangsräumen, sondern auch in den Privatgemächern des Hauses vorzufinden. In der **23** **Casa di Marco Lucrezio**, die sich durch ihr edles Dekor auszeichnet, posierten vor exakt 100 Jahren Pablo Ruiz Picasso und Leonide Massine für Jean Cocteau.

Wie bei vielen pompejanischen Häusern gibt die mit einer Stuckimitation bedeckte hohe Fassade der **24** **Casa dei Cei** keine Einsicht in das Innere. Ein schmaler Gang führt in ein Tetrastyl-Atrium. Besonders gut sind die Malereien erhalten, die monumentale Tierszenen und ägyptisierende Landschaften zeigen.

An Pompejis Hauptgeschäftsstraße, der **Via dell'Abbondanza**, befinden sich die meisten Garküchen, Weinlokale und Wahlinschriften an den Hauswänden. Die **25** **Casa di Octavio Quarto** im östlichen Abschnitt der Straße besitzt den wohl spektakulärsten Garten Pompejis, der von einem 50 m langen Kanal und Laubengängen durchzogen ist. Ein Nymphäum speiste einen Querkanal, der in den langen Kanal mündete. Mit beiden Kanälen ließ sich

Anders als die traditionell halbkreisförmigen römischen Theater wurde das Teatro Grande (▶ S. 100) in Pompeji (▶ MERIAN TopTen, S. 96) in Form eines Hufeisens gebaut.

Der in den Fresken der Villa dei Misteri (▶ S. 103) dargestellte Dionysoskult gehört zu den bekanntesten Mysterienkulten und gibt der Villa ihren Namen.

eine Nilüberschwemmung nachahmen, womit der stolze Besitzer nicht nur ein beliebtes ägyptisierendes Ambiente schuf, sondern auch seinen Reichtum ausdrückte. Noch ein paar Schritte weiter auf der Hauptstraße gelangt man zur 26 **Casa di Venere** 🚩, die ihren Namen nach dem großen Bild der Liebesgöttin Venus in der Muschel trägt. Besonders hübsch sind die beiden Malereien links und rechts mit den Turteltauben.

Die nahe gelegene 27 **Villa di Giulia Felice** 🚩 entstand gegen Ende des 1. Jh. v. Chr. Sie unterteilt sich in vier Bereiche – ein Atriumhaus, einen großen Garten, eine Therme und einen Park. Das älteste aller erhaltenen 28 **Amphitheater** wurde zwischen 70 und 65 v. Chr. erbaut und konnte die gesamte Bevölkerung sowie jene der umliegenden Dörfer aufnehmen. Ein in Pompeji gefundenes Gemälde (heute in Neapel) veranschaulicht den antiken Zustand. Die Außentreppen, die zu den oberen Rängen führten, sind gut erkennbar. Das gesamte Theater konnte mit Segeltuch gegen die Sonneneinstrahlung überspannt werden. Das Fresko zeigt eine Schlägerei, die sich

59 n. Chr. zwischen Pompejanern und den benachbarten Nucerianern abspielte. Nero brachte die Sache vor den Senat, der die schlimmste Strafe für eine spielbegeisterte Stadt verhängte: die Schließung des Amphitheaters für zehn Jahre! Der Geschichtsschreiber Tacitus hat dieses Ereignis geschildert. Gleich daneben liegt die riesige **29 Palestra**, ein rechteckiger Platz von mehr als 15 000 m², in dessen Mitte ein Schwimmbecken eingelassen ist. Am Ende der Via dell'Abbondanza führt ein wunderschöner Spazierweg außerhalb der Stadtmauer zur **30 Villa dei Misteri**. Auf dem Weg dorthin passiert man einige Stadttore, Gräber, Befestigungstürme sowie Ackerland. Am letzten Stück liegt die berühmteste Nekropole der Stadt, die von der Mitte des 1. Jh. v. Chr. bis ins späte 1. Jh. n. Chr. hinein genutzt wurde.

Außerhalb des Stadtgebiets gelegen, findet man nun die Villa im Stile eines luxuriösen Landhauses mit Terrasse. Es handelt sich um den Landsitz eines großen Weinhändlers. 1929 fand man eine hervorragend erhaltene Weinpresse und einen Weinkeller. Der Name der Villa leitet sich von dem prächtigen, vollständig erhaltenen Freskenzyklus in einem Speisesaal ab. Dargestellt ist ein Initiationsritus aus den Dionysosmysterien. Am Ausgang der Mysterienvilla führt die Straße wieder zurück zur Haltestelle der Circumvesuviana.

Am Eingang der Porta Marina sind kostenlose detaillierte Pläne und ein kurzer Leitfaden für die Besichtigung sowie Audioguides (auch auf Deutsch, Ausweis erforderlich) erhältlich. Nicht alle Häuser sind jederzeit zugänglich, Einsturzgefahr, aber auch mangelnde Aufsicht beschränken zum Teil die Besichtigungsmöglichkeiten. Am Eingang erhält man tagesaktuelle Informationen.

V. Villa dei Misteri, Eingänge an der Porta Marina, P.zza Esedra und P.zza Anfiteatro | www.pompeiisites.org | tgl. 9–19.30, Nov.–März 8.30–17 Uhr, Einlass bis 90 Min. vor Schließung | Eintritt 13 €, erm. 7,50 €, EU-Bürger unter 18 frei (Artecard)

## ESSEN UND TRINKEN

### Add'ù Mimì ▶ S. 97, östl. d 3

**Traditionslokal** – Seit 1825 bestehendes, familiengeführtes Restaurant, das die Grabungen im alten und die Entstehung des neuen Pompeji begleitet hat. Traditionelle Golf-Küche.

V. Roma 61 | Tel. 0 81 8 63 54 51 | www.addumimi.it | Fr–So abends geschl. | €€

### Picknick bei den alten Römern

Um den hungrigen Besuchermassen in den nahe der Grabungsstätte gelegenen Restaurants zu entkommen, packen Sie sich ein Picknick ein und lassen Sie es sich auf einem der schönen Picknickplätze auf den Grünstreifen außerhalb der Stadtmauer schmecken (▶ S. 13).

### Il Principe ▶ S. 97, östl. d 3

**Renommiert** – Ebenfalls in der Nähe der großen Basilika (Ausgang Amphitheater) befindet sich dieses stilvolle Spezialitätenrestaurant. Chef Marco Carli ist besonders gastfreundlich und gibt gerne Ausflugstipps.

P.zza Bartolo Longo 8 | Tel. 0 81 8 50
55 66 | www.ilprincipe.com |
So abends und Mo geschl. | €€€

### KULTUR UND UNTERHALTUNG
**Pompeji und Herkulaneum im Mondschein**

Im Sommer zusätzlich samstags von 20–23 Uhr geöffnet

### SERVICE
**Azienda Autonoma di Soggiorno, Cura e Turismo**

V. Sacra 1 | www.pompeiturismo.it | Mo–Fr 8–15.30, Sa 8–13 Uhr

## Ziele in der Umgebung
 **BOSCOREALE**   **E 4**

28 000 Einwohner

Als man Ende des 19. Jh. die Villa des Publius Fanninus Sinistor (Villa Boscoreale) und rund 30 Gutshöfe ausgrub, stieß man in einem davon auf den heute im Louvre ausgestellten Schatz von Boscoreale, der über 100 silberne Gebrauchsgegenstände der Kaiserzeit umfasst.

7 km nördl. von Pompeji

### SEHENSWERTES
**Villa Regina und Antiquarium di Boscoreale**

Villa Regina ist die einzige zu besichtigende Landvilla in Boscoreale. Im nördlichen Teil des Anwesens befanden sich der Wohntrakt des Villenbesitzers sowie Küche, Schlaf- und Baderäume. Bei der Ausgrabung wurde außerdem ein Weinkeller mit über 70 unversehrten Tongefäßen freigelegt.

Das daneben befindliche Antiquarium widmet sich dem Alltag in den antiken Städten und den Landgütern am Vesuv.

V. Settetermini, V.le Villa Regina | www.pompeiisites.org | zurzeit wegen Restaurierung geschl.

## PORTICI  ✹ D 3

55 300 Einwohner

Am Fuße des Vesuvs ist das in der sog. »roten Zone« des Vesuvs gelegene und im Falle eines Ausbruchs besonders gefährdete Portici heute die am dichtesten bevölkerte Stadt Italiens, eine graue »città dormitorio«, eine Schlafstadt, in der die Menschen nur übernachten, um am nächsten Morgen wieder in die Metropole zur Arbeit zu fahren.

Das war nicht immer so: In der einsamen, lieblichen Gegend ließ 1711 Fürst d'Elbeuf eine Villa errichten, deren Pracht wiederum den Bourbonenkönig Karl III. dazu bewegte, in Portici eine Sommerresidenz zu begründen – der Adel folgte ihm. Es entstand in dieser herrlichen Gegend zwischen Vesuv und Meer die »Goldene Meile« mit über 100 Villen und Palazzi, von der nicht viel mehr als Ölbilder und Nostalgie übrig geblieben sind.

### SEHENSWERTES
**Palazzo Reale**

Zu Beginn der Ausgrabungen der Vesuvstädte Anfang des 18. Jh. ließ der Bourbonenkönig Karl III. eine Sommerresidenz errichten, deren Park sich bis ans Meeresufer erstreckte. Goethe und Winckelmann verkehrten im Palazzo Reale, um die ersten Fundstücke aus **Herkulaneum** ⚜ zu bewundern. Der junge Wolfgang Amadeus Mozart spielte für den Bourbonenkönig in der Schlosskapelle. Nach der Einigung Italiens wurde darin die landwirtschaftliche Fakultät der Universität Federico II.

von Neapel untergebracht. Der Park dient heute als Botanischer Garten didaktischen Zwecken und kann unter der Woche nach vorheriger Anmeldung besucht werden. Das Schloss mit seinen herrlichen Sälen ist nur unregelmäßig geöffnet.

*Complesso Monumentale della Reggia di Portici, V. Università 100 | www.centromusa.it | Mo–Fr 9–19.30, Sa 9–13 Uhr | Eintritt frei*

### Santa Maria della Natività e San Ciro

Anstelle der 1631 völlig zerstörten Gemeindekirche wurde eine barocke Basilika errichtet, deren Besuch schon alleine wegen des Hochaltarbildes »Mariä Geburt« des neapolitanischen Meisters Luca Giordano lohnt.

*P.zza San Ciro*

## MUSEEN

### Museo Ferroviario Nazionale di Pietrarsa

Die erste Bahnstrecke Italiens verkehrte seit 1839 zwischen Neapel und Portici. Somit ist dieser Ort und dieses Museum, 1840 von Ferdinand II. gegründet, ein Muss für Eisenbahnfans: Auf einer frühindustriellen und sehr weitläufigen Anlage am Meer sind Dampflokomotiven und Waggons der italienischen Eisenbahn ausgestellt. Ein Schmuckstück des Museums ist der Salonwagen Nr. 10 aus dem Zug, der anlässlich der Hochzeit von König Umberto II. und Marie José von Belgien 1929 gebaut wurde.

*Traversa Pietrarsa | Bahnstation Pietrarsa – S. Giorgio a Cremona | www.museodipietrarsa.it | Do 14–20, Fr 9–16.30, Sa, So 9.30–19.30 Uhr | Eintritt 5 €, erm. 3,50 €*

Im Park des Palazzo Reale (▶ S. 104), der als Englischer Garten angelegt ist, befindet sich neben weiteren Brunnen auch die Fontana delle Sirene.

# SORRENTINISCHE HALBINSEL

*In der Antike waren es prachtvolle Villen, heute sind es große Hotels, in denen Erholungsuchende eine Bleibe finden. Damals wie heute betört sie der Duft der unzähligen Zitronenbäume, die in der Gegend so gut wachsen, wie es anderenorts nur Unkraut zu tun vermag.*

In Castellammare di Stabia beginnt die Steilküste der sorrentinischen Halbinsel, die sich als Ausläufer der Monti Lattari über Vico Equense, Sorrent und Massa Lubrense bis zum äußersten Kap zieht, Capri fast berührend. Sie bildet den südlichen Abschluss des Golfs von Neapel und seinen dramatischen landschaftlichen Höhepunkt. Der Name Sorrent leitet sich womöglich von jenen Sirenen her, die Odysseus bei seinen Irrfahrten überlisteten, denn der antike Geograf Strabo bezeichnete die Spitze der Halbinsel als Promuntorium Sirenum. Seit augusteischer Zeit war dies ein beliebter Villenort als Sommerfrische für ermüdete römische Bürger. Die Villen lagen genau dort, wo seit dem 19. Jh. die großen Hotels entstanden sind, die waghalsig über dem Abbruch der Tuffplatte hängen und für den Golf von Neapel den Durchbruch im internationalen Tourismus schafften. Durch Gänge, Stollen und Treppen sind sie teilweise mit

◀ Wie eine Märchenkulisse erhebt sich
Sorrent ( ▶ MERIAN TopTen, S. 107).

dem – meist eher spärlichen – Strand verbunden, doch stammen viele aus einer Zeit, in der man sich mit dem Belvedere aufs Meer begnügte. Und dieser bezaubert nach wie vor: Je weiter man ans Ende der Halbinsel vorstößt, desto mehr drängt sich die geschwungene Silhouette des Vesuvs auf, desto klarer werden die Konturen Capris und desto umfassender der Blick auf den gesamten Golf mit seiner Metropole Neapel und den Phlegräischen Feldern auf der gegenüberliegenden Seite.

## WO DIE BERÜHMTEN ZITRONEN REIFEN

Seit Jahrhunderten verlockt die Halbinsel auch mit ihren landwirtschaftlichen Erzeugnissen: Wenngleich die Arbeit an den Steilhängen seit jeher mühselig ist, sorgt der fruchtbare Boden stets für ertragreiche Ernte. Weltberühmt und mit einem Gütesiegel versehen sind die Zitronen von Sorrent, aber auch die großen grünen Oliven lohnen eine Kostprobe! Die Stadt **Sorrent**  ist ein idealer Ausgangspunkt für Erkundungen am Golf. Lassen Sie sich von der oft hoffnungslos verstopften Straße nicht abschrecken: Steigen Sie um auf die S-Bahn Circumvesuviana, mit der Sie bequem Neapel, Pompeji und die einzelnen Küstenorte erreichen. Zu den Inseln und den wichtigsten Orten bestehen auch Fährverbindungen, zur Amalfiküste gelangt man schnell mit den blauen SITA-Bussen.

## ⭐ SORRENT ▸ D 5

16 500 Einwohner

Die alten Römer waren die ersten Touristen, die immer wieder nach Sorrent reisten und hoch oben auf dem Steilfelsen Villen errichteten. Das Schachbrettmuster der Straßen in Sorrents Altstadt entspricht demselben griechisch-römischen Muster, das wir auch in Pompeji vorfinden. Viele Jahrhunderte später kamen zuerst englische, später internationale Reisende, die entzückt waren von der Aussicht, die sich ihnen auf den Golf von Neapel, den Vesuv und die umliegenden Orte bot. Durch die erhöhte Lage auf den Tuffsteinplatten wirkt die ganze Stadt wie ein riesiger, über dem Meer schwebender Balkon. Die Liste der illustren literarischen und musikalischen Berühmtheiten, die kurz oder lang – dies besonders im Winter – in der Stadt Sorrent weilten, ist lang. Sie verzeichnet u. a. Lord Byron, Percy Shelley,

Stendhal, Gorki, Ibsen, August von Platen, Richard Wagner und Friedrich Nietzsche. Sie alle kamen des Klimas und der Aussicht wegen.

Schon im 10. Jh. war die strategisch günstige Lage ausschlaggebend für die Gründung einer eigenen Seerepublik nach dem Vorbild Gaetas und Amalfis, welche jedoch nur von kurzer Dauer war und mit der Eroberung der gesamten Gegend durch den Normannenkönig Roger II. endete. Der berühmteste Sohn der Stadt ist der Renaissancedichter Torquato Tasso, der Verfasser des Epos »Das befreite Jerusalem«, dem Goethe ein Schauspiel widmete. Die Brüder de Curtis verewigten Sorrent musikalisch in dem Lied »Torna a Surriento«, welches vor allem der Opernsänger Enrico Caruso (1873–1921) in die Welt exportierte.

🕐 Anfang März blühen die Zitronen für kurze Zeit, und der betörende Duft der kleinen weißen Knospen liegt in der Luft! Die touristische Saison hat noch nicht begonnen, die Preise sind günstig, das Personal noch ausgeruht. Aber: Vergewissern Sie sich, dass Ihr Hotel geheizt ist, es kann auch im März noch empfindlich kühl sein!

## SEHENSWERTES
### Cattedrale dei Santi Filippo e Giacomo
Wo einst das römische Forum lag, wurde später Sorrents Hauptkirche errichtet. Portal und Chorgestühl sind reich mit Holzintarsien verziert, was die Qualität dieser lokalen Handwerkstradition beweist. In die Kanzel und den Bischofsthron sind antike Spolien eingearbeitet worden.
V. Santa Maria della Pietà 44

### Kloster und Kreuzgang San Francesco d'Assisi
Hier begegnet man den Flügeln mit sich überschneidenden Arkadenbögen nach dem Vorbild Amalfis. Die rundbogigen Arkaden wurden von den Franziskanern im 15. Jh. erneuert. Sommerkonzerte im Kreuzgang und Hochzeiten erfreuen sich großer Beliebtheit. Der einstige Klostergarten dient heute als Stadtgarten (Villa Comunale) mit einer hinreißenden Aussicht auf den Golf von Neapel.
P.zza Gargiulo 8

### Sedile Dominova
Die im 15. Jh. errichtete auffällige Loggia mit einer schönen Majolikakuppel und illusionistischen architektonischen Vedutenansichten aus dem 18. Jh. war schon immer Versammlungsort – früher des Sorrentiner Stadtadels, heute von Mitgliedern eines Arbeitervereins, die hier gerne zum Kartenspiel zusammenkommen.
V. San Cesareo 72

### Villa Pompeiana
Der Anfang des 20. Jh. von William Waldorf Astor errichtete, auffällige Bau ist ein schönes Beispiel später Antikenrezeption: Als Vorbild diente die Casa dei Vetti in Pompeji. Heute befindet sich in der Villa eines der ausgezeichneten Restaurants des Hotels Bellevue Sirene.
V. Marina Grande 1

## MUSEEN
### Museo Correale di Terranova
Im barocken Palazzo aus dem 18. Jh. der Familie Correale befindet sich eine kleine Antikenabteilung und eine grö-

ßere Kunst-, Porzellan- und Mobiliarsammlung. Die zahlreichen Vedutenansichten zeugen von der Faszination, die der Golf von Neapel auf die Reisenden der »Grand Tour« ausübte. Insbesondere die Holzintarsienarbeiten zeugen von der hohen Qualität des Sorrentiner Kunsthandwerks, welches bis heute gepflegt wird. Für viele Besucher ist der herrliche Nutzgarten mit dem Belvedere der eigentliche Höhepunkt des Museums.

V. Correale 50 | www.museocorreale.it | Di–So 9.30–13.30, im Sommer werktags bis 18.30 Uhr | Eintritt 8 €

### Museobottega della Tarsialignea (MUTA)

Bis heute pflegen sorrentinische Handwerker die Tradition der Holzintarsienarbeit. Im Museum kann man Samm-lerstücke aus dem 19. Jh. sowie moderne Stücke aus der Sammlung des Designers Alessandro Fiorentino bewundern. Zum Museum gehört eine Verkaufsboutique, in der zeitgenössische Qualitätsarbeiten angeboten werden.

Palazzo Pomarici Santomasi, V. San Nicola 28 | www.alessandrofiorentino collection.it | April–Okt. Di–So 9.30–13 und 16–20, Nov.–März Di–So 9.30–13 und 15–19 Uhr | Eintritt mit Führung 8 €, erm. 5 €

### ÜBERNACHTEN

#### Bellevue Syrene

**Luxuriöses Design** – Der altehrwürdige Hotelpalazzo in Sorrent lockte zwar schon immer mit einem atemberaubenden Blick, doch die Klientel war bisher ebenso altehrwürdig. Frischen Wind in den alten Kasten bringen in-

Ein traditionsreiches Plätzchen, hauptsächlich für die älteren Signori Sorrents, ist die Sedile Dominova (▶ S. 108), eine Loggia aus dem 15. Jh.

ternationale Designer: So haben beispielsweise Möbel des Franzosen Philippe Starck neue Trends gesetzt.
P.zza della Vittoria 5 | www.bellevue.it | Tel. 08 18 78 10 24 | 48 Zimmer | €€€€

### Grand Hotel Europa Palace
**Elegantes Traditionshaus** – Das Hotel thront an der Steilküste und kann mit herrlichem Blick über den Golf punkten. Ein hauseigener Lift führt direkt zum privaten Badeplateau und zum Swimmingpool.
V. Correale, 34/36 | Tel. 0 81 8 07 34 32 | www.europapalace.com | Pool Mai–Okt. | 88 Zimmer | €€€

### Romantik pur
Heute keine Lust auf ein Ristorante? Dann packen Sie die Flasche Rotwein ein, steigen hinab zur Marina Grande und machen Sie es sich im kleinen Borgo gemütlich. Ein stimmungsvolles Plätzchen, um den Abend ausklingen zu lassen. Cin cin (▸ S. 14)!

### La Badia
**Im Grünen** – In einem Kloster des 16. Jh. wurde dieses inmitten eines Olivenhains gelegene Hotel eingerichtet. Zu Fuß ist man dennoch in 15 Minuten in der Stadt. Die Zimmer sind hübsch möbliert, großzügig und ruhig, nicht alle haben Balkon oder Terrasse.
Ecke V. Nastro Verde 8/ V. Capodimonte 4 | Tel. 0 81 8 78 11 54 | www.hotel labadia.it | Mitte März–Ende Okt. | 43 Zimmer | €€€

### Casa Astarita (B&B) ▸ S. 24

### La Vue d'Or
**Nomen est omen** – Der Blick ist wahrhaft Gold wert! Das Hotel liegt oberhalb von Sorrent und besticht durch eine Sonnenterrasse mit Pool und bezauberndem Blick auf den Golf. Mehrmals täglich kostenloser Shuttle-Service in die Stadt.
V. Nastro Verde 88 | Tel. 0 81 8 07 31 53 | www.lavuedor.it | 60 Zimmer | €€

## ESSEN UND TRINKEN
RESTAURANTS
### Inn Bufalito
**Modern-mediterranes Ambiente** – Die Spezialität ist Büffelmozzarella, auch die Steaks sind empfehlenswert.
Vico I. Fuoro 21 | Tel. 0 81 3 65 69 75 | www.innbufalito.co | €€

### Pizzeria da Franco
**Urig!** – Von der Decke baumeln dicke Schinken, und vor der Tür bilden sich lange Schlangen. Dazu passt die Pizza bianca mit Schinken und frischem Mozzarella.
Corso Italia 265 | Tel. 0 81 8 77 20 66 | €

### Trattoria Sant'Anna – da »Emilia« dal 1947
**Für Nostalgiker** – Die klassische Trattoria liegt auf einem Steg im Hafen von Sorrent und bietet frische Fisch- und Meeresfrüchtegerichte, aber natürlich auch Pasta und Hauswein.
V. Marina Grande 62 | tgl. 12–15, 19–22.30 Uhr | Tel. 0 81 8 07 27 20 | €€

CAFÉS UND EISDIELEN
### Gelateria Davide
**Große Auswahl** – Eine der besten Eisdielen Sorrents, die täglich über 60 Sorten herstellt.

V. P. R. Giuliani 41, Nähe Villa Comunale | www.davideilgelato.com

## Fauno Bar

In der stilvollen, mit schönen Mosaiken verzierten Bar am zentralen Platz in Sorrent ist der Gast zu jeder Tageszeit willkommen: ob zum Frühstück, Mittagessen, zur Tee- und Kaffeezeit oder zum Aperitif: Der Service ist stets zuvorkommend, die Qualität der Speisen exzellent. Auch die »dolci« und das Eis sind ein Genuss.

P.zza Tasso 13–15 | Tel. 08 18 78 11 35 | www.faunobar.it

## EINKAUFEN

**Fattoria Terranova** ▸ S. 40

**Viola Partecipazione**

Riesige Auswahl an Ledertaschen in allen Größen und Farben.

V. S. Cesareo, 6

## KULTUR UND UNTERHALTUNG

**Serate al museo**

Das Intarsienmuseum in Sorrent lädt zu einer Führung durch seine Sammlung inkl. Aperitif ein.

Museo della Tarsialignea | V. San Nicola 28 | Tel. 0 81 8 77 19 41 (Anmeldung erforderlich) | Mo–Sa 21–22.30 Uhr | Eintritt 14 € inkl. Umtrunk

## SERVICE

**AAS Sorrento-Sant'Agnello**

Die städtische Touristeninfo gibt jeden Monat das Gratis-Magazin »Surrentum« mit vielen aktuellen Tipps und Fahrplänen heraus.

V. Luigi De Maio 35 | www.sorrento tourism.com | Mo–Fr 8.30–16, Juni–Sept. Mo–Sa 8.45–14.30 und 15.30–18.30 Uhr

# Ziele in der Umgebung

◎ **MASSA LUBRENSE** 🔖 D 5

14 000 Einwohner

Die weitverzweigte Ortschaft ist das landwirtschaftliche Zentrum der sorrentinischen Halbinsel und bis heute bäuerlich geprägt. Hier wachsen prächtige Ölbäume, Agrumen, Granat- und Feigenbäume, Maulbeerbüsche, Agaven und Reben.

Wer mit dem Auto unterwegs und daher flexibler ist, wird die Ruhe von Massa schätzen und den Ort als Ausgangspunkt für Wanderungen nutzen. Eine Serpentinenstraße und mehrere Fußwege führen hinunter an die kleine Bucht, die Marina della Lobra. Von hier aus starten früh am Morgen Fischerboote, die auch Touristen zu Fang und Verkostung an Bord mitnehmen (»pescaturismo«).

7 km südl. von Sorrent

## SEHENSWERTES

**Limoneto Il Gesù**

Der älteste Zitronenhain auf der sorrentinischen Halbinsel kann nach Anmeldung besichtigt werden. Dabei bietet sich auch die Gelegenheit, den eigenen Limoncello zu kosten.

V. IV. Novembre 26 | www.massa lubrense.it/ilgesu/hpage.htm

**Santa Maria delle Grazie**

Die einstige Kathedrale von Massa am Ortseingang stammt aus dem 15. Jh., ihr heutiges Erscheinungsbild ist barock. Besonders die Sakristei mit schönen Holzarbeiten aus dem 17. Jh. lohnt einen Besuch. Der Majolikafußboden erstrahlt nach seiner Restaurierung wieder in leuchtenden Farben.

Largo Vescovado

## Santa Maria della Lobra

Das Gotteshaus der verträumten Hafenbucht aus dem 16. Jh. ist eines der schönsten auf der sorrentinischen Halbinsel. Besonders der Majolikafußboden aus dem 18. Jh., wie er für die Gegend typisch ist, und die hölzerne Kassettendecke ziehen verdienterweise die Blicke der Besucher auf sich. Unbedingt sehenswert!

P.zza Santa Maria della Lobra

### ÜBERNACHTEN

**La Lobra – Azienda Agrituristica biologica** 🧍 ▸ S. 24

◎ **TERMINI** 🌀 D 5/6

692 Einwohner

Der Name des Ortes kündigt es an: Das Ende der Halbinsel ist hier bald erreicht. Die Gebirgsausläufer der Monti Lattari setzen sich bis zur äußersten Spitze, der Punta Campanella, fort, bevor sie ins Meer fallen und sich in untermeerische Grotten verwandeln.

Von der Piazza führt eine zauberhafte, gut ausgeschilderte (leichte!) Wanderung durch oliven-, ginster- und myrtenbewachsene, teils unberührte Natur bis zur Punta Campanella, der äußersten Spitze der Halbinsel (max. drei Stunden für Hin- und Rückweg). Der Weg wird seit der Antike begangen, teilweise läuft man auf römischem Pflaster! Damals führte die Straße zu einem den Sirenen geweihten Ort, der später das Promontorium Minervae mit einem der Göttin Minerva geweihten Tempel wurde, der den Seefahrern als Orientierungspunkt diente. Die herausragende Lage am Kap, das den Golf von Neapel vom Golf von Salerno trennt, war mit Bedacht gewählt.

Im Mittelalter konnten vom Wachtturm, dessen wuchtige Reste noch erhalten sind, von weither einfallende sarazenische Seeräuber gesichtet werden. Durch Glockengeläut wurden dann die Bewohner der umliegenden Ortschaften gewarnt. Das Glöckchen (»campanella«) gab dem Kap seinen Namen. Von der Aussichtsterrasse scheint Capri zum Greifen nah. Heute hilft der Leuchtturm Kapitänen bei der Navigation.

Wer möchte und noch ein wenig Ausdauer mitbringt, kann von hier den Rückweg über den Monte San Costanzo (485 m) nach Termini nehmen. Von der Kapelle San Costanzo auf einer der beiden Bergspitzen wird man mit einem Rundblick, der vom Golf von Neapel bis ins Cilento reicht, reichlich für die Mühe belohnt.

Ein anderer steiler, aber kurzer Weg führt von Termini in die kleine Ortschaft Nerano am Fuß des Monte San Costanzo. Hier hat man die Wahl: Ein Weg führt zur beliebten Badebucht Marina del Cantone, ein Stichweg vorbei an der Villa Rosa zur ebenfalls sehr schönen Baia di Jeranto (ca. 2,5 Stunden Hin- und Rückweg).

13 km südl. von Sorrent

### ESSEN UND TRINKEN

**Lo Scoglio da Tommaso** ▸ S. 29

#### Miracapri

**Capri im Blick** – Leckere hausgemachte Pasta und köstliche Antipasti. Den atemberaubenden Panoramablick von der Außenterrasse auf Capri gibt es inklusive. Am Abend wird auch Pizza serviert.

V. Roncato 13 | Tel. 08 18 08 19 36 | €–€€

## SERVICE

### Giovanni Visetti

Der Kartograf und begeisterte Wanderer stellt auf seiner Internetseite nützliche Karten und Wegbeschreibungen zur Erkundung der sorrentinischen Halbinsel auf Italienisch und Englisch zur Verfügung.

www.giovis.com | weitere Informationen unter www.puntacampanella.org

## VICO EQUENSE  E 5

20 800 Einwohner

Das antike Aequa ist heute ein Küstenstädtchen in Steiluferlage, in dem wieder Ruhe eingekehrt ist, seit die Küstenstraße im Tunnel um den Ort herum geleitet wird. Bekannt ist es am Golf von Neapel vor allem in kulinarischer Hinsicht – von weit her kommen besonders am Wochenende die Einheimischen, um die legendäre Pizza »a metro« in großer, fröhlicher Gesellschaft zu verzehren.

Vor der barocken Kirche Sant'Annunziata bietet sich ein spektakulärer Blick über den Golf. In den Thermen des Scrajo lässt sich die neapolitanische Schickeria massieren und verschönern. Das Schwimmbecken ist in den Stein gehauen.

## ÜBERNACHTEN

### Hotel Le Axidie

**Familiär** – Etwas außerhalb der Ortschaft, direkt am Sandstrand der Marina di Equa und 15 Minuten Fußweg hinauf zur Circumvesuviana, liegt dieses Hotel, das auch Appartements bereithält.

V. Marina di Equa | Tel. 0 81 8 02 85 62 | www.leaxidie.it | 45 Zimmer | €€

Glasklares Wasser mit Vesuv als Badekulisse – an der Küste von Vico Equense (▶ S. 113) reiht sich ein Traumstrand an den nächsten. Alleine ist man hier allerdings selten!

## ESSEN UND TRINKEN

### Gigino

**Legendär** – Es war Gigino Dell'Amura, der in den 1930er-Jahren die einfache und geniale Idee hatte, eine rechteckige Pizza zu kreieren und diese meterweise zu verkaufen. Stolz trägt das Restaurant auch den Untertitel »L'Università della Pizza«. In großer Gesellschaft bestellt man (mindestens!) einen Meter Pizza, ein Meter Margherita kostet etwa 30 €.
V. Nicotera 15 | Tel. 0 81 87 9 83 09 | www.pizzametro.it | €

### Torre del Saracino

**Spitzengastronomie** – Das Nobelrestaurant von Gennaro Esposito ist seit Jahren mit zwei Michelin-Sternen und drei Gabeln im Gambero Rosso ausgezeichnet. Der Küchenchef bringt die Erfahrung aus dem Louis XVI in Montecarlo und dem Plaza Athénée aus Paris mit, hat bei Alain Ducasse gelernt und vermischt feinste französische Kochkunst mit heimischen Zutaten von Land und Meer. Modernes Ambiente, edle Fischgerichte, aber nicht nur! Ein Degustationsmenü kostet zwischen 100 und 140 €.
V. Toretta 9 | Tel. 0 81 8 02 85 55 | www. torredelsaracino.it | €€€€

## CASTELLAMMARE DI STABIA 🡒 E 4/5

66 000 Einwohner

Das Hafenstädtchen mit seinen gesichtslosen Neubauten an der Kurve des Golfes von Neapel ist gewissermaßen die Eingangspforte zur sorrentinischen Halbinsel. Hier steht eine der traditionsreichsten Schiffswerften Italiens, die vor allem militärischen Zwecken dient. Einheimische schätzen den Ort am Hang des Monte Sant'Angelo wegen seiner Thermalquellen.

Der Name geht zurück auf eine mittelalterliche, am Meer gelegene Burganlage (»castellum ad mare«), der man den antiken Ortsnamen Stabia hinzufügte. Stabiae war, wie Pompeji und Herkulaneum, 79 n. Chr. beim Ausbruch des Vesuvs verschüttet worden. Grabungen seit dem 18. Jh. haben antike Stadtstrukturen zutage gebracht, so die Nekropole Madonna delle Grazie und einige römische Gebäude, von denen zwei auf dem Varano-Hügel besichtigt werden können. Da sich hier nur wenige Touristen befinden, wird man diesen einstigen römischen Ferienort besonders schätzen.

## SEHENSWERTES

### Villa Arianna und Villa San Marco

Die Villa Arianna stammt aus dem 1. Jh. v. Chr. Erst kurz vor ihrer endgültigen Zerstörung durch den Vesuvausbruch war sie renoviert worden – die Fresken sind bis heute eindrucksvoll erhalten. Eines der berühmtesten Fresken der versunkenen Vesuvstädte stammt von hier, die sog. »Flora«, in Wirklichkeit wohl die Asphodelen pflückende Persephone. Das Fresko ist heute eines der Schmuckstücke des Museo Archeologico Nazionale (🡒 S. 76) in Neapel.

Bei der Villa San Marco handelt es sich um eine luxuriöse römische Villa aus augusteischer und claudischer Zeit, mit Thermen und einem großen Garten, in dessen Mitte sich ein 30 m langes Schwimmbad erstreckt. Die Ausmaße von insgesamt 11 000 m² würden noch heute jeden Villenbesitzer vor Neid erblassen lassen.

Scavi di Stabia | V. Passeggiata Archeologica und V. Cupa Varano 4 | die beiden Villen liegen etwa 500 m auseinander | tgl. 9–19.30, im Winter bis 18.30 Uhr (Artecard) | Eintritt frei

## ÜBERNACHTEN

### Grand Hotel La Medusa

**Edel** – In unmittelbarer Nähe der Ausgrabungen befindet sich dieses elegante Haus in ruhiger Golflage. Pool, Orangenhain und sehr gepflegter Park.
V. Passeggiata Archeologica 5 | Tel. 0 81 87 23 33 83 | www.lamedusahotel.com | 49 Zimmer | €€€

## ESSEN UND TRINKEN

### Trattoria O'Pignatiello

**Unter Einheimischen** – Frischer Fisch und Hausmannskost, auch der Limoncello stammt aus eigener Produktion. Hier kehren v. a. Einheimische ein.
V. Alcide de Gasperi 207 | Tel. 0 81 8 71 51 00 | tgl. 12–15, 19.30–23 Uhr

## SERVICE

### ACST

Städtische Touristeninformation.
P.zza Giacomo Matteotti 34 | www.stabiatourism.it | Mo–Fr 8–15.30, im Sommer auch Sa 9–13 Uhr

## Ziele in der Umgebung

### ◎ GRAGNANO                    ⚑ E 5
ca. 29 500 Einwohner

Wenige Kilometer von Castellammare entfernt liegt die Pasta-Hochburg Kampaniens (▶ S. 29). Schon im 17. Jh. waren hier Hartweizenmühlen in Betrieb, 1885 erreichte der Zugverkehr Gragnano, das fortan seine Nudeln bis nach Amerika exportierte und Tausenden von neapolitanischen Emigranten ein Trost und eine Erinnerung an die zurückgelassene Heimat war. 7000 Nudelhersteller arbeiteten in jener Zeit in über 100 Manufakturen!
4 km östl. von Castellammare

## SEHENSWERTES

### Cooperativa Pastai Gragnanesi

Die Genossenschaft Cooperativa Pastai Gragnanesi erzählt die Erfolgsgeschichte der lokalen Pasta-Produktion. Ihr Geheimnis: Die Pasta wird durch Bronzeköpfe gepresst, was ihr eine poröse Oberfläche verleiht, die so den Sugo besser aufsaugt. Das lässt die Geschmacksnerven jubeln! Auch Online-Verkauf.
V. G. Della Rocca 20 | www.pastaigragnanesi.it | Mo–Fr 9–13 und 15–18.30 Uhr

## ESSEN UND TRINKEN

### Maccaroneria

**Prämierte Handarbeit** – Seit über 160 Jahren widmet sich die Nudelmanufaktur in Gragnano der hohen Kunst der Pasta-Herstellung. Man kann bei der Produktion zusehen und anschließend im dazugehörigen Restaurant die Pasta-Kreationen verkosten. Unter Gourmets sind besonders die handgefertigten Fusilli geschätzt. Auch Verkauf.
V. Roma 8 | Tel. 0 81 873 67 60 | www.maccaroneria.com | €€

## EINKAUFEN

### La Fabbrica della Pasta

Pasta vom Feinsten! Riesige Paccheri, endlos lange Tagliatelle oder Conchiglioni giganti – die Auswahl der Nudelsorten ist beeindruckend.
V.le San Francesco 30 | www.lafabbricadellapasta.it | Mo–Fr 9–16, Sa 9–13 Uhr | Führungen nach Voranmeldung

# Im Fokus
## Sehnsuchtsort Capri

*Seit jeher sind es Literaten, Genussmenschen und Ästheten, die die Insel Capri als Zufluchtsort auswählen, um hier ihren exzentrischen Charakter, fern von der Heimat, in vollen Zügen ausleben zu können. Capri scheint sie magisch anzuziehen!*

Drei illustre Persönlichkeiten haben sich mit drei außergewöhnlichen Villen an drei herausragenden Felsvorsprüngen und in gehöriger Distanz voneinander ein bleibendes Denkmal auf der Insel Capri gesetzt. Alle drei waren sie feinsinnige Männer und, jeder auf seine Art, Exzentriker. Und sie waren, wie so viele schillernde Persönlichkeiten, die das Bild Capris bis heute prägen und in die weite Welt trugen, keine Einheimischen. Die Rede ist vom Schweden Axel Munthe, von Haus aus ein prominenter Nervenarzt, im Nebenberuf Kunstsammler und Vogelschützer, der mit der Veröffentlichung seiner in unzählige Sprachen übersetzten Erinnerungen »Das Buch von San Michele« weltbekannt wurde. Seine Villa di San Michele, eine eigenwillige Stilmischung, inspiriert von Byzanz, Rom, Renaissance und Tausendundeiner Nacht, ist eine einzige Selbstinszenierung, die bis heute einen nicht enden wollenden Schwarm von Besuchern aus aller Welt in den Bann schlägt.

◀ Vom Besitzer selbst entworfen –
Malapartes ( ▶ S. 117 ) spektakuläre Villa.

Ein Zeitgenosse Munthes war der aus einem schwedisch-französischen Geschlecht abstammende Baron Jacques d'Adelswaerd-Fersen, ein Nachfahre jenes Baron von Fersen, der als Liebhaber Marie Antoinettes in die Geschichte einging. Jacques hatte bereits im zarten Alter von 22 Jahren ein reiches Erbe angetreten, ein paar anrüchige Gedichte veröffentlicht und sich als Herausgeber einer Literaturzeitschrift einen Namen gemacht. Aufgrund päderastischer Neigungen wurde er von der französischen Gesellschaft ausgeschlossen, flüchtete nach Italien und ließ sich bald auf Capri nieder, wo er mit der Villa Lysis ein Liebesnest für sich und seinen adonisgleichen römischen Geliebten Nino errichten ließ.

## EIN ORT, DEN SCHMERZEN UND DER LIEBE GEWEIHT

»Amori et Dolori Sacrum« steht in goldenen Lettern auf dem Architrav des Portikus. Mit Haschischorgien und heidnischem Kult verstand es Fersen vortrefflich, mehr die prüde britische Kolonie als die toleranten Einheimischen zu entrüsten. Am Kokainrausch ging er denn auch zugrunde. Seine Villa, vor einigen Jahren restauriert, ist ein Spiegel des Fin de Siècle aus Marmor und Stuck sowie einer von Weltschmerz und Überdruss geprägten Stimmung, eine geglückte Befreiung aus dem Zwang der bürgerlichen Kultur. Noch ein halbes Jahrhundert später schrieb Roger Peyrefitte einen Roman über die amourösen capresischen Abenteuer des Grafen, der von einer großen Leserschaft verschlungen wurde.

## MALAPARTES VILLA PROVOZIERT DAS AUGE

Schließlich war da noch der aus Südtirol stammende Curzio Malaparte, das Enfant terrible der italienischen Nachkriegsliteraten, der sich an der Südostküste der Insel seine »casa come me« (»ein Haus wie ich!«) erbauen ließ – avantgardistisch, knallrot und provokant wie sein Bewohner. Der Skandalautor Malaparte hieß eigentlich Kurt Suckert und schrieb sich mit seinen drastischen Schilderungen der Zustände im Neapel der letzten Kriegswochen 1944 auf den Index, so mit den Romanen »Kaputt« und »Die Haut«; letzterer geht noch 60 Jahre nach seinem Erscheinen im wahrsten Sinn des Wortes unter die Haut.
An drei Seiten der Insel ragen die Villen dieser drei Männer über den Klippen heraus, ganz so, als hätten sie sich topografisch abgesprochen. Bei Weitem waren sie nicht die einzigen Schriftsteller, die diesen schönen

Fleck Erde zu ihrer Wahlheimat erkoren und nicht nur die örtliche deutsche Gemütlichkeitsgesellschaft gehörig aufmischten. Diese pflegte, im Gasthaus »Zum Kater Hiddigeigei« bei deutschem Bier und deutschem Wein leutselig Burschen- und Jägerlieder anzustimmen. Die Einheimischen wussten sich schon früh mit den jeweiligen Gebräuchen der vielen Sonderlinge unter den Besuchern zu arrangieren und daraus auch Kapital zu schlagen. So wurden Capreser Kinder um die Jahrhundertwende an der Mole aufgestellt und sangen bei Abfahrt des Dampfers der Norddeutschen Lloyd auf Deutsch »Muss i denn, muss i denn zum Städtele hinaus …« – wie herzig! Wie viele Tränen mögen aus den Augen der Damen der deutschen Bourgeoisie wohl geflossen sein.

## MAXIM GORKI AUF CAPRI

Nach der russischen Revolution von 1905 emigrierten viele russische Intellektuelle ins Ausland – nach Paris, London und in die Schweiz. Auch die Inselschönheit Capri zog wie ein Magnet einige russische Emigranten an, die sich hier um den Dichter Maxim Gorki gruppierten. Zu ihnen gehörten Lenin wie sein späterer Widersacher Bogdanow. Man darf annehmen, dass ebenso viel diskutiert wie getrunken wurde, viel gelacht, aber auch viel produziert. Gorki verfasste mehrere Romane, Novellen, Märchen und Schauspiele auf Capri und begann hier mit seiner autobiografischen Trilogie »Meine Kindheit«. Der erfolgsverwöhnte Russe ließ sich als Anarchist feiern und zeigte sich gleichzeitig als großzügiger, spendierfreudiger Gesellschafter und Lebemann. Nicht immer waren die Beweggründe der Emigration nach Capri politisch motiviert. Flucht vor der Enge der Familie (Norman Douglas, Rainer Maria Rilke) oder nach einer Zuchthausstrafe (Oscar Wilde), mythische Station im Vagabundendasein (Theodor Däubler), Inspiration (Graham Greene hatte 1948 eine Villa auf Capri erworben und behauptete, hier in vier Wochen die Arbeit, die anderswo sechs Monate in Anspruch nähme, zu erledigen) oder ganz generell die Möglichkeit, auch als Kauz und Eigenbrötler auf ein tolerantes Umfeld zu stoßen (so der aus der deutschen Kunst-Community verstoßene und als Kohlrabiapostel verspottete Maler Diefenbach), gaben häufig den Ausschlag, sich auf der Insel Capri niederzulassen.

## SO MANCHER BLIEB, BIS IHN DER TOD EREILTE

Ein Besuch auf dem »cimitero acattolico« im Hauptort Capri, wo über 200 Protestanten, Juden, Freidenker, Orthodoxe und seit einiger Zeit auch römisch-katholisch getaufte Italiener, die sich diesen Ort als letzte

Ruhestätte ausdrücklich wünschten (so der Galerist Lucio Amelio), bestattet sind, ist ein beredtes Zeugnis dieses wohl internationalsten aller Orte auf Capri. Die Überschaubarkeit der Insel mit ihren wenigen ständigen Treffpunkten (die Piazzetta, die Marina Grande) gaben selbst den Zurückgezogensten (wie dem Maler Willy Kluck, der sich mit seinen riesigen Aktbildern in einem einzigen quadratischen Raum im steinernen »Einsamkeitswürfel« zwischen Himmel und Meer eingerichtet hatte) die grundsätzliche Möglichkeit, in Kunst- und Kritikerkreise zurückzukehren oder ebenso schnell wieder daraus zu entschwinden. Solche Zusammenkünfte mit anderen Künstlern boten Gelegenheit, über die anderen Touristen zu spotten – schon Rilke beklagt die Oberflächlichkeit der die Sehenswürdigkeiten abhakenden Inselbesucher. Zu viel Gesellschaft konnte allerdings auch leicht ablenken, wie Rilke feststellte, der einige seiner schönsten Liebesgedichte auf Capri schrieb, etwa »Liebes-Lied« (»Wie soll ich meine Seele halten, daß sie nicht an deine rührt ...«) und das »Lied vom Meer«.

## DIE ZEIT DER WAHREN EXZENTRIKER IST VERGANGENHEIT

An die Stelle der Dichter und Künstler ist längst der Jetset getreten. In den einschlägigen Restaurants hängen die signierten Fotos der braun gebrannten Reichen und Schönen, die an lauen Sommerabenden die Piazzetta und die Bars von Capri erobern, wenn das letzte Tragflügelboot die vom Glück eines einzigen Tages erfüllten Besucher wieder an ihre Ferienorte fern der teuren Insel gebracht hat. Viel Haut ist da zu sehen und viele echte und falsche Blondinen, doch als exzentrisch mag man das bunte Treiben nicht mehr bezeichnen. Dass der Mythos Capri aber immer noch in Kunst und Literatur weiterlebt, ist auch dem Engagement eines kleinen capresischen Verlags mit dem schönen Namen La Conchiglia (die Muschel) zu verdanken. Er hat sich auf bibliophile Ausgaben über berühmte Besucher Capris spezialisiert, durchaus auch auf Stars und Sternchen, vor allem aber auf Künstler und Ästheten. Viele der auf festem, grobkörnigem Papier gedruckten Bände sind zwei- oder sogar mehrsprachig, fast alle zieren historische Aufnahmen, Stiche und Aquarelle. Wer das Glück hat, an der Vorstellung eines neuen Bandes teilzunehmen, kann sich unter die »hommes et femmes de lettres« Capris mischen und ein wenig davon träumen, wie es auf der Insel war in jener Zeit der Belle Époque und lange, bevor Rudi Schurickes rote Sonne auch vom entferntesten Radiogerät in einem deutschen Wohnmobil an der Nordseeküste ausgestrahlt wurde.

# DIE INSELN IM GOLF VON NEAPEL: CAPRI, ISCHIA UND PROCIDA

*Es sind ungleiche Geschwister, die Inseln im Golf von Neapel – Capri, die Spektakuläre mit einem Hauch von Exzentrik, Ischia, die Wohltuende, und Procida, die romantische kleine Schwester. Besuchen sollte man alle drei, Sinneseindrücke jeglicher Art sind garantiert!*

Mit gleich drei Inselschönheiten kann der Golf von Neapel auftrumpfen, und jedes Eiland hat seinen eigenen besonderen Charakter: **Capri** ⭐ ist die mondänste und spektakulärste Insel, sie gehört den Reichen und Schönen, den Exzentrikern, dem Jetset und nicht zuletzt den unzähligen Bewunderern aus nah und fern, die als Tagesausflügler oder Urlauber eine der berühmtesten Insellandschaften der Welt und die noch sichtbaren Zeugnisse einer altrömischen Kaiservilla entdecken möchten. Ischia ist die Wohltuende, die Insel der zahllosen Thermalquellen, die seit der Antike therapeutisch genutzt werden. Sie ist nicht nur die größte, son-

◀ Als Filmset beliebt: die Würfelhäuser an der Corricella (▶ S. 142) auf Procida.

dern auch grünste Insel im Golf und eignet sich im Herbst und Frühjahr hervorragend für Wanderungen über eine abwechslungsreiche Hügellandschaft. Procida schließlich ist die kleinste und gleichzeitig am wenigsten bekannte Insel, sie bietet sich hervorragend für einen Tagesausflug von den Phlegräischen Feldern aus an. Die beschauliche Atmosphäre in ihren ursprünglich gebliebenen Gässchen lässt nicht nur die Herzen von Cineasten und Lesehungrigen höher schlagen, hier kann man, fernab vom Rummel, wunderbar die Seele baumeln lassen.

## ⭐ INSEL CAPRI  C/D 6

 Inselplan ▶ S. 123

Spätestens seit der Entdeckung der Blauen Grotte 1826 durch August Kopisch, dem Dichter der Heinzelmännchen, und den begleitenden Freund, den Maler Ernst Fries, ist Capri das Sehnsuchtsziel der romantischen Dichter und Maler schlechthin. Es gibt viel zu entdecken, und ein Tagesausflug reicht nicht aus, um die Schönheiten des Natur- und Architekturspektakels Capri kennenzulernen. Aber Vorsicht: Dies ist, im Gegensatz zu Ischia, keine klassische Badeinsel! Es gibt nur wenige Badebuchten, die sich bei näherer Betrachtung meist als teure, zubetonierte Badeanstalten entpuppen. Die Insel bietet sich in erster Linie für Spaziergänge und Wanderungen an und überrascht an jeder Ecke mit neuen grandiosen Aussichten. Capri ist mit 10,4 km² relativ klein und misst maximal 6,3 km in der Länge und 2,7 km in der Breite. Als Insel bildete sich Capri am Ende der letzten Eiszeit,

indem es sich vom sorrentinischen Festland löste. Das ist auch der Grund, weshalb sie, im Gegensatz zu den anderen Golfinseln Ischia und Procida, nicht vulkanischen Ursprungs ist, sondern aus Kalkgestein besteht, das an vielen Stellen steil und weiß ins Meer fällt, unzählige Grotten bildet und dem Wasser eine schillernde Farbenpracht verleiht.

Die knapp 14 000 Einwohner verteilen sich auf die beiden ungleichen Hauptorte Capri und Anacapri, und noch eine größere Anzahl an Tagesbesuchern kommt in der Hauptsaison täglich auf die Insel. Das soll nicht abschrecken, denn das Gros der Besucher konzentriert sich auf den Besuch der Blauen Grotte, der Villa San Michele in Anacapri und der Piazzetta im Hauptort. Nur ein paar Schritte weiter kann man die Idylle überall aufspüren und den Besuch in vollen Zügen auskosten. Abgesehen von den großen Verbindungsstraßen zwischen den Orten ist Capri Fußgängerzone. Man wird auf den schmalen Wegen nur den leisen Elektrokarren begegnen, die Gepäck, Baumaterial und Lieferwaren befördern.

## Ziele auf Capri

◎ **CAPRI** ▶ S. 123, d/e 1/2

7000 Einwohner

Die meisten Besucher erreichen Capri über die Marina Grande, den Haupthafen, an dem sowohl die Fähren bzw. Tragflügelboote/Katamarane aus Neapel, Sorrent und Ischia anlegen als auch die zahlreichen Ausflugsboote, die von hier aus zur (empfehlenswerten!) Inselrundfahrt oder zur Blauen Grotte starten. Viel zu schnell geht es im 15-Minuten-Takt mit der »funicolare«, der Standseilbahn, durch blühende Gärten 140 m hinauf in den Ort Capri, der sich auf einem Sattel zwischen den Bergen Monte Tiberio und Monte Solaro weitläufig erstreckt. Oben öffnet sich auf einer Aussichtsterrasse ein erster spektakulärer Blick auf die zurückgelegte Strecke.

Nur noch wenige Schritte, und man hat den Nabel dieser besonderen Welt erreicht: die Piazzetta, die offiziell Piazza Umberto I. heißt und deren Wahrzeichen und ältestes Bauwerk der Glockenturm ist. Der fast quadratische Platz ist die Bühne des mondänen Capri, ein Jahrmarkt der Eitelkeiten, ein Ort zum Sehen und Gesehenwerden. Von den Logenplätzen der schicken Cafés hat man den besten Überblick über das geschäftige Treiben zwischen den engen Gassen und pastellfarbenen Palazzi am Platz. Von hier aus erreicht man bequem zu Fuß alle Attraktionen, auf die auf entzückenden Keramikschildern hingewiesen wird.

## SEHENSWERTES

### Giardini di Augusto ▶ S. 123, d 2

In Terrassen erstrecken sich die üppigen, blühenden Augustusgärten mit wunderbaren Ausblicken auf die Faraglioni-Felsen und die Marina Piccola, etwa 15 Fußminuten von der Piazzetta entfernt. Einst war sie im Besitz des Großindustriellen Friedrich Alfred Krupp, der es sich leisten konnte, auf römischem Siedlungsgrund einen Privatpark anzulegen, den er noch zu Lebzeiten der Gemeinde Capri vermachte. Kontrastreich: Ein paar Jahre nach dem Tod des kapitalistischen Großindustriellen war der Revolutionär Lenin an diesem Ort mehrfach Gast des russischen Exilschriftstellers Maxim Gorki. Die Büste Lenins oberhalb der Parkanlage erinnert an ein denkwürdiges Schachspiel in der Villa Krupp im Jahr 1908 zwischen Bogdanow und Lenin, beide Anwärter auf die Führerschaft der Bolschewiki.

V. Matteotti | Ostern–Anfang Nov. 9 Uhr bis Sonnenuntergang | Eintritt 1 €, Kinder bis 12 J. frei

### Faraglioni-Felsen ▶ S. 123, e 3

Die drei Felsen sind das Wahrzeichen Capris. Der erste, Stella, ist mit der Küste verbunden und misst stolze 109 m. Der mittlere, Faraglione, ragt 81 m aus dem kristallklaren Wasser mit einem auf Meereshöhe gelegenen natürlichen Tunneldurchgang von 60 m Länge, der auch von kleineren Booten durchfahren werden kann. Dieser und der dritte, der 104 m hohe Scopolo, sind die Heimat der seltenen blauen Eidechse, die hier 1872 von Theodor Eimer entdeckt wurde. Die Zoologen beschäftigte vorwiegend das Phänomen des

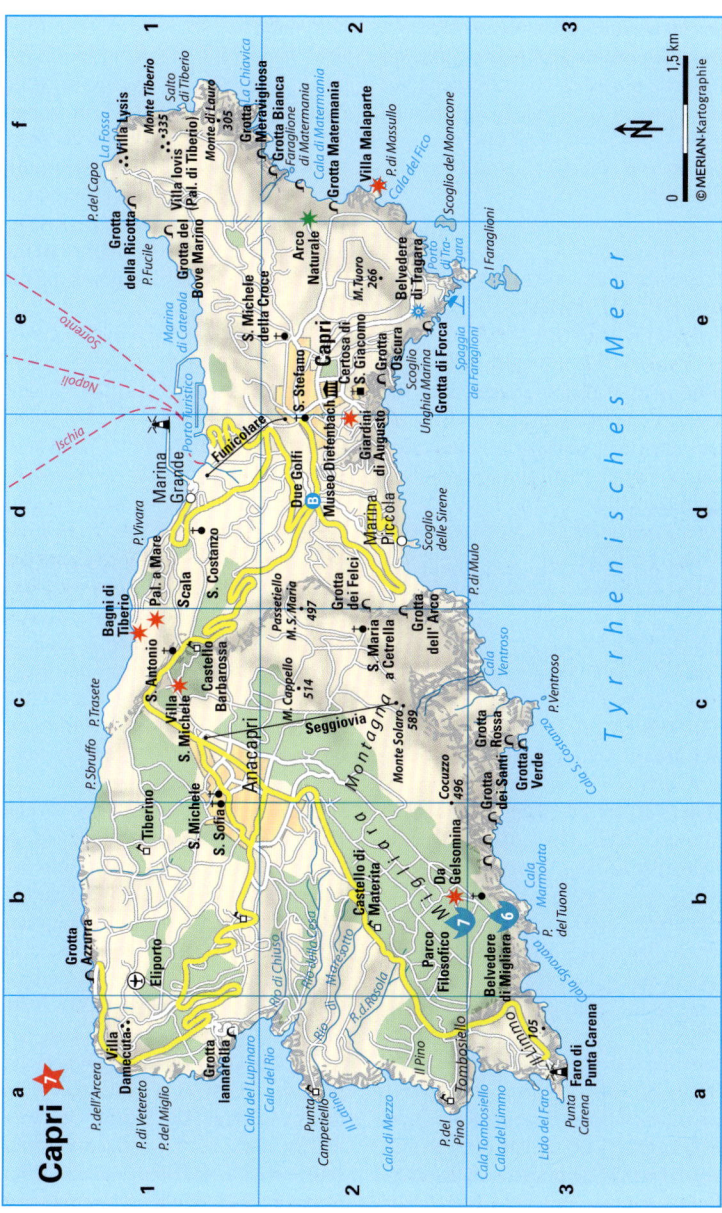

Capri ⭐

1,5 km

©MERIAN-Kartographie

**Tyrrhenisches Meer**

Grotta Azzurra
Villa Damecuta
Eliporto
Grotta Ianara
Villa Damecuta ⭐
P. dell'Arcera
P. di Vetereto
P. del Miglio
Cala del Lupinaro
Cala del Rio

Tiberino
S. Michele
S. Sofia
Anacapri
Seggiovia
Montagna
Monte Solaro 589
Cocuzzo 496

Bagni di Tiberio ⭐
S. Antonio
Villa
S. Michele
Castello Barbarossa
M. Cappello 514
Pal. a Mare
Scala
S. Costanzo
P. Vivara
P. Sbruffo
P. Trasete
Passetiello
M.S. Maria

Due Golfi
Marina Grande
Porto Turistico
Funicolare
S. Stefano
S. Michele della Croce
Marina di Cataiola
Museo Diefenbach
Marina Piccola
Grotta dei Felci
S. Maria a Cetrella
Grotta dell'Arco
Grotta delle Sirene
497

Capri
Certosa di S. Giacomo
Giardini di Augusto
Grotta Oscura
Grotta di Forca
Scoglio Unghia Marina
Scoglio dei Faraglioni
Spiaggia di Tra-
gara
Porto di Tra-
gara

Grotta della Ricotta
Grotta del Bove Marino
P. Fucile
Arco Naturale
Belvedere di Tragara
M. Tuoro 266
I Faraglioni

Grotta Meravigliosa
Grotta Bianca
Grotta di Matermania
Grotta Matermania
Villa Malaparte ⭐
Villa Iovis (Pal. di Tiberio)
Monte Tiberio ..335
Salto di Tiberio
Monte di Lauro 305
La Fossa
Villa Lysis
La Chiavica
Cala di Matermania
P. di Massullo
Cala del Fico
Scoglio del Monacone

P. del Capo

Napoli
Sorrento
Ischia

Castello di Materita
Parco Filosofico
Da Gelsomina ⭐
Belvedere di Migliara
Grotta Verde
Grotta dei Santi
Grotta Rossa
Cala Ventroso
Cala Ventroso
P. Ventroso
Cala di S. Costanzo

Pino
Punta Campetiello
Cala del Mezzo
Cala del Limmo
Cala Tombosiello
Lido del Faro
P. del Pino
Tombosiello
Limmo 105
P. del Tuono
Cala Marmolata
Cala Sprono
Faro di Punta Carena
Punta Carena
P. del Faro

Rio di Chiuso
M. Migliara

leuchtenden Farbkleides und die Frage nach dessen Herkunft und Sinn; die Liebhaber wiederum interessierte die Möglichkeit der Beschaffung lebender Tiere sowie deren Pflege und Zucht.

Vor der Insel Capri gelegen und von Weitem her sichtbar

### Santo Stefano ▸ S. 123, d 2

Eine Freitreppe – die kostenlose Alternative zu den überteuerten Logenplätzen der Cafés auf der Piazzetta – führt zur barocken Kirche Santo Stefano mit den vielen Kuppeln, der einstigen Kathedrale Capris aus dem 17. Jh. Seit 1818 ist Capri kein Bischofssitz mehr, aber die Pfarrkirche ist immer noch Ausgangspunkt für Capris Prozessionen. Im Inneren erstaunen die Marmorfußböden im Chorraum und der linken Apsis, der Rosenkranzkapelle: Mit großer Wahrscheinlichkeit stammen sie aus der Villa Iovis.

P.zza Umberto I

### Via Krupp ▸ S. 123, d 2

Von den Gärten des Augustus schlängelt sich ein Weg in acht schmalen Haarnadelkurven 100 m hinunter zur Marina Piccola. Der Industrielle Friedrich Alfred Krupp überwinterte regelmäßig auf Capri und finanzierte die atemberaubende Serpentinengasse, deren Sanierung vor einigen Jahren satte 7 Mio. € kostete.

### Villa Iovis ▸ S. 123, f 1

Tiberius regierte in seinen letzten zehn Regierungsjahren von Capri aus das gesamte Imperium Romanum. Zwölf Villen, eine jede nach einem olympischen Gott benannt, soll sich der greise Kaiser auf der Insel errichtet haben.

Die größte und schönste trug natürlich den Namen des höchsten Gottes, Jupiter (lat. Iovis). Beeindruckende 7000 m² sind auf dem 335 m hohen Monte Tiberio im Nordosten der Insel freigelegt: kaiserliche Thermen und Gemächer, Räume für das Dienst- und Wachpersonal und gewaltige Regenwasserzisternen – der Wasserbedarf für den Betrieb der Thermen war offensichtlich exorbitant.

V.le A. Maiuri, Fußweg ab Piazzetta ca. 1 Std. | Di–So 9–18 Uhr | Eintritt 2 €

## MUSEEN

### Certosa di San Giacomo – Museo Diefenbach ▸ S. 123, e 2

Die Kartause ist das wichtigste Zeugnis in Capris Architektur. Ab 1371 ließ der capresische Graf Giacomo Arcucci, der der angiovinischen Königin von Neapel Johanna I. als Sekretär diente, das mächtige Kloster errichten, in dem er nach einem Zerwürfnis mit der Königin selbst seine letzten Jahre in Abgeschiedenheit verbrachte. Nicht immer verhielten sich die Mönche sehr christlich: Bei Ausbruch der Pest 1656 verschanzten sie sich hinter dicken Klostermauern und erwarben später günstig die Felder der von der Pest Niedergerafften, um zum größten Landbesitzer der Insel aufzusteigen und privilegierte Handelsverbindungen mit dem Verkauf von Wachteln an den Königshof in Neapel zu unterhalten. Im 19. Jh. diente die festungsartige Anlage abwechselnd als Gefängnis, Hospiz und Kaserne. Heute ist sie Staatseigentum und beherbergt eine Schule, eine Bibliothek sowie im ehemaligen Refektorium ein kleines, aber sehenswertes Museum mit dunkel-schwermütigen

Sehen und gesehen werden lautet das ungeschriebene Motto auf der Piazza Umberto I.
(▶ S. 122). Die zahlreichen Bars und Cafés sind wunderbare »Beobachtungsposten«.

Bildern des Deutschen Karl Wilhelm Diefenbach. Der Absolvent der Münchner Kunstakademie lebte nach einer Typhus-Erkrankung ein radikales, von vielen Zeitgenossen als exzentrisch empfundenes Leben im Einklang mit der Natur als Veganer und überzeugter Anhänger der Freikörperkultur. Als »Kohlrabi-Apostel« verspottet, verließ er Deutschland, um sich in Capri anzusiedeln, wo er in Künstlerkreisen bald Anerkennung erhielt. Im großen und kleinen Kreuzgang des ehemaligen Klosters veranstalten die Freunde der Kartause gerne Lesungen, Sommer-

serenaden, Kongresse oder Filmvorführungen. Unterhalb der Anlage führen schattige Wege durch einen kleinen Garten mit schönem Blick auf die Faraglioni-Felsen.

V. Certosa 1 | www.polomuseale campania.beniculturali.it | Mai Di–So 10–18, Juni–Aug. Di–So 10–19, Sept.–Okt. Di–So 10–17, Nov.–Dez. Di–So 9–15 Uhr | Eintritt 4 €, erm. 2 €

### Museo del Centro Caprense »Ignazio Cerio«

Im Palazzo Cerio befinden sich vier Ausstellungsräume mit einer kleinen prähistorischen, geologisch-paläonto-logischen und meereskundlichen Sammlung, die auch Insekten und Fossilien umfasst. Daneben sind einige Fundstücke aus der römischen Kaiserzeit ausgestellt.

P.zzetta Cerio, 5 | www.centrocaprense. org | Mo 10–13, Di, Mi, Fr 10–16, Do, Sa 12–16 Uhr | Eintritt 2,50 €

### ÜBERNACHTEN

**Villa Krupp** ▸ S. 25

**Villa Sarah** ▸ S. 123, f 1

**Ruhig mit großem Garten** – Auf dem Weg zur Villa Iovis liegt zwischen Zitrusfrüchten und Oliven dieses gastfreundliche Haus, das ursprünglich von einem Korrespondenten der »Times« als Privatvilla errichtet worden war. Es gibt einen Pool.

V. Tiberio 3/a | Tel. 0 81 8 37 78 17 | www. villasarahcapri.com | Ende März–Okt. | 19 Zimmer | €€€

### ESSEN UND TRINKEN

**Bar Iovis** ▸ S. 123, f 1

Kurz vor der kaiserlichen Villa des Tiberius liegt diese kleine Aussichtsterrasse mit spektakulärem Panorama über den Golf von Neapel. Die Auswahl an Speisen ist winzig (Sandwiches, Caprese-Salat), aber für einen kleinen Snack zwischendurch oder nach der Besichtigung der Villa Iovis reicht sie allemal.

V. Tiberio 77 | tgl. 11–15 Uhr

**La Capannina** ▸ S. 123, e 2

**Edelrestaurant im Landlook** – Hier haben schon unzählige VIPs die lokale Küche goutiert – und das zu Recht! Die

Die rote Villa Pompeiana in der Via Camerelle wurde 1879 für den deutschen Fabrikanten und Kaufmann Adolf Köttgen erbaut, der auf Capri (▸ MERIAN TopTen, S. 121) lebte.

»ravioli alla caprese« (runde, dicke, mit Frischkäse gefüllte Ravioli) oder die »linguine allo scorfano« sind ein wahres Gedicht!

Die dritte Generation der Gastfamilie betreibt ganz in der Nähe ein gleichnamiges Delikatessengeschäft und versorgt ganz Capri mit dem besten Weinangebot der Insel, das man natürlich auch hier direkt probieren kann, z. B. die capresischen DOC-Weine Punta Vivara, Bordo und den roten Solaro.

Viale del Botteghe, 12 | www.capannina capri.com | mittags und abends, Mi im Winter geschl. | €€€€

### Le Grottelle ▶ S. 123, f 2

**Romantischer geht es kaum!** – Die Taverne liegt teils im Inneren einer Felsgrotte, teils auf Terrassen mit hinreißendem Meeresblick unweit vom Arco Naturale. Besonders bei Vollmond ist es hier zum Träumen schön. Fangfrischer Fisch und Ravioli.

V. Arco Naturale 13 | Tel. 0 81 8 37 57 19 | April–Okt., Mai–Sept. auch abends | €€€

### EINKAUFEN

### Carthusia ▶ S. 41

### Kiton ▶ S. 123, e 2

Das altgriechische Wort für ein festliches Kleid war Ciro Paone gerade gut genug als Markenname für seine hochfeine Kollektionsmanufaktur. Rund 200 Schneider nähen in Arzano, etwa 9 km nördlich von Neapel, von Hand die feinen Stoffe »con tanto amore e un pizzico di fantasia«, wie der berühmteste Couturier Neapels mit Büros in New York und Mailand betont. Er kleidet nicht nur Könige, Prinzen und Industrielle ein. Jeder kann bei ihm seine individuellen Maße und speziellen Wünsche angeben.

P.zzetta di Capri | www.kiton.it

### La Parisienne ▶ S. 123, e 2

Jacqueline Kennedy Onassis bestellte sie gleich im Dutzend: die legendäre weiße Caprihose. Clark Gable hingegen bevorzugte die Bermudas bunt, und so ist die Mode bis heute geblieben: frisch, sommerlich, bunt und edel. Seit 1906 am Platz vertreten.

P.zza Umberto I. | www.laparisienne capri.it

### ◎ ANACAPRI ▶ S. 123, b/c 1/2

ca. 6800 Einwohner

Provinzieller – die stolzen Bewohner des Hauptorts Capri meinen gar hinterwäldlerisch – gibt sich Anacapri, das sich jenseits der Felswand des Sonnenbergs Monte Solaro ausbreitet. Das Misstrauen zwischen den beiden Ortschaften erklärt sich auch aus der Geografie: Viele Jahrhunderte lang gab es als Hauptverbindungsweg einzig und allein Hunderte steile Stufen – die sogenannte Phönizische Treppe »Scala Fenicia« –, die eigentlich nur konditionierte Wanderer erklimmen können.

5 km westl. von Capri

### SEHENSWERTES

### Chiesa di San Michele ▶ S. 123, c 1

Die Rokokokirche wird auch Kirche des irdischen Paradieses genannt, nach dem prächtigen Majolikafußboden mit der Vertreibung von Adam und Eva aus dem Paradies. Viele exotische Tiere hat der abruzzische Majolikenmeister Leonardo Chiaiese abgebildet: Da tummeln sich Elefanten, Affen, Kamele und Einhörner!

# **W**ollen Sie's wagen?

*Nach ihrer Restaurierung ist die Phönizische Treppe wieder gefahrlos begehbar und endet an der »Porta della Differenza«, dem antiken Tor der Zitadelle von Anacapri, so benannt wegen der Rivalität zwischen Capresen und Anacapresen. Begeben Sie sich – bei guter Kondition! – auf die historischen Stufen und genießen Sie die unübertroffene Aussicht über das in der Sonne glitzernde Meer!*

P.zza S. Nicola | April–Sept. 9–19, Okt.–März 9–14 Uhr, Schließung im Winter mögl. | Eintritt 2 €

## Grotta Azzurra    ▶ S. 123, b 1

Der Breslauer August Kopisch und der Heidelberger Ernst Fries machten 1826 den Anfang: Sie durchschwammen als Erste die den Einheimischen längst bekannte und sagenumwobene, aus allerlei Furcht und Aberglauben aber strikt gemiedene Grotte an der Nordwestseite der Insel. Begleitet wurden sie dabei von ihrem Wirt Giuseppe Pagano, seines Zeichens Notar und ausgezeichneter Kenner Capris, und dem Fischer

### Aussicht zum Träumen    6

Ein herrlicher Spaziergang durch Obst- und Gemüsegärten führt bis zum Belvedere di Migliera auf hohen Felsklippen. Genießen Sie den Blick auf die Punta Carena und die Faraglioni-Felsen – das ist Capri zum Verlieben (▶ S. 14)!

Angelo. Durch Eintrag in Paganos Gästebuch und der anschließenden ausführlichen Publikation des Berichts der »Entdeckung der Blauen Grotte auf der Insel Capri« verhalfen sie Capri zum internationalen Durchbruch. Seither ist viel geschehen – die Grotte alleine zu durchschwimmen ist vormittags, wenn die Sonne in die Öffnung scheint, unmöglich und nur noch romantische Erinnerung, ihre touristische Vermarktung ist mittlerweile ebenfalls legendär. Zur Zeit des Kaisers Tiberius wurde die Grotte als Nymphäum genutzt, heute ist sie an Tagen mit wenig Seegang von unzähligen Kleinbooten bevölkert. Man erreicht die Grotte entweder von der Marina Grande aus mit einem Ausflugsboot oder zu Fuß aus Anacapri. Vom Ausflugsboot steigt man um auf ein Ruderboot.

V. Grotta Azzurra | tgl. 9 Uhr bis 1 Std. vor Sonnenuntergang | Ausflugsboot 13 €, Ruderboot 8,50 €, Eintritt Grotte 4 € | Trinkgeld für Bootsführer!

## Monte Solaro     ▶ S. 123, c 2

Die zwölfminütige Fahrt auf Capris höchste Erhebung (589 m) mit der »seggiovia«, der Sesselbahn, ist vor allem ein Erlebnis mit Kindern! Von der Aussichtsterrasse grüßt eine Statue des Kaisers Tiberius. Hier kann man schön rasten und den großartigen Rundblick genießen, der bei klarem Wetter bis ins Cilento reicht. Gut beschuht schafft man den Weg zurück durch Weinberge und Gärten in einer Stunde.

Talstation der Sesselbahn: V. Caposcuro 10 | März–April tgl. 9.30–16, Mai–Okt. tgl. 9.30–17, Nov.–Feb. tgl. 9.30–15.30 Uhr | Ticket für Hin- und Rückfahrt 11 €, einfache Strecke 8 €

Kaiser Tiberius liebte Capri – als Statue darf er tagtäglich von der Aussichtsterrasse des Monte Solaro (▶ S. 128) grüßen und das umwerfende Panorama genießen.

## Villa San Michele ▶ S. 123, c 1

Der schwedische Arzt und Schriftsteller Axel Munthe (1857–1949) erbaute diese großartig gelegene Villa, indem er ein altes Bauernhaus und eine dem Erzengel Michael geweihte Kapelle umgestaltete. Munthe war ein überaus erfolgreicher Arzt, der in Paris, Rom und Stockholm praktizierte und seit 1908 als Leibarzt der schwedischen Königin Victoria im Dienste war. Schließlich kehrte er den europäischen Großstädten und seinen Hysterikern den Rücken, um sich auf Capri niederzulassen. Frei nach dem Prinzip »So viel Luft und Sonne wie nur möglich« gebaut, errichtete er bei seiner Villa ein Vogelschutzgebiet und begründete eine Kunstsammlung – ein schmuckes Sammelsurium, das er in seinem Weltbestseller »Das Buch von San Michele« beschrieb. Seit 1950 verwaltet eine schwedische Stiftung die Villa und fördert durch Veranstaltungen und Stipendien den schwedisch-italienischen Kulturaustausch.

V.le A. Munthe 34 | www.villasan michele.eu | Nov.–Feb. tgl. 9–15.30, März tgl. 9–16.30, April, Okt. tgl. 9–17, Mai–Sept. tgl. 9–18 Uhr | Eintritt 7 €

## ÜBERNACHTEN

### Da Gelsomina ▶ S. 123, b 2

**Weitab vom Rummel** – Zum Frühstück wird frisches Obst aus dem eigenen Garten aufgetischt, der Pool wird auch Kinder begeistern. Zum Hotel gehört ein Familienrestaurant mit gutem Hauswein. Berauschend schön ist der Blick aus den Zimmern, »wenn bei Capri die rote Sonne im Meer versinkt«.

V. Migliara 72 (ca. 25 Min. Fußweg aus Anacapri) | Tel. 0 81 83 71 4 99 | www.dagelsomina.com | Ostern–Ende Okt. | 7 Zimmer | €€

**Im Park der Philosophen** 7

Kurz vor dem Belvedere di Migliara laden im Parco filosofico Zitate berühmter Philosophen auf Fels- und Majolikatafeln zum Nachdenken ein. Besser lässt sich ein Spaziergang in der roten Abendsonne Capris nicht begleiten (▶ S. 14)!

### Villa Eva ▶ S. 123, b 1

**Im Grünen** – Ein bodenständiges Hotel mit schönem, großem Garten und Swimmingpool mit Snackbar (Sandwichs, Salate, lokale Spezialitäten und Cocktails). Auf dem Weg zur Blauen Grotte gelegen.

V. la Fabbrica 8–16 | Tel. 08 18 37 15 49 | www.villaeva.com | 10 Zimmer | €€€–€€€€

## ESSEN UND TRINKEN

### Add' ò Riccio ▶ S. 123, b 1

**Fisch bei der Grotte** – Riccio heißt eigentlich Seeigel, und die gibt es hier manchmal auch, neben vielen anderen Meeresfrüchten und köstlichen Fischen. Das Restaurant, benannt nach dem Fischer, der einst bei der Entdeckung der Blauen Grotte mit dabei war, liegt gleich bei eben dieser. Von der Terrasse hat man Ausblick auf das eigenwillige Treiben vor der Grotte, von dem man doch unberührt bleibt.

V. Grotta Azzurra (Ende) | Tel. 0 81 8 37 13 80 | März–Okt. mittags, im Sommer an den Wochenenden auch abends geöffnet | €€€

### La Taberna degli amici ▶ S. 123, c 2

**Lecker und günstig** – Kein Schnickschnack, sondern einfache, schmackhafte Gerichte: Pasta, Fisch und Fleisch. Zentral gelegen und immer gut besucht.

V. Rio Caprile 5 | Tel. 08 18 37 04 75 | €

## EINKAUFEN

### L'Arte del Sandalo Caprese ▶ S. 123, c 1

Sandalenmeister Antonio Viva kreiert wahre Kunststücke an Damenfüßen: Die Sandalen tragen die Namen griechischer Götter oder europäischer Königinnen, und so fühlen sie sich auch an. Alle Sandalen werden in Handarbeit aus Leder vor Ort gearbeitet.

V. Giuseppe Orlandi 75 | www.sandalocaprese.it

### Limoncello di Capri ▶ S. 123, c 1

Für den berühmten Zitronenlikör wird die äußere gelbe Schale hauchdünn geschält und zieht in hochprozentigem Alkohol, bevor der Alkohol mit Zuckersirup vermischt wird. Jede Familie kennt ihr eigenes Rezept – auf Capri ist der Likör zu Hause!

V. Capodimonte 27 | www.limoncello.com

# ISCHIA

A 4/5

62 000 Einwohner
Inselplan ▶ S. 133

Etwa 5 Mio. Gäste, darunter eine halbe Mio. Deutsche und immer mehr Russen, verbringen ihren Urlaub auf der größten und grünsten Insel im Golf von Neapel, viele davon sind Stammgäste. Kuren, Wandern, Baden: Ischia tut Seele und Körper gut! Die Kanzlerin macht es vor: Frau Merkel verbringt immer wieder ihren Frühlingsurlaub im Miramare Sea Resort & Spa im einstigen Fischerdorf Sant'Angelo.

Ihre Entstehung verdankt die Insel einem unterirdischen Vulkan. Die therapeutische Nutzung der Thermalmineralwasserquellen schätzten bereits die Römer. Über 100 Thermalquellen unterschiedlicher Temperaturen sprudeln auf Ischia. Da das Trinkwasser hingegen knapp ist, wird es durch eine unterirdische Leitung vom Festland auf die Insel geleitet.

Rund um den höchsten Berg Monte Epomeo (789 m) gruppieren sich im Uhrzeigersinn die sechs recht unterschiedlichen Gemeinden Ischia (Porto und Ponte), Barano, Serrara Fontana, Forio, Lacco Ameno und Casamicciola. Zur Inselerkundung empfiehlt sich ein dreirädriges Mikrotaxi, mit dessen Fahrer man vorher einen Preis ausmacht. Auch mit den öffentlichen Bussen wird man sich auf Ischia schnell zurechtfinden.

## Ziele auf Ischia

### ◎ ISCHIA PORTO UND ISCHIA PONTE
▶ S. 133, c 1 und c 2

Der quirlige Hafen verdankt seinen Aufstieg zum Hauptort der Insel dem

Auch abends kann man in der kleinen Bucht Cartaromana bei Ischia Ponte (▶ S. 131) dank heißer Quellen, die das Meer erwärmen, ein warmes Bad nehmen.

Bourbonenkönig Ferdinand II. Er ordnete 1853 die Öffnung und Aushebung des einstmals kreisrunden Kratersees zum Meer hin an, worauf die Insel dieses perfekte Entrée erhielt.

Auf der sog. »rive droite«, der östlichen und ruhigeren Seite des sonst sehr belebten Hafens, konzentrieren sich Restaurants, Eisdielen und Bars. Nur durch einen Pinienwald getrennt ist der Ortsteil des ursprünglicheren Ischia Ponte 🚼. Hier wurden Teile von »Cleopatra« mit Elizabeth Taylor und Richard Burton gedreht. Über allem thront das weithin sichtbare, mächtige Castello Aragonese, das sich über einer Felsenklippe ausdehnt.

## SEHENSWERTES

### Castello Aragonese ▶ S. 133, c 2

Das Kastell mit Kirchen, Wohnbauten, Werkstätten, militärischen Anlagen und Geschäften wurde unter Alfons von Aragon im 15. Jh. errichtet und diente jahrhundertelang den Ischitanern als Zufluchtsort – zeitweise lebten Tausende Menschen auf dem Felsen. Es war 1509 Schauplatz der Jahrhunderthochzeit zwischen der späteren Dichterin Vittoria Colonna, einer der schillerndsten Frauen der Renaissance, und dem adligen Feldherrn Fernando Francesco d'Avalos. Noch Jahre nach dessen tödlicher Verwundung hielt die Colonna einen glänzenden Hof auf dem Kastell, zu dessen illustren Besuchern auch ihr Freund Michelangelo, Ariost und Bembo gehörten.

Erst 1823 wurden die letzten Bewohner von der Burginsel vertrieben und das Kastell zum Gefängnis degradiert – ein nicht seltenes Phänomen auf italienischen Inseln.

Das Kastell ist seit Anfang des 20. Jh. im Privatbesitz, kann aber besichtigt werden. Schauerlich ist das Klarissinnenkonvent mit dem Nonnenfriedhof: Auf den steinernen Sitzen vertrockneten und verwesten die verstorbenen Nonnen vor ihren über den Tod kontemplierenden Schwestern, bis ihre Überreste in die Löcher fielen. Die Burgkathedrale der Hl. Assunta wurde 1809 von Nelsons Flotte bombardiert und ist seither eine pittoreske Ruine; in der Krypta entdeckt man Reste der Freskenbemalung aus Giottos Schule.

Ponte, P.zzale Aragonese | www.castello aragonese.it | tgl. 9 Uhr bis 1 Std. vor Sonnenuntergang | Eintritt 10 €, Kinder 6 €

## MUSEEN

### Museo del Mare 🚼 ▶ S. 133, c 2

Echte und verhinderte Seefahrer, Segler, Fischer und Angler werden begeistert sein: Auf drei Etagen locken Navigationsinstrumente, Schiffsmodelle, Seekarten, Muscheln und alte Fotos in einem historischen Palazzo.

Ponte, Palazzo dell'Orologio Via Luigi Mazzella 7 | www.museodelmareischia. it | tgl. 10.30–12.30, 15–19, Juli und Aug. 10.30–12.30, 18–22, Nov.–März 10.30– 12.30 Uhr, Feb. geschl. | Eintritt 2,75 €

## ÜBERNACHTEN

### Mare Blu Terme ▶ S. 133, c 1

**Gepflegt** – Hotel mit zwei Schwimmbecken, davon eines mit Thermalwasser, das täglich neu befüllt wird. Schöner Blick auf das Castello Aragonese, Procida und Vivara.

Ponte, V. Pontano 36 | Tel. 0 81 98 25 55 | www.hotelmareblu.it | 43 Zimmer | Mitte April–Okt. | €€€

## Ischia

Villa la Colombia –
Museo Luchino Visconti
La Mortella
Baia di
San Montano
Punta
d. Scrofa
Procida
Spiaggia di
San Francesco
Terme Negombo
Villa
Arbusto
Lacco
Ameno
San
Francesco
Fango
Casamicciola
Terme
Fondo d'Oglio
181
-Porto
Ischia-
S. Maria del
Soccorso
San Vitello
Maio
Forio
Monterone
Santa Maria
del Monte
San Michele
-Ponte
Sant'
Antuono
Giardini di
Villa Ravino
Monte Epomeo
787
Santa
Anna
Castello
Aragonese
Capizzo
San Nicola
San Michele
Marina
dei
Pescatori
Giardini
di Poseidon
San Domenico
Fiaiano
San Antuono
Campagnano
Spiaggia
di Citara
Grotta
del Vino
Fontana
Ciglio
Piedimonte
Monte
di Vezzi
395
Torri di
Sopra
La Pietra
Serrara
Buonopane
Sorgente
Nitruoli
Molara
Piano
Liguori
Panza
Barano
Madonna di
Montevergine
Grotta del
Mavone
Succhivo
Vate-
liero
Testaccio
Spiaggia
dei Maronti
Capo
Negro
Sant'
Angelo
Capo
Grosso

*Tyrrhenisches Meer*

N

0       3 km

© MERIAN-Kartographie

### B&B La Marticana    ▶ S. 133, c 1

**Freundlicher Empfang** – Mittendrin und doch eine grüne Oase. Ein charmantes Hotel als guter Ausgangspunkt, um die Insel und die Umgebung zu erkunden.

Porto, V. Quercia 48/50 │ Tel. 0 81 33 44 31 │ www.lamarticana.it │ 13 Zimmer │ €–€€

### ESSEN UND TRINKEN

### Da Emiddio    ▶ S. 133, c 1

**Einfach und lecker** – Alteingesessenes Lokal, abends Holzofenpizza.

Porto, V. Porto 24 │ Tel. 0 81 99 24 32 │ April–Nov. │ €

### Bar Calise    ▶ S. 133, c 1

**Famos!** – Die bekannteste Konditorei auf Ischia mit mehreren Filialen ist eine Versuchung wert! Über 50 Torten sind im Angebot, sehr gutes Eis. Im Sommer kann man sich hier im »Calise no stop« rund um die Uhr mit Hörnchen, Snacks und Drinks versorgen.

Porto, P.zza degli Eroi 69 │ www.barcalise.com │ €–€€

### EINKAUFEN

Die Shoppingmeile mit vielen Modegeschäften Ischias liegt in Porto in der Via Roma und der Fußgängerzone Corso Vittoria Colonna.

## ◎ SERRARA FONTANA MIT SANT'ANGELO ▸ S. 133, b 2

Ca. 3100 Einwohner

Das einstige Fischerdorf Sant'Angelo und Ortsteil von Serrara Fontana ist heute ein exklusives und wunderschönes Urlaubsresort, nicht erst seit die deutsche Bundeskanzlerin ihren Osterurlaub hier verbringt. Die vielen Treppengänge, die herrliche Lage im Süden der Insel, schmale, autofreie Wege und die pastellfarbenen Häuser zogen schon immer viel Prominenz an: Sophia Loren und Pablo Neruda gehörten dazu.

Ähnlich wie Ischia Ponte ist dem Ort ein Felsmassiv vorgelagert, die Halbinsel La Roia mit ihrem markanten Aragonesenturm. Badefreuden erlebt man im berühmten Thermalgarten »Aphrodite-Apollon« oder den umliegenden Stränden. Als Ausgangspunkt für ausgedehnte Wanderungen auf dem Monte Epomeo bieten sich die Ortsteile Serrara und Fontana an, der höchstgelegene Ort der Insel.

11 km südwestl. von Ischia Porto

### SEHENSWERTES

#### Belvedere von Serrara ▸ S. 133, b 2

Der Balkon Ischias bietet einen klassischen Blick mit Schirmpinie auf die südliche Küste und Sant'Angelo. Kaum einer verirrt sich in die Gassen des oberen Ortsteils, ein hübscher Kontrast zur stark frequentierten Piazza!

Serrara | P.zza Pietro Paolo Iacono

#### Monte Epomeo ▸ S. 133, b 2

Der Hausberg Ischias gehört aufgrund seines Gipfelpanoramas zu den bevorzugten Ausflugszielen. Den direkten Aufstieg durch abwechslungsreiche Landschaft schaffen auch ungeübte Wanderer. Dort wird man an klaren Tagen mit einem atemberaubenden Panorama weit über den Golf von Neapel belohnt. Seit dem 15. Jh. steht hier die Einsiedelei San Nicola. Ebenfalls auf dem Gipfel gibt es heute eine in den Fels geschlagene Gastwirtschaft mit Zimmervermietung.

Wanderung von Fontana aus in ca. 45 Min. bis zum Gipfel

### ÜBERNACHTEN

#### Tenuta Villa Tara ▸ S. 133, a 3

**Familiärer Empfang** – Das ehemalige Landgut liegt in einem großen Agrumen- und Olivengarten mit Pool, etwas außerhalb von Sant' Angelo. Shuttleservice zur Ortsmitte.

Sant'Angelo | Ortsteil Succhiveo | Tel. 0 81 90 84 70 | www.villatara.it | 13 Zimmer | €€

## Wollen Sie's wagen?

*Im Meer im Winter baden – das ist auf Ischia möglich an der Spiaggia di Grado bei Sant'Angelo, im Süden der grünen Insel. Der schwarze Sand wird an manchen Stellen von Fumarolen (Dampfaustrittsstellen vulkanischen Ursprungs) erhitzt. So mancher baut sich dann mittels Plastikplanen eine Art Dampfsauna, die einem so sehr den Schweiß auf die Stirn treibt, dass man sich gerne auch im tiefen Winter im Meer abkühlt. Ein wenig weiter, an der Spiaggia dei Maronti, erwärmen untermeerische Thermalquellen das Meer, man muss nur schwimmend herausfinden, wo genau …*

Das Fischerdorf Sant'Angelo (▶ S. 134) auf Ischia ist für Autos komplett gesperrt. Es ist auch bei Prominenten und Politikern ein beliebter Urlaubsort.

## ESSEN UND TRINKEN

### Ristorante di Nicola Le Fumarole
▶ S. 133, b 2

**Saunen, Baden, Essen in einem!** – Zur kleinen Taverne am Strand gesellt sich ein Naturwunder aus Sauna und Tauchbecken, das den Appetit vorbereitet. Lucias Gerichte sind simpel und aromatisch, überzeugend die mit Parmesan überbackenen Auberginen. Laufen Sie unterhalb des Thermalparks »Afrodite e Apollo« hinunter an den herrlichen Strand.

Barano | Maronti-Strand | Tel. 0 81 99 97 80 | nur mittags | April–Okt. | €€€

### Da Pasquale
▶ S. 133, a 3

**Unkompliziert und rustikal** – Seit 30 Jahren bietet die Familie Iacono Pizza aus dem Holzofen ganz in der Nähe des Hauptplatzes. Stammkundschaft, Familien und junges Publikum.

Sant'Angelo | V. Sant Angelo 79 | Tel. 0 81 90 42 08 | www.dapasquale.it | April–Nov. und Silvester | €

### ◎ CASAMICCIOLA TERME ▶ S. 133, c 1
Ca. 8100 Einwohner

Im ältesten Kurort der Insel kurierte die Haute Volée der europäischen Aristokratie und Politik ihre Zipperlein, bis

1883 ein schweres Erdbeben dem bunten Treiben ein jähes Ende bereitete. Schnell rappelte sich der geschäftige Betrieb wieder auf und ist mit dem Ortsteil Bagni heute der Hauptkurort der ganzen Insel. Dort liegen auch die meisten Hotels mit weitem Blick aufs Meer. Berühmt sind die Quellen La Rita (mit 94 °C eine der heißesten Thermalquellen Ischias), heute leider eine baufällige Anlage, und Gurgitello. In der Fußgängerzone der Piazza Marina lässt man sich gerne im Café Calise nieder, um den Passanten zuzuschauen. In einer Stunde erreicht man den 266 m hohen, erloschenen Vulkankrater Fondo d'Oglio mit mehreren gut ausgeschilderten Naturpfaden.

8 km westl. von Ischia Porto

## ÜBERNACHTEN

**Tenuta Pera di Basso** 🧑‍🦱 ▸ S. 25

## ESSEN UND TRINKEN

**Il Focolare** ▸ S. 29

## EINKAUFEN

**Fratelli Mennella**       ▸ S. 133, b 1

Schon vor Ankunft der alten Griechen stellte man Keramik auf Ischia her. Dieses Familienunternehmen ist stolz auf seine ununterbrochene Produktion von Kacheln, Vasen, Kitsch und Kunst seit 1505.

V. Salvatore Girardi 47 | www.mennella.it

## ◎ FORIO       ▸ S. 133, a 1
Ca. 16 700 Einwohner

Die Westküste ist der Garten Ischias: An den Ausläufern des Epomeo gedeihen Obst und Reben, hier konzentrieren sich die Pauschalurlauber aus Deutschland. Sie schätzen das hübsche Hafenstädtchen mit seinen Kirchlein und den zum Schutz gegen den befürchteten Ansturm der Osmanen im 15. und 16. Jh. errichteten Wehrtürmen.

12 km westl. von Ischia Porto

## SEHENSWERTES

**Giardini Ravino**       ▸ S. 133, a 2

Ein Kakteen- und Sukkulentengarten mit vielen weiteren exotischen und mediterranen Pflanzen auf 6000 m², der auf den Hobbybotaniker und Meeresumsegler Giuseppe D'Ambra zurückgeht. In der Lounge-Bar treten im Sommer manchmal Musiker auf. Zum Garten gehört eine Ferienwohnanlage.

V. Provinciale Panza 140b | www.ravino. it | März–Nov. Mo, Mi, Fr–So 9 Uhr bis Sonnenuntergang | Eintritt 9 €, erm. 4 €

**La Mortella**       ▸ S. 133, a 1

Nördlich von Forio im Ortsteil San Francesco liegt einer der schönsten Gärten Italiens. Er ist das Werk des englischen Komponisten William Walton und seiner Frau Susanne, die ab Ende der 1940er-Jahre mithilfe des genialen Gartenarchitekten Russel Page einen Steinbruch in ein Pflanzenparadies verwandelten. Teiche, Wasserläufe, ein Teehaus und ein asiatischer Tempel sind in den Traumgarten perfekt integriert. Walton hat die Krönungshymne für Königin Elisabeth II. komponiert und schöpfte aus diesem Garten Kraft und Inspiration. Ein besonderes Erlebnis sind die musikalischen Veranstaltungen im griechischen Theater im Sommer.

Zaro, V. F. Calise 39 | www.lamortella. org | April–Okt. Di, Do, Sa, So 9–19 Uhr | Eintritt 12 €, erm. 10 €, Kinder unter 12 J. 7 €, Kinder unter 5 J. frei

**Santa Maria del Soccorso**  ▶ S. 133, a 1

Die schneeweiße Seefahrerkirche ist das Wahrzeichen von Forio. Im Inneren sieht man kleine Segelschiffmodelle, die von Matrosen und Kapitänen als Dankesgabe hier abgelegt wurden. Die Kirche ist ein beliebter Treffpunkt, um den spektakulären Sonnenuntergang zu erleben.

V. del Soccorso | westl. der Innenstadt direkt am Meer gelegen

**MUSEEN**

**Museo Civico del Torrione**  ▶ S. 133, a 1

Im Obergeschoss des gut erhaltenen Verteidigungsturms sind Werke des lokalen Dichters und Bildhauers Giovanni Maltese (1852 bis 1913) ausgestellt, der einst den Turm bewohnte. Darunter finden wechselnde Ausstellungen lokaler Künstler statt.

V. del Torrione | www.iltorrioneforio.it | April–Okt. Di–So 10–12.30 und 19–22.45, Nov.–März Di–So 9.30–12.30 und 17–20 Uhr | Eintritt 2 €

**Villa La Colombaia**  ▶ S. 133, a 1

Die abgeschiedene Villa in einem Wäldchen auf der Halbinsel Zaro diente einst dem Filmregisseur Luchino Visconti als Sommeraufenthalt. Nach seinem Tod war sie jahrelang aufgegeben und dem Verfall überlassen, bis sie von der Gemeinde Forio erworben wurde. Sie errichtete eine Stiftung und ein sehenswertes Visconti-Museum. Leider ist die Finanzierung nicht gesichert. Seit 2003 ruht die Asche des 1976 verstorbenen Grandseigneurs im Garten der Villa.

V. F. Calise 130/Bosco dello Zaro | Wiedereröffnung ungewiss

Steil über dem Meer ragt Forios Wahrzeichen, die Wallfahrtskirche Santa Maria del Soccorso (Kirche der Zuflucht, ▶ S. 137), auf. Sie diente Seefahrern als Orientierungspunkt.

## ÜBERNACHTEN

### Pension Di Lustro ▶ S. 133, a 1

**Für Literaturliebhaber** – Truman Capote schrieb hier seinen erst posthum erschienenen Roman »Summer Crossing«, und beim Eintreten in die kleine Pension scheint immer noch der Geist des Schriftstellers durch die Räume zu schweben. Die gute Seele des Hauses ist Signora Gioconda, die mithilfe ihrer beiden Söhne jeden Gast verwöhnt. Einfach ausgestattete, aber großzügige Zimmer.

V. Filippo Di Lustro 9 | Tel. 0 81 99 71 63 | 9 Zimmer | € (mit HP €€)

### Residence Le Vigne ▶ S. 133, a 1

**Strand zum Greifen nah** – Blühende kleine, im mediterranen Stil angelegte Bungalowanlage. Nur 2 km vom Zentrum Forios und 30 m zum Chiaia-

Strand. Funktional eingerichtete Studios und Apartments. In 20 Fußminuten erreicht man die Poseidonthermen.

V. Fortino 19 | Tel. 33 31 97 25 26 | www.residencelevigne.it | 9 Zimmer und Apartments | €

### Villa Ravino ▶ S. 133, a 2

**Sehr gepflegt** – Direkt über dem ausgedehnten Sukkulenten-Park liegen die gut ausgestatteten Ferienapartments der Familie D'Ambra.

V. Provinciale Panza 140b | Tel. 0 81 99 77 83 | www.ravino.it | März–Nov., wochenweise | 12 Apartments | €

## ESSEN UND TRINKEN

### La Casereccia ▶ S. 133, a 1

**Essen wie bei Muttern** – dafür sorgt Mamma Tina, die auch Kochkurse or-

Die Strände von Lacco Ameno (▶ S. 139) im Norden Ischias gehören zu den schönsten der ganzen Insel. Dieser liegt nur wenige Meter vom Zentrum entfernt.

ganisiert. Sie zaubert Schwertfisch, die »gnocchi alla sorrentina« sind ebenso gut wie die Antipasti. Ausgezeichnetes Preis-Leistungs-Verhältnis.

V. Baiola 195 | Tel. 0 81 98 77 56 | www. lacasereccia.com | April–Okt., mittags und abends | €

## EINKAUFEN

### Antica Fabbrica di Cosmetici
▶ S. 133, a 2

Der Sitz der weltweit erfolgreichen Naturkosmetik-Firma »IschiaThermae« ist in Forio. Sie vertreibt Pflegeprodukte unter Verwendung des wertvollen Thermalschlamms, der hautreinigende und beruhigende Eigenschaften besitzt.

V. Monsignor Filippo Schioppa 17

### Weingut Casa d'Ambra und Museo Contadino
▶ S. 133, a 2

Die Kellerei hat in den letzten Jahrzehnten den Sprung in die internationale Liga der Klasseweine geschafft, indem man auf einheimische Rebsorten setzte: Der Frassitelli entstammt den Biancolella-Trauben am Monte Epomeo. Der Vigna Cimentorosso aus der Forastera-Rebe ist ein würziger, gut zu Bruschetta passender Roter. Zur Kellerei gehört auch ein Museum, das die Geschichte der ischitanischen Weinproduktion erzählt. Verkauf, Führungen und Weinprobe.

V. Mario d'Ambra, Panza | www.dambra vini.vom

### Weingut Pietratorcia
▶ S. 133, a 2

Hier kann man Weine verkosten, dazu gibt es Käse und Salami. Wem der Wein gemundet hat, der kann diesen ohne Zwischenhändler direkt in der Kellerei kaufen. Angeschlossen ist ein hervorragendes Restaurant.

V. Provinciale Panza 267 | Tel. 0 81 90 72 32 | www.pietratorcia.it | April– Nov., in der Saison und ansonsten an den Wochenenden bis spät abends

## ◎ LACCO AMENO
▶ S. 133, a 1

Ca. 8100 Einwohner

Der hübsche Ort am Fuß des Monte Vico trägt den Namen »liebliche Ebene«. Hier landeten vor 2800 Jahren Griechen aus Euböa. Im Gepäck hatten sie auch die Olive und die Rebe – welch wunderbare Kombination! Beides gedeiht seither prächtig auf dem fruchtbaren Vulkanboden. Der Verleger und Filmproduzent Angelo Rizzoli lockte in den 1950er-Jahren den internationalen Jetset an, der sich längst nach Capri abgesetzt hat. Am Osthang treten heiße radonhaltige Quellen zutage, und im Bergdorf Fango wird der weltberühmte Heilschwamm geschöpft. Das Wahrzeichen Laccos ist der Fungo, der wie ein großer Pilz als Tuffsteinblock aus dem Meer herausragt.

9 km nordwestl. von Ischia Porto

## MUSEEN

### Museo archeologico e Scavi Santa Restituta
▶ S. 133, a 1

Auf den Resten einer frühchristlichen Basilika entstand die mittelalterliche Kirche der afrikanischen Märtyrerin, deren Leichnam unversehrt in einem Boot an den Strand von Lacco gespült wurde und die seither die Schutzheilige des Ortes ist. Das Gotteshaus wurde beim Erdbeben von 1883 zerstört und danach in klassizistischer Manier neu errichtet. Eine so lange Entstehungsgeschichte weckte das Interesse der Archäologen, die mit tatkräftiger Hilfe des Gemeindepfarrers sogar noch griechische Spuren entdeckten. All dies kann man auf zwei Etagen erkunden.

P.zza S. Restituta | Mo–Sa 9.30–12.30, 16.30–18, So 9.30–12.30 Uhr | Eintritt 3 €, erm. 1 €

### Villa Arbusto mit archäologischem Museum von Pithecusae ▶ S. 133, a 1

Das Museum beherbergt mit Fundstücken aus der Bronzezeit bis zur Römerzeit das Lebenswerk des deutsch-italienischen Archäologen Giorgio Buchner, der über 1000 Grabstellen auf Ischia untersuchte. Das sensationellste Ausstellungsstück ist der sog. Nestorbecher, der aufgrund seiner griechischen Inschrift die Aufmerksamkeit der Altphilologen erregte: »Von Nestor ist der schöne Becher, aus dem es sich angenehm trinkt … wer aus ihm trinkt, der wird zugleich von der Sehnsucht nach Aphrodite mit der schönen Krone erfasst.« Es handelt sich bei diesem Zitat um nichts weniger als die älteste erhaltene schriftliche Fassung homerischer Verse aus der Zeit der Entstehung der Dichtung um 750 v. Chr.

Weitere Prunkstücke sind der sog. Schiffbruchteller und ein euböischer Krater aus dem 8. Jh. v. Chr. Der Besuch des Museums lohnt auch wegen seines wunderschönen Gartens, in dem Pflanzen aus allen Erdteilen wie Jacaranda-Bäume, Bougainvilleen, Agaven und Strelitzien gedeihen. Dem westlichen Erdbeerbaum (arbutus unedo) verdankt die Villa ihren Namen.

Corso A. Rizzoli 210 | www.pithecusae. it | Di–So 9.30–12.30, 15.30–17, im Sommer bis 19 Uhr | Eintritt 5 €, erm. 3 €, Schüler und Studenten 1 €

### ÜBERNACHTEN

**Grazia Terme** ▶ S. 133, b 1

**Eine Ruheoase!** – Inmitten eines 15 000 m² großen Parks mit üppiger Vegetation bietet dieses komfortable Haus in Panoramalage Kuranwendungen und ausgezeichneten Service.

Ortsteil Fango, V. Borbonica 2 | Tel. 0 81 99 43 33 | www.hotelgrazia.it | 70 Zimmer | €€€

### ESSEN UND TRINKEN

**Mamma Teresa** ▶ S. 133, b 1

**Einfach und gut** – Gute Landkost mit schönem Ausblick von der Terrasse auf Lacco. Auch Zimmervermietung.

V. Fango 1 | Tel. 0 81 99 59 35 | €€

# PROCIDA ⚑ B 4

10 580 Einwohner
Inselplan ▶ S. 141

Das wenig bekannte Eiland, das geologisch zu den Phlegräischen Feldern (▶ S. 164) gehört und also vulkanischen Ursprungs ist, ist mit nur 4 km² Fläche die kleinste der drei Inseln im Golf von Neapel, aber die am dichtesten besiedelte. Sie besteht eigentlich nur aus dem gleichnamigen Hauptort und ein paar Stränden und Anlegestellen. Die Insel ist – im Gegensatz zu Ischia und Capri – fest in italienischer Hand: Viele Neapolitaner schicken ihre Kinder in den Schulferien zu Freunden und Verwandten nach Procida. Vergebens sucht man große Hotelkomplexe, doch die Auswahl an Ferienwohnungen ist groß. Man kann die Insel in kurzer Zeit zu Fuß durchqueren, weshalb sich Procida vor allem als Tagesausflug von Pozzuoli, Ischia oder Neapel aus anbietet. Nehmen Sie unbedingt Ihre Badesachen mit!

Procida

Tyrrhenisches

Meer

Punta di Pioppeto

Capo Bove

Punta Ottimo

Pozzovecchio

Punta Serra

Starza

Marina Grande

Madonna d. Pietà

Via Roma

Sancio Cattolico

Terra Murata

SS. Annunziata

Via SS. Marcello Scotti

Via Salit Castello

Abbazia di San Michele Arcangelo

Ciraccio

Spiaggia di Ciraccio

Via Salette

Via Emanuele

Corricella

Belvedere

Grotta d. Bove Marino

Via Giovanni

Via Lavadera

L'Olmo

Ciracciello

Spiaggia di Ciracciello

Punta Capitello

Chiaiolella

Via Solchiaro

Centane

Tyrrhenisches

Meer

Punta di Pizzaco

Isola Vivara

Punta d. Palombara

Solchiaro

Grotta del Petrone

Punta Solchiaro

Punta di Mezzogiorno

0          900 m

© MERIAN-Kartographie

Elsa Morante hat in ihrem Roman »Arturos Insel« Procida ein literarisches Denkmal gesetzt und sie zum Symbol der ewigen Kindheit erhoben. Eine andere Romangestalt ist Graziella, die Heldin aus »Les Confidences« (dt. »Graziella«) von Alphonse de Lamartine, der mehrmals in Neapel und Procida weilte und als junger Mann ein procidanisches Fischermädchen lieben lernte. In Erinnerung an diese Novelle wird jeden Sommer beim Kirchweihfest des Meeres eine »Graziella« gewählt, die aus einer procidanischen Familie stammen muss. Die jungen Inselschönheiten tragen dann die traditionelle Tracht, wie sie der französische Schriftsteller beschrieben hat, und alle genießen das Volksfest. Den Namen der Romanheldin tragen heute Reisebüros und Bars.

Der erste Eindruck bei Ankunft zeigt sich in Pastelltönen: Entlang des Hafens der Marina di Sancio Cattolico, auch Marina Grande genannt, reihen sich die bunten Würfelhäuser mit ihren Kuppeln und Treppenaufgängen. Früher landeten hier die Eroberer, und ganze Generationen von Procidanern sind von hier aus in die weite Welt ausgewandert und haben anderswo ihre Zelte aufgeschlagen – in New York,

Marseille oder Australien! Viele kehren im Sommer aus ihrer zweiten Heimat für wenige Wochen zurück.

Mobil waren die Procidaner schon immer – nach wie vor besteht die Tradition der Seefahrer und Fischer. Das erklärt auch die Entstehung der außergewöhnlich reich verzierten Trachten: Da die Procidanerinnen oft monatelang alleine waren, füllten sie die Wartezeit mit Weben und Sticken aus. Viele Familien hüten alte, von Generation zu Generation vererbte Trachten wie einen Schatz. Bis heute bildet die renommierte Schifffahrtsschule Istituto Nautico Kapitäne aus.

## SEHENSWERTES

### Corricella ▶ S. 141, c 2

Ein Fischerhafen, so schön wie im Film! Tatsächlich hat die Corricella schon so manches Set erlebt, und ihre Bewohner erzählen stolz, dass an der Kulisse kaum etwas zu verändern war: »Der Postmann« mit Massimo Troisi und Philippe Noiret oder auch Teile von »Der talentierte Mr. Ripley« sind in jüngerer Zeit gedreht worden. Die Corricella ist über Treppenwege nur zu Fuß oder vom Meer aus zu erreichen. Ein »sentiero del cinema« weist auf die jeweiligen Drehorte hin.

**Inselglück** 8

Stimmen Sie sich noch zu Hause mit dem Film »Der Postmann« auf Procida ein – am Hafen der Corricella ist der Wiedererkennungsmoment garantiert, und Sie stellen fest, dass die Realität mindestens so idyllisch ist wie im Film (▶ S. 14)!

### San Michele Arcangelo ▶ S. 141, c 2

Am äußeren Ende des Felsvorsprungs liegt die Hauptkirche von Procida, die dem Schutzpatron der Insel geweiht ist. Im Inneren begegnet man überall dem Erzengel Michael: auf Votivgaben der Seeleute, auf einer imposanten Silberstatue und in einem Bild aus dem Jahr 1699 in der vergoldeten Kassettendecke, das Luca Giordano oder auch Luigi Garzi zugeschrieben wird. Das außergewöhnlich reiche barocke Dekor ist der Angst vor dem Einfall der Osmanen geschuldet. In einer Zeit, als die Osmanen nach und nach die Besitzungen im östlichen Mittelmeer eroberten, suchte man himmlische Unterstützung – auf dem großen Gemälde von Nicola Russo rechts im Chor von 1690 vertreibt der Erzengel mit gezücktem Schwert die Sarazenen-Schiffe.

Die Bibliothek der Klosterkirche birgt Tausende verstaubte Folianten, Inkunabeln und Rara.

Wer es schauerlich liebt, steigt hinab ins Beinhaus, das seit 2014 nach umfassender Renovierung wieder zugänglich ist.

V. San Michele 1 | Mo 10–12.45, Di–Sa 10–12.45 und 15–17, So 10.30–12.45 Uhr | Eintritt 2 €

### Terra Murata ▶ S. 141, c 1

Die mittelalterliche Oberstadt macht ihrem Namen, »ummauerte Erde«, alle Ehre: Trutzig wirken die hohen Mauern, Häuser und das Kastell der Avalos, und es verwundert nicht, dass dieses bis in die 1980er-Jahre als Strafanstalt diente. Seit die Schwerverbrecher die Trutzburg verlassen haben, gehen die Diskussionen um eine touristische Neuerschließung.

## ÜBERNACHTEN

### Solcalante ▶ S. 141, b 2

**Genießen, Schlemmen, Relaxen** – Im Nordwesten der Insel befindet sich nur wenige Fußminuten vom Strand Pozzovecchio dieses schöne, in ein charmantes Hotel umgewandelte ehemalige Gutshaus. Es verfügt über einen kleinen Spa-Bereich und ein exzellentes Restaurant. Auf der Terrasse trifft man sich abends zum Sonnenuntergang beim Aperitif mit Blick auf Ischia. Arrangements für drei oder sechs Tage mit Halbpension und Kochkursen. V. Serra 1 | Tel. 08 18 10 18 56 | www.solcalante.it | 12 Zimmer | €€

## ESSEN UND TRINKEN

### Crescenzo ▶ S. 141, a 3

**Fisch mit Tradition** – Seit den 1950er-Jahren ist dieser Familienbetrieb auf fangfrischen Fisch, Seeigel und Antipasti spezialisiert. Dem Restaurant ist auch ein kleines Hotel angegliedert. Direkt am runden Hafen von Chiaiolella, einem ehemaligen Vulkankrater. V. Marina Chiaiolella 33 | Tel. 0 81 8 96 72 55 | www.hotelcrescenzo.it | €€

### Da Gorgonia ▶ S. 141, c 2

**Große Gastfreundschaft** – Wer in größerer Gesellschaft kommt und zunächst keinen Platz findet, wird erleben, wie Tische und Stühle aus den umliegenden Häusern herangetragen und an die Mole gerückt werden. Man probiere »pesce all'acqua pazza«, der im Ganzen im Sud in der Pfanne mit kleinen Tomaten und viel frischer Petersilie kurz gekocht wird – lecker! Marina Corricella 50 | Tel. 0 81 8 10 10 60 | im Winter geschl. | €€

An der Barockkirche Santa Madonna delle Grazie vorbei gelangt man in Procidas mittelalterliche Oberstadt Terra Murata (▶ S. 142) mit Kastell.

# AMALFIKÜSTE

*Einst war die Küste aufgrund nicht vorhandener Straßen so gut wie abgeschnitten vom restlichen Italien, sie wirkte arm und verlassen. Der Bau der abenteuerlichen, inzwischen berühmten Küstenstraße Amalfitana änderte hier alles.*

40 km lang ist die Strecke von Positano bis Salerno, die oft als die schönste Panoramastraße der Welt bezeichnet wird – die **Amalfitana** 🌟. Sie kurvt seit der Mitte des 19. Jh. waghalsig an den senkrecht ins Tyrrhenische Meer abfallenden Südabhängen der Monti Lattari entlang und gibt an jeder Ecke einen neuen atemberaubenden Blick auf Küstenorte und das Meer frei. Die Häuser der Ortschaften türmen sich über dem Abgrund und klettern den Berg hinauf. An den wenigen Ausbuchtungen der Straße halten Touristenbusse und Pkw-Fahrer für einen Fotostop, und die Verkäufer der Zitrusfrüchte, die sich hübsch dekoriert in allen nur erdenklichen Größen, von der kleinsten Mandarine bis zur gigantischen Zitronatszitrone, auf den Karren türmen, hoffen auf guten Umsatz.
Für die Römer waren Zitrusfrüchte vor allem Zier- und Duftpflanzen. Die Zitrone fand als genießbare Frucht erst später über die Kreuzfahrer

◀ Traumhafter Panoramablick von der Villa
Rufolo (▶ S. 155) in Ravello.

hierher, auf Umwegen auch die
Orange: Ihr lateinischer und deutscher Name (citrus sinensis = Ap-
felsine) deutet auf ihren Ursprung
aus China hin. Die Portugiesen
brachten sie von dort nach Europa,
vom Atlantik wurde die Frucht bald ans Mittelmeer gebracht. In Süditali-
en heißen die Orangen heute noch »portogalli« – Portugiesen!

## DIE KÜSTE FÜR DEN INDIVIDUALREISENDEN

Dank der ausgedehnten Handelsbeziehungen der Seerepublik Amalfi haben bereits im Mittelalter Araber und Westeuropäer ihre Spuren in der
Architektur von Gotteshäusern, Kreuzgängen und Gassen sowie im Alltag hinterlassen. Heute bestimmt nicht mehr das Warenangebot, sondern
der Tourismus die Wirtschaftskraft. Seit den 1920er-Jahren strömen internationale Künstler und solche, die sich dafür halten, der Jetset sowie Be-
wunderer aus aller Welt an die Küste. Während **Sorrent** 6 das Zentrum
des organisierten Pauschal- und Gruppentourismus ist, hat sich die
Amalfiküste auf exklusivere Angebote für Einzelreisende spezialisiert.
Viele Hotels verfügen nur über wenige Zimmer und sind früh ausgebucht.

## UNTERWEGS AUF DER AMALFITANA

Die enge, kurvige **Amalfitana** 8 ist für Wohnmobile und Gespanne gesperrt. Besonders in der Hochsaison und an Wochenenden benötigen
Autofahrer viel Geduld (und Geld für die raren und teuren Parkplätze).
Entspannter ist die Fahrt mit den öffentlichen Bussen, von denen man
ohnehin eine bessere Sicht hat. Noch bequemer ist eine Küstenfahrt mit
dem Boot. Von April bis Oktober verkehren mehrmals täglich Kleinfähren zwischen Positano, Amalfi und Salerno (wetterabhängig, Auskunft in
den Häfen der jeweiligen Orte).

## AMALFI   ◀ F 5

ca. 5100 Einwohner

Kaum vorstellbar, dass dieses zwischen
die Berge gezwängte kleine Städtchen
einst eine eigene Münzprägung hatte:
Um die Jahrtausendwende prägte man
sogar Goldtaler in der Seerepublik
Amalfi, eine stabile Währung, die in
den Häfen und Städten des gesamten
östlichen Mittelmeerraums Kaufkraft

besaß. Noch einflussreicher erwiesen sich die von der Regierung erlassenen Gesetze, die in der sog. »tavola amalfitana« kodifiziert waren. Durch Zufall entdeckte man den Kodex im 18. Jh. in einer Wiener Bibliothek, 1929 gaben ihn die Österreicher an Italien zurück. Er legt Verordnungen über die Beziehungen zwischen Schiffseigentümern, Kaufleuten und Matrosen über die Verteilung von Gewinn und Verlust fest; ein modellbildendes frühes See- und Handelsgesetzbuch. 839 gründete Amalfi eine von einem Dogen regierte eigene Seerepublik. Sie reichte von Cetara bis Positano, umfasste auch die Monti Lattari und hatte zehnmal so viele Einwohner wie der idyllische Ort heute. Sie besaß Kontore und Konsuln in allen wichtigen Hafenstädten des Mittelmeeres. Mithilfe des Kompasses, den der Amalfitaner Flavio Gioia erfand, navigierten die Amalfitaner zielstrebig von Hafen zu Hafen. Wie Venedig trieb Amalfi vor allem mit dem Orient Handel, pflegte aber auch nach Afrika und Byzanz gute Verbindungen. Innere Zwistigkeiten waren es schließlich, an denen Amalfi zugrunde ging. Diesen schwachen Moment nutzten die Eroberer aus – der Normanne Roger II. machte Schluss mit dem Traum der Unabhängigkeit, und Amalfi gerät fortan in den Sog der von Neapel und Palermo aus betriebenen Politik. Pestepidemien und das furchtbare, auch von Petrarca beschriebene Seebeben des 14. Jh. besiegeln das Ende einer einstigen Seemacht – ein ganzes Viertel, etwas mehr als ein Drittel der Stadt, wird von einem Tsunami förmlich verschluckt. Aber bald rappeln sich die geschäfstüchtigen Amalfitaner wieder

auf und produzieren einen neuen Exportschlager – das Papier, welches das Pergament ablöste. Das Herstellungsverfahren hatten sie im Orient kennengelernt und zu Hause perfektioniert. Ein Spaziergang durch die Valle dei Mulini, das vom Canneto durchflossene Mühlental, führt an verfallenen Betrieben vorbei. Heute kann nur noch eine einzige Papiermühle, umfunktioniert zu einem Museum mit kleinem Betrieb, besichtigt werden.

Amalfi ist das Zentrum des Tourismus an der gleichnamigen Küste und steht besonders bei amerikanischen Kreuzfahrtschiffen im Programm, hat jedoch trotz des Massenansturms seinen Charme bewahrt. Alle vier Jahre richtet Amalfi die historische Regatta der ehemaligen Seerepubliken Italiens aus, zuletzt 2016, als die Gastgeber den ersten Platz belegten.

## SEHENSWERTES

### ⭐ Amalfitana

Der offizielle Name dieser wohl schönsten Straße Italiens ist »strada statale 163«. Eröffnet wurde die 50 km lange Panoramastraße von Meta nach Vietri sul Mare, die 100 m über dem Meer in den Felsen gehauen wurde, bereits 1850. Bis dahin waren die einzelnen Ortschaften, die sich die Berge hinaufziehen, nur vom Wasser aus oder über schmale Maultierpfade zu erreichen. Doch sollten weitere 100 Jahre vergehen, bis die Amalfiküste zunächst vom internationalen Jetset, dann auch von Touristen entdeckt wurde. Lange blieb sie so den Fischern, Künstlern und Aussteigern vorbehalten. Ihren Charme hat sie glücklicherweise bis heute nicht eingebüßt.

Hinter dem Hochaltar des Duomo di Sant'Andrea (▶ S. 147) sind Gemälde mit Szenen aus dem Leben des Heiligen Andreas, dem Schutzheiligen der Stadt, zu sehen.

### Duomo di Sant'Andrea

Die mächtige Hauptkathedrale besteht eigentlich aus zwei Kirchen: der früh-christlichen Basilica del Crocifisso aus dem 6. Jh., die heute museal genutzt wird, und der romanischen, später ba-rockisierten Kathedrale. Sie wächst zu ihrer heutigen Größe um 1300, als der Fluss Canneto zugedeckt wird, um eine Straße vom Mühlental zum Hafen zu legen. Eine geradezu dramatische Treppe, im Sommer auch Bühne für Theatervorstellungen, führt hinauf zum Gotteshaus, das dem Stadtpatron, dem Heiligen Andreas, geweiht ist.

1208 wurde der Leichnam des Heiligen aus Byzanz nach Amalfi gebracht und in der prächtig ausgestatteten Krypta beigesetzt. Der Besitz der heiligen Reliquie war mit großem Ansehen verbunden und bescherte Amalfi viele fromme und spendable Pilger. Sehenswert ist das 1066 vom Syrer Simon gegossene Bronzeportal mit Szenen aus dem Leben des Heiligen Andreas. Im angrenzenden maurisch anmutenden kleinen Kreuzgang Chiostro del Paradiso ließen sich die amalfitanischen Edelleute bestatten. Auf 120 weißen, schlanken Säulen ruhen die wie ein

Palmenfächer miteinander verflochtenen Bögen, durch die der kleine südländische Garten schimmert.

Chiostro del Paradiso | Museo Diocesano | P.zza del Duomo | Mai-Sept. 9–18, Okt.–April 10–17 Uhr | Eintritt 3 €, erm. 1 €

## MUSEEN UND GALERIEN
### Museo della Carta 👥

Im Palazzo Pagliara, einer mittelalterlichen Papiermühle, dreht sich alles um das Papier. Aus eingeweichtem und schließlich zu einem Brei aufgelöstem Stoff wird das Büttenpapier geschöpft. Es wurde früher vor allem für wichtige Dokumente benutzt, bis heute lässt die vornehme amalfitanische Gesellschaft Hochzeitseinladungen und Visitenkarten darauf drucken.

V. delle Cartiere 23 | www.museodella carta.it | März–Okt. und 27. Dez. –6. Jan. tgl. 10–18.30, Nov.–Feb. Di, Mi, Fr–So 10–15.30 Uhr | Eintritt 4 €, erm. 3,50 €

### Museo di Civiltà Contadina

Nur wenige Meter hinter dem Museo della Carta liegt das kleine Bauernmuseum, in dem Luigi Aceto Gerätschaften und Privatfotos präsentiert. Seine Familie kultiviert seit Generationen Zitronen und lädt gerne auch zu einer Kostprobe des eigenen Limoncello.

V. della Cartiere 55 | Tel. 0 89 87 32 11 | Mo, Di, Do–Sa 8.30–13.30 und 15.30–18.30 Uhr | Eintritt frei

## ÜBERNACHTEN
### Lidomare

**Charmant** – In einem Palazzo aus dem 15. Jh. nur wenige Schritte vom Duomo di Sant'Andrea entfernt und dennoch ruhig gelegen. Einige Zimmer haben Meerblick und Balkon.

Largo Duchi Piccolomini 9 | Tel. 0 89 87 13 32 | www.lidomare.it | 15 Zimmer | €€

### Residenza Luce (B&B)

**Kleines Altstadtjuwel** – Die hellen, großzügigen Zimmer sind mit Vietri-Kacheln verziert. Gutes Preis-Leistungs-Verhältnis.

V. Fra Gerardo Sasso 4 | Tel. 0 89 87 15 37 | www.residenzaluce.it | 10 Zimmer | €€

### Villa Rina

**Guter Wanderstartpunkt** – Wer die 400 Treppenstufen vom Zentrum Amalfis bis zum Hotel erklommen hat, ist in einer anderen Welt angekommen. Weit weg ist der Rummel des Städtchens, die Mauern aus dem 14. Jh. strahlen etwas Majestätisches aus, und der Blick ist umwerfend. Auch Kochkurse mit anschließendem gemeinsamen Abendessen werden angeboten.

V. Nazionale 9 | Tel. 0 89 83 18 58 | www. amalfivillarina.it | 5 Zimmer | €€

## ESSEN UND TRINKEN
### Da Barracca

**Am Dogenplatz** – Traditionsreiche Trattoria mit Fokus auf Meeresspezialitäten. Am schönsten Platz von Amalfi.

P.zza dei Dogi | Tel. 0 89 87 12 85 | Mi geschl.

### Eolo

**Elegant** – Die innovative Fischküche lockt am Wochenende auch die Einheimischen aus den Metropolen. Von der Terrasse kann man das Panorama von Amalfi mit Strandtreiben, Meer und Berglandschaft herrlich genießen.

V. P. Comite 3 | Tel. 0 89 87 12 41 | www. eoloamalfi.it | Di geschl. | €€€

Seit 2001 hat die Pasticceria Andrea Pansa 1830 ( ▶ S. 149), direkt am Dom von Amalfi gelegen, die Ehre, offiziell zu den historischen Lokalen Italiens zu gehören.

## Il Mulino

**Populäre Trattoria** – Pizza und lokale Spezialitäten in der Nähe des Museo della Carta.

V. delle Cartiere 36 | Tel. 08 98 87 22 23 | Reservierung empfohlen | €

## Pasticceria Andrea Pansa 1830

**Zum Ausklang des Tages** – Diese traditionsreiche Pasticceria ist der perfekte Ort, um einen Drink oder ein »dolce« vor der Kulisse des beleuchteten Domes zu genießen.

P.zza del Duomo 40 | Tel. 0 89 87 10 65 | www.pasticceriapansa.it

## EINKAUFEN

### La Scuderia del Duca

Wo, wenn nicht an diesem historischen Ort, ersteht man schönes Briefpapier, Federhalter, Notizbücher und Hefte?

L. Cesare Console 8 | www.carta-amalfi.it

### Cartiera Armatruda ▶ S. 41

## SERVICE

### AAST – Touristeninformation

Corso delle Repubbliche Marinare 27 | www.amalfitouristoffice.it | Mo–Fr 8.30–13.30, 15–17, Sa 8.30–13 Uhr

## Bootstouren

Kapitän Andrea Parlatore führt günstig kurze oder längere private Bootstouren für Kleingruppen an der »costiera amalfitana« durch.

Tel. 03 36 87 66 86

## SITA

Öffentlicher Nahverkehr in Süditalien.

www.sitasudtrasporti.it; www.unico campania.it

## Ziele in der Umgebung

###  CONCA DEI MARINI ◢ F 5

Ein wunderschöner Fischerborgo an der Marina und die Grotta dello Smeraldo sind die Attraktionen dieses winzigen Ortes. Die Grotte wurde 1932 von einem Fischer entdeckt und macht seither ihrer blauen Schwester auf Capri Konkurrenz. Das Wasser ist 10 m tief und reflektiert die von der Felsöffnung eindringenden Lichtstrahlen in smaragdgrüner Farbe, daher der Name der Grotte. Die Stalagmiten reichen bis unter die Meeresoberfläche und regen die Fantasie der Bootsführer bei ihren Deutungen an. Die Grotte ist von der Straße über einen Aufzug oder mit einem Ausflugsboot von Amalfi zu erreichen.

Grotta dello Smeraldo | bei gutem Wetter tgl. 9.30–16 Uhr | Eintritt 5 € | auch Bootsfahrten ab Amalfi

4 km südwestl. von Amalfi

### ◉ FURORE ◢ F 5

850 Einwohner

Zwischen Positano und Amalfi, gleich hinter Praiano, zwängt sich eine tiefe Schlucht durch die Berge von Agerola. Dort, wo die Schlucht ins Meer fällt, beginnt das Örtchen Furore, wörtlich

übersetzt »Wut, Zorn«, das auf stolze 650 m über dem Meeresspiegel ansteigt. Häufig wird die tief ins Land hineinragende Ria (Meeresbucht) fälschlicherweise als Fjord bezeichnet.

Eine Handvoll Würfelhäuser klammert sich an die Felsen und erbebt, wenn das Meer bei Unwetter in die Schlucht hinein donnert. Im Sommer ist dies einer der Traumplätze der Amalfitana. Am Strand unten verspüren Sie nichts von der Hektik der verkehrsreichen Straße, sondern sind ganz den Elementen Luft und Wasser ausgesetzt. Zu erreichen ist dieser magische Ort über die Amalfitana, die SS 163, auf der Via Trasita Furore Salerno. Sind Sie mit den öffentlichen Verkehrsmitteln unterwegs, geben Sie dem Fahrer der SITA-Busse Bescheid, dass Sie an der Brücke bei Furore aussteigen möchten. Der obere Ortskern ist über steile Treppenwege oder die SS 366, die von der Amalfitana bei Vettica abzweigt, zu erreichen. Neben dem umwerfenden Panoramablick auf die Küste sind die riesigen bunten Wandbilder auffällig. Tatsächlich ist Furore auch eine große Open-Air-Galerie: Immer wieder lädt die Gemeinde nationale und internationale Künstler ein, um Hauswände mit bunten »murales« zu gestalten. Nicht wenige haben sich von lokalen Motiven inspirieren lassen: der Küstenlandschaft, der Zitronenlese oder dem bergigen Hinterland.

## SEHENSWERTES

### Ecomuseo del Fiordo di Furore

Einst wurden an der Marina von Furore Waren umgeschlagen, z. B. Papier, das, ähnlich wie im etwa 10 km entfernt gelegenen Amalfi, auch an dieser Stelle produziert wurde. In einer alten restaurierten Papiermühle ist ein kleines Museum eingerichtet worden, das an das traditionelle Handwerk der Amalfiküste erinnert.

Ein kleiner Teil ist der Schauspielikone Anna Magnani gewidmet, die hier 1948 unter der Regie von Roberto Rosselini die Episode »Il Miracolo« aus dem Film »L' amore«, einem Meilenstein des Neorealismus, gedreht hat.

V. Anna Magnani 8 | Tel. 0 89 87 41 00 | www.fiordodifurore.it | März–Okt. tgl. 9–20 Uhr | Eintritt 3 €

## ÜBERNACHTEN

### Hotel Fico d'India

**Familiäre Atmosphäre** – Das kleine, charmante »Kaktusfeigenhotel« punktet durch seine Traumlage direkt an der Amalfitana. Die geräumigen Zimmer verfügen alle über Meerblick. Hotelbesitzer Pino ist ein ausgezeichneter Gastgeber, der sehr um das Wohl seiner Gäste bemüht ist. Auch mit Halbpension empfehlenswert. Ausgezeichnetes Preis-Leistungs-Verhältnis.

V. Aldo Moro 2 | Tel. 0 89 83 05 20 | www.hotelholidaysficodindia.it | & | 5 Zimmer | €€

## ESSEN UND TRINKEN

### Bacco

**Legendär!** – Lokal mit herrlicher Aussichtsterrasse und exquisiter lokaler Küche. Das Pastagericht »ferrazzuoli alla nannarella« ist der Schauspielerin Anna Magnani gewidmet, die hier auch gerne schlemmte. Auf der Website des Restaurants findet sich das Rezept zum Nachkochen.

V. G.B. Lama 9 | Tel. 0 89 83 03 60 | www.baccofurore.it | €€–€€€

**Seefahrt entlang der Amalfitana** 9

Auf der berühmten Amalfitana geht es weder vor noch zurück? Steigen Sie um aufs Schiff – von der wunderschönen Seefahrt entlang der Amalfiküste werden Sie begeistert sein (▶ S. 14)!

## POSITANO ⚓ E 5

3900 Einwohner

Wie die Ränge eines Theaters stapeln sich die kubischen bunten Würfelhäuser am Berg mit dem tiefblauen Meer als Kulisse. Wer den Ort Positano erkunden möchte, muss gut zu Fuß sein. Verlaufen kann man sich nicht, denn es gibt nur zwei Richtungen – hinauf und hinab führen die »scalinatella longa longa strettulella«, wie im berühmten Lied. Mehrere Treppen- und Bogengänge führen zum großen Kiesstrand der Marina Grande, der von der von Weitem sichtbaren Pfarrkirche Santa Maria Assunta mit ihrer funkelnden Majolikakuppel überragt wird.

Paul Klee hielt den Ort für »den einzigen auf der Welt, der auf einer vertikalen anstatt einer horizontalen Achse angelegt ist«. Für den Autor John Steinbeck glich er einem Traum, »der nicht ganz wirklich zu sein scheint, wenn man dort ist, aber verlockend real wird, wenn man abgereist ist«.

Die Entdeckung des damals noch verträumten Fischerortes erfolgte nach dem Ersten Weltkrieg durch Künstler und Intellektuelle wie Walter Benjamin, Stefan Andres und Ernst Bloch. Heute ist Positano besonders im Sommer der Lieblingstreff des Jetsets. Stars und Sternchen aus Kunst, Mode, Sport und Medien, aber auch hochrangige Persönlichkeiten der Kirche und Politik verbringen hier ihren Sommerurlaub. Papst Johannes Paul II. und der deutsche Altkanzler Gerhard Schröder gehörten zu den Promis von Positano. Das zeigt sich natürlich im hohen Preisniveau. Die wenigen günstigeren Unterkünfte sind meist Monate im Voraus ausgebucht.

## SEHENSWERTES

### Santa Maria Assunta

Über einem byzantinischen Vorgängerbau wurde die Kirche im 13. Jh. errichtet. Verehrt wird besonders die Ikone der schwarzen Madonna mit Kind über dem Altar. Einer Legende zufolge führten sie Sarazenen als Beute im Gepäck und gerieten an dieser Stelle in Seenot. Als sie die Ikone an den Strand brachten, soll diese »posa, posa!« (setz ab!) gerufen haben, die Seefahrer ließen sie hier und konnten in ruhigem Gewässer weitersegeln. So wurde der Ort, der dann gebaut wurde, Positano genannt.

Sprechende Ikonen sind keine Seltenheit – in Neapel richtete sich eine Ikone der Kirche von San Domenico sogar auf Latein an Thomas von Aquin.

P.zza Flavio Gioia | tgl. 8–12, 15.30–19 Uhr

## ÜBERNACHTEN

### Marincanto

**Elegant** – Das zentral gelegene Vier-Sterne-Hotel bietet helle, geräumige Zimmer mit Blick auf das Meer. Zum Hauptstrand sind es 200 m. Zuvorkommender Service und ausgezeichnete Küche.

Zwischen den bunten Häusern Positanos (▶ S. 151) verstecken sich die endlosen engen Treppen, die vom oberen Ortsteil bis zum Meer hinabführen.

V. Cristoforo Colombo 50 | Tel. 0 89 87 51 30 | www.marincanto.it | 30 Zimmer | €€€€

## Pupetto

**Mein Traum von Italien** – Familienhotel am Fornillo-Strand. Von den oberen Zimmern schweift der Blick über die ganze Bucht. Das Hotel ist nur über Treppenwege oder einfacher zu Fuß von der Mole in Positano zu erreichen. Ein Abendessen mit Meeresfrüchten im Pupetto vor der Kulisse der mondbeschienenen Bucht gehört zu den schönsten Erlebnissen an der Küste.

V. Fornillo 37 | Tel. 0 89 87 50 97 | www.hotelpupetto.it | 34 Zimmer | €€€

## Villa Rosa (B&B)

**Charmante Intimität** – In einer eleganten Villa aus dem 18. Jh. wurde dieses gehobene B&B eingerichtet, das seinen Gästen einen spektakulären Ausblick aufs Meer und die gegenüberliegenden Sireneninseln bietet.

V. C. Colombo 127 | Tel. 0 89 81 19 55 | www.villarosapositano.it | 12 Zimmer | €€€

## ESSEN UND TRINKEN

### Da Adolfo

**Baden und Genießen** – An einem der Schlupfwinkel einer kleinen Bucht gelegen, die nur per Boot erreichbar ist. Zum Berg hin wächst Lorbeer, der aus einem Bergbach mit Frischwasser versorgt wird. Frischer Fisch, hausgemachte »scialatielli« und Gnocchi mit Meeresfrüchten.

Spiaggetta di Laurito | Tel. 0 89 87 50 22 | das Boot mit dem Namen des Restaurants verkehrt von 10 bis 13 Uhr von der Spiaggia Grande | €€

### Trattoria Santa Croce

**Ein Mahl für die Götter** – Wer den anstrengenden, aber grandiosen Götterweg ab Bomerano gelaufen ist, verdient ein gutes Mahl! Köstliche Antipastiteller auf der Aussichtsterrasse, zwischen Himmel und Meer schwebend, mit Weitblick über die Küste im Ortsteil Nocelle hoch über Positano. Stündlich Busverbindung nach Positano.

Nocelle | V. Nocelle 19 | Tel. 0 89 81 12 60 | €

**Strandglück in Positano** 10

Sie möchten eine traumhafte Zeit am Strand erleben? Dann besuchen Sie den Belvedere und den Fornillo-Strand (▶ S. 15).

## KULTUR UND UNTERHALTUNG

### Music on the Rocks

Legendäre Diskothek mit Bar, Terrasse und Restaurant in einer Grotte am Ende der Spiaggia Grande.

V. Grotte dell'Incanto 51 | www.musicontherocks.it | dazugehöriges Restaurant: www.le-terrazzerestaurant.it

## EINKAUFEN

### Positano Fashion

Auf den großen Laufstegen der Welt tragen sie Heidi Klum & Co. vor: Hochgeschnürte Römerschnürschuhe und goldene, strassbesetzte flache Sandalen à la Jackie Kennedy sind der Renner zwischen Sorrent, Capri und Amalfi. Das Label Positano Fashion steht für edles Handgefertigtes, die Kleidungsstücke findet man überall an der Küste zu kaufen.

www.fashion-positano.com

## Profumi di Positano

Seit 1922 stellt die Familie Barba Seifen, seit bald 50 Jahren auch Parfüms her.
V. C. Colombo 175 | www.profumidi positano.it

## SERVICE

### AAST

Informationsbüro unterhalb der Kirche Santa Maria Assunta.
V. del Saracino 4 | www.aziendaturismo positano.it | Mai–Sept. Mo–Sa 8–19, So 9–14, Okt.–April Mo–Sa 9–16.30 Uhr

# RAVELLO  ⚓ F 5

2500 Einwohner

Vom winzigen Atrani führt die Straße in Serpentinen zum 350 m hoch gelegenen Ravello durch das prachtvolle Valle del Dragone, in dem die feurigen Ravelloreben gedeihen. Seine große Zeit erlebte Ravello zwischen dem 11. und 13. Jh. als bevölkerungsreiche Handelsstadt, die Teil des Städtebundes der Seerepublik von Amalfi war. Damals verfügte Ravello sogar über eine eigene Flotte, und es entstanden zahlreiche Palazzi für vornehme Adelsfamilien. Der Reichtum einiger Familien war legendär: Matteo Rufolo unterstützte Karl von Anjou finanziell im Kampf gegen die Staufer und verhalf ihm damit zur Königswürde. Etwa 36 000 Einwohner, 13 Pfarreien, vier Klöster und ein großes Spital zählte Ravello damals! Mitte des 14. Jh. wurde die blühende Stadt von den Pisanern niedergebrannt, die sich mit Amalfi um die Seeherrschaft im Mittelmeer stritten und diese schließlich auch errangen. Den endgültigen Niedergang brachte schließlich die Pest, Ravello verfiel, seine berühmten Adelsgeschlechter star-

ben aus. Erst im 19. Jh. wurde Ravello wiederentdeckt, woran Richard Wagner, der meinte, Klingsors Zaubergarten gefunden zu haben, einen entscheidenden Anteil hatte.

## SEHENSWERTES

### Cattedrale di San Pantaleone

Fast 1000 Jahre lang, von 1086 bis 1818, war Ravello ein selbstständiges Bistum. Der erste Bischof Ravellos, Orso Papirio, ließ die Kathedrale erbauen, die Ende des 18. Jh. umgebaut wurde. Sie ist dem Stadtpatron San Pantaleone geweiht, dessen Blut sich ebenso wie das des ungleich berühmteren San Gennaro verflüssigt. Berühmt ist das Bronzeportal, 1179 von Barisano aus dem apulischen Trani gegossen. Im Inneren überraschen gleich zwei Kanzeln: Die kleinere mit der Darstellung des Jonaswunders ist im byzantinischen Stil gehalten, die größere wird von sechs marmornen Löwen getragen. Mit kleinem Dommuseum in der Krypta.
P.zza del Duomo | www.chiesaravello. com | tgl. 9–12, 17.30–19 Uhr | Museum tgl. 9–19 Uhr | Eintritt 3 €

### Villa Cimbrone

Wie ein Schiffsbug ragt die weite Parkanlage der Villa am südlichen Ende von Ravello heraus. Ihre Entstehung geht auf den Briten Lord Grimthorpe zurück, der 1904 das weitläufige Grundstück mit wenigen Resten eines mittelalterlichen Palazzo erwarb. Mit viel Fantasie und künstlerischem Geschick wurde die Anlage in einen ausgedehnten Landschaftsgarten mit rekonstruierten architektonischen Elementen, eine späte Form der Ruinenromantik, verwandelt. Der Rundgang durch diese »folly« kulminiert auf dem schönsten Balkon der an Belvedere reich gesegneten Amalfiküste, der Terrasse der Unendlichkeit. Erinnern Sie sich an die Szene der kränkelnden Sissi aus »Schicksalsjahre einer Kaiserin«? Nicht auf Madeira, sondern hier in der Villa Cimbrone wurde sie gedreht.

V. Santa Chiara 26 | www.villacimbrone. com | tgl. 9 Uhr bis Sonnenuntergang | Eintritt 7 €, erm. 6 € (Artecard)

**Verweile doch, Augenblick, Du bist so schön ...** 11

Nützen Sie die friedlich-idyllische Atmosphäre des hinreißenden Gartens der Villa Cimbrone zur Lektüre eines guten Buches zwischen Glyzinien und Bougainvilleae – dieses Lesemoment wird Ihnen lange in Erinnerung bleiben (▶ S. 15).

### Villa Rufolo

Die berühmte Villa war Ravellos größter Profanbau im Mittelalter. Ihre Erbauer gehörten zu der bedeutendsten Familie Ravellos, waren Stifter der Kanzel im Dom und Bankier des Königshauses von Anjou. Der italienische Renaissancedichter Boccaccio widmete die vierte Geschichte des zweiten Tags seines »Decamerone« Landolfo Rufolo. Doch danach verfiel sie, und Jahrhunderte später, 1851, erwarb der 25-jährige schottische Abenteurer Francis Reid die Ruine, ließ diese vom späteren Ausgräber von Pompeji, Michele Ruggiero, restaurieren und einen herrlichen Garten in Terrassen anlegen. Angesichts des Belvedere auf die Küste mag man Richard Wagners Ausruf »Klingsors Zaubergarten ist gefunden!« nur allzu gut begreifen.

🕐 Frühmorgens oder eine Stunde vor Sonnenuntergang hat man den sagenhaften Blick für sich ganz alleine.

P.zza del Duomo | www.villarufolo.it | tgl. 9 Uhr bis ca. 30 Min. vor Sonnenuntergang | Eintritt 5 €, erm. 3 € (Artecard)

### ÜBERNACHTEN

**Palumbo** ▶ S. 24

### Palazzo della Marra (B&B)

**Klein und günstig** – In einem Adelspalast aus dem 12. Jh. versteckt sich eine der seltenen günstigen Übernachtungsmöglichkeiten. Mit dazugehörigem Restaurant Figli di Papà.

V. della Marra 3 bzw. 7 (Restaurant) | Tel. 0 89 85 83 02 | www.palazzodell marra.it | 2 Zimmer | €

### ESSEN UND TRINKEN
### Da Salvatore

**Bodenständig** – Hausgemachte Pasta, Pizza, gegrillter Fisch auf schöner Terrasse mit Küstenblick.

V. della Repubblica 2 | Tel. 0 89 85 72 27 | www.savatoreravello.com | €€

### KULTUR UND UNTERHALTUNG
### Ravello Festival

Wie in seiner brasilianischen Heimat hat der Architekt Oskar Niemeyer den 2010 eingeweihten Konzertsaal mit 500 Plätzen dem Meer zugewandt. Viele Konzerte finden aber nach wie vor im Garten der Villa Rufolo statt.

Juli–Sept. | www.ravellofestival.com

### SERVICE
### AAST

V. Roma 18 | www.ravellotime.it

Baia del Buondormire (▶ S. 159) am Kap
Palinuro an der cilentanischen Küste.

# UM DEN GOLF VON NEAPEL

# AUTOTOUR ENTLANG
# DER CILENTANISCHEN KÜSTE

**CHARAKTERISTIK:** Gehen Sie auf Entdeckungstour der abwechslungsreichen Küstenlandschaft des Cilento, von Agropoli bis Sapri. Von Salerno aus erreichen Sie die beschriebene Küstenstrecke in genau einer Stunde. Badesachen nicht vergessen! **DAUER:** Tagestour **LÄNGE:** Ab Agropoli und zurück nach Salerno ca. 320 km **EINKEHRTIPPS:** Agriturismo I Fornari, Stella Cilento, Fornari, www.agriturismoifornari.it | I Moresani, Casal Velino, Moresani, www.agriturismoimoresani.com **AUSKUNFT** www.cilentoediano.it **Karte ▶ S. 159**

Das Cilento ist die südlichste Region Kampaniens zwischen Paestum im Nordwesten, Sapri im Süden und dem Diano-Tal im Osten. Seit 1998 gehören große Teile des reizvollen Gebietes, das 100 km Küste mit kristallklarem Meer und weißen Stränden, steile Karstfelsen, hohe Berge und ca. 200 kleine, mittelalterlich geprägte Dörfer umfasst, zum UNESCO-Weltkulturerbe.

**Agropoli ▶ S. Maria di Castellabate**
Mit **Agropoli** beginnt das marine Herzstück des Cilento mit seinen kleinen ehemaligen Fischerörtchen, die heute vom Tourismus leben. Der Ort wurde in byzantinischer Zeit errichtet und lädt zu einem Bummel durch den mittelalterlichen Stadtkern, überragt vom Kastell, ein.
Mit seinen Gassen, Torbögen und steilen Treppen begeistert auch der mittelalterliche Ort **Castellabate,** für den sich der Abstecher auf der Serpentinenstraße von der Küste lohnt. Früher emigrierten ganze Familien aus Not in den Norden, auch nach Germania, heute kehren sie, zumindest im Sommer, in ihre restaurierten Häuschen wieder zurück und genießen den kinderfreundli-

chen Strand von **Santa Maria di Castellabate**. Beide Ortschaften waren Drehorte für den Film »Benvenuti al Sud«, die italienische Variante von »Bienvenue chez les Ch'tis«, wie man am Ortseingang liest. Zur Punta Licosa ziehen sich durch Pinien geschützte Buchten und kleine Paradiese, die teils nur vom Meer oder auf Wanderwegen erreichbar sind.

**Montecorice ▶ Velia**
Die Autostrecke auf der SR 267 führt weiter über **Montecorice** mit seinen herrlichen Felswänden der steil ins Meer abfallenden Ripe Rosse nach **Acciaroli** mit einem sehenswerten Stadtkern und herrlichem Strand. Hier urlaubte 1953 auch Ernest Hemingway, der Erfolgsautor von »Der alte Mann und das Meer«, der im Fischer Antonio Masarone prompt ein cilentanisches Pendant fand.
Über den charmanten Bergort **Casal Velino** erreichen Sie die Ruinen von **Velia**, das 540 v. Chr. von phokäischen Griechen gegründet wurde und für seine Philosophenschule berühmt war, zu der u. a. Parmenides und Zenon von Elea gehörten.

## Palinuro ▶ Sapri

Zurück an der Küstenstraße bieten sich herrliche Ausblicke auf lange Sandstrände, bis Sie zum legendären Felsvorsprung **Palinuro** gelangen. Der Name des Kaps geht auf jenen unglücklichen Steuermann des Äneas zurück, der just an dieser Stelle, wo der Held zum ersten Mal die italische Küste sah, am Steuer einschlief. Palinurus fand dabei den Tod und wurde von seinem Freund am Strand bestattet. Der Ort weist eine gute touristische Infrastruktur auf und ist vor allem für seine Meeresgrotten berühmt, die bei ruhigem Meer mit dem Boot entdeckt werden können. Die **Baia del Buondormire** (Bucht des guten Schlafs) mit ihrem kristallklaren Wasser hat den romantischsten Strand der Küste. Wie auf Capri ragt nahe der Mündung des Flusses

Mingardo ein karstiger Felsbogen, »arco naturale«, aus dem Meer. Auch von der **Marina di Camerota** werden Bootsfahrten zur **Punta degli Infreschi** mit herrlichen Buchten und klarem Wasser angeboten. Durch Olivenhaine führt die Straße nun etwas weiter weg vom Meer nach **Sapri** mit seiner palmengesäumten Seepromenade, an der man den Abend mit einer »passeggiata« ausklingen lässt. Schweren Herzens und am schnellsten nimmt man die A 3, die man in der Basilicata erreicht, zurück nach Salerno.

## INFORMATION

### Scavi di Velia

Ascea Marina | C. da Piana di Velia (Zugang von der V. di Porta Rosa) | tgl. 10–18 Uhr | Eintritt 3 €, erm. 1,50 € (Artecard)

Cilentanische Küste

# CASERTA – DAS VERSAILLES DES SÜDENS

**CHARAKTERISTIK:** Schloss ist nicht gleich Schloss – und das von Caserta wird Sie schon alleine durch seine Größe zum Staunen bringen! **DAUER:** (Halb-)Tagesausflug **LÄNGE:** Von Neapel aus ca. 80 km **EINKEHRTIPP:** Enoteca delle Botte, Caserta, V. Nazionale Appia 166–180, www.enotecalabotte.it **AUSKUNFT:** www.reggiadicaserta.beniculturali.it

D 1

44 300 m² umbaute Fläche, 1741 Fenster, über 1200 Räume und 1026 Kamine: Der Palazzo Reale von Caserta zeugt als eines der gigantischsten Schlösser Europas auch von der finanziellen Potenz des bourbonischen Süditaliens. Karl III., der das hügelige Terrain wegen seiner Jagdleidenschaft schätzte, berief 1751 für diesen Königssitz fernab der unruhigen Hauptstadt und der unsicheren Küsten den berühmten Baumeister Luigi Vanvitelli. Der in Neapel geborene und in Rom ausgebildete Sohn eines niederländischen Kupferstechers ließ Truppenkontingente aufmarschieren, um den Riesengrundriss nachstellen zu können, und schuf einen klosterhaft kompakten Block mit 37-facher Fensterachse, der geeignet war, den gesamten Hofstaat einschließlich der wichtigsten Kanzleibeamten zu beherbergen. Als Vorbild diente das Schloss von Versailles. Kein Wunder, denn Karls Vater, Philipp V., war als Enkel von Louis XIV in Versailles groß geworden.

## Palazzo Reale

Hier wie dort führen drei strahlenförmig angeordnete Zufahrtsstraßen auf das Schloss zu, die Eingangsfront ist dem ovalen Vorhof von Versailles nachgeahmt, der Garten ist mit seinem langen Kanal axial ausgerichtet. Ähnlich wie in Frankreich zog sich die Bautätigkeit in die Länge – doch Karl III. war nicht die lange Regierungszeit des »Roi Soleil« vergönnt: Im Jahr 1759 wurde er zum König von Spanien gewählt und hatte noch keine einzige Nacht in Caserta verbracht. Erst seine Nachfolger richteten sich in dem Palast ein. Die Napoleoniden Joseph Bonaparte und Joachim Murat gestalteten die Inneneinrichtung nach ihrem Geschmack im Stil des Empire. Während des Zweiten Weltkriegs wurde der Palast von den Alliierten als Mittelmeer-Hauptquartier genutzt. Am 29. April 1945 erfolgte hier die Kapitulation der deutschen Armee.

## Säle und Kunstsammlung

Für den Besuch von Caserta sollten Sie mindestens einen halben Tag veranschlagen, da der Park sehr weitläufig ist. Höhepunkte sind die klassizistischen Säle in bourbonischem Empire, Gemälde fast aller bourbonischen Herrscher sowie eine beeindruckende, figurenreiche Krippe des 17. Jh. Auch die sehenswürdige Sammlung zeitgenössischer Kunst des Galeristen Lucio Amelio, »Terrae Motus«, der Künstler wie Andy Warhol, Anselm Kiefer, Robert Mapplethorpe, Joseph Beuys und Cy Twombly anregte, das verheerende Erdbeben von 1980 künstlerisch zum

Ausdruck zu bringen, hat hier eine Heimat gefunden.

### Schlosspark mit Englischem Garten

Anschließend können Sie beim Besuch des Schlossparks durchatmen. Lassen Sie die kleinen Pferdekutschen, die durch den Park traben, auch etwas verdienen und fahren Sie ein Stückchen der fast 3 km langen Trasse »in carrozzella«.

Bezaubernd ist der von dem englischen Landschaftspfleger John Andrew Graeffer angelegte Englische Garten mit künstlichen antiken Ruinen und Grotten – eine Reminiszenz an Marie Antoinettes Garten in Versailles. Hier kommen Romantiker, Botaniker und Antikenfreunde gleichermaßen auf ihre Kosten. Lassen Sie sich vom Führer die älteste Japanische Kamelie in Europa (1880) zeigen.

### INFORMATIONEN

Vom Bahnhof Caserta sind es fünf Fußminuten bis zum Schloss.

Der Ausflug kann kombiniert werden mit einer Fahrt zur bourbonischen Seidenmanufaktur von San Leucio und in das ca. 10 km nördlich liegende mittelalterliche Casertavecchia mit der romanischen Kirche San Michele.

### Palazzo Reale

Caserta | V. Douhet 2 | www.reggiadi caserta.beniculturali.it | 8.30–19.30, Park im Winter bis 15.30 Uhr, Di geschl. | Eintritt 12 €, erm. 6 € (Artecard)

### Belvedere di San Leucio

San Leucio | Atrio Superiore Parrocchia | www.comune.caserta.it | Mi–Mo 9.30–18 Uhr | Eintritt 6 €, erm. 3 € (Artecard)

Der Palazzo Reale von Caserta ( ▶ S. 160) beeindruckt – von außen vor allem durch seine enorme Größe, innen durch seine prachtvollen Säle im Empirestil.

# GRIECHISCHE TEMPEL IN GIGANTISCHEM AUSMASS – AUSFLUG NACH PAESTUM ⭐ ❾

**CHARAKTERISTIK:** Ein Ausflug in die Zeit der Magna Graecia, bei dem Sie von wahrer architektonischer Größe beeindruckt werden … Gutes Schuhwerk ist sehr empfehlenswert! **DAUER:** Tagesausflug **LÄNGE:** Von Neapel aus ca. 100 km **EINKEHRTIPP:** Nettuno, V. Nettuno 2, Tel. 08 28 81 10 28, www.ristorantenettuno. com, So nur mittags, Mo geschl. €–€€ **AUSKUNFT:** AASTP, Infobüro Paestum, Capaccio, V. Magna Grecia 887, www.infopaestum.it
🦋 östl. G 5

Für die europäische Kulturgeschichte und den deutschen Idealismus war die Entdeckung der (nie verschütteten, sondern lediglich versandeten und vergessenen) drei griechischen Tempel der dorischen Ordnung in Paestum richtungweisend. Das dem Meeresgott zu Ehren benannte Poseidonia ist eine Gründung von griechischen Kolonisten aus dem Peloponnes. Die Lage am Meer war günstig, der Boden fruchtbar. Durch Handel reich geworden, bauten sie ihre Stadt nicht auf einer Akropolis, sondern in der Ebene aus, die ihre Blüte im 6. und 5. vorchristlichen Jh. erlebte.

## Tempel ▶ Basilika

Davon zeugen bis heute die **drei dorischen Tempel Paestums**, die in einem Zeitraum von nur 100 Jahren zwischen 550 und 450 v. Chr. entstanden. Die Stadt kommt im 4. Jh. in die Gewalt der Lukaner und wird 273 als Paestum römische Kolonie. Schon unter Kaiser Augustus war die Ebene wegen der schlimmen Luft verrufen, was sich im Mittelalter zuspitzt. Sarazenenangriffe und Versumpfung setzen der Siedlung zu, die allmählich verödet. Das Ausgrabungsgelände ist weitläufig, die Besu-

cherzahl am frühen Morgen oder späten Nachmittag übersichtlich. So kann man in Paestum einen herrlich kontemplativen Tag im Schatten der Tempel verbringen. Dem Museum gegenüber liegt der Hauptzugang zur Ausgrabungsstätte. Im Norden der Stadt erhebt sich der kleinste der drei Tempel (um 500 v. Chr., 33 x 15 m). Früher als Ceres-Tempel bezeichnet, steht heute fest, dass er der Stadtpatronin Athens, der Göttin **Athena**, geweiht war. Er steht an der höchsten Stelle der Stadt und weist noch Teile des Giebels auf. Der Abstand der sechs Front- und 13 Längssäulen ist vollkommen harmonisch.

Auf der Heiligen Straße passiert man das **römische Amphitheater** und das **Forum**, an dem man gut den Rundbau des **Comitiums**, den Versammlungsort der Bürger, ausmachen kann. Daran schließt sich das griechische **Heraion** an mit zahlreichen Kultbauten. Der sog. **Poseidon**-Tempel (ca. 450 v. Chr., 60 x 24 m) gehört zu den besterhaltenen dorischen Tempeln der griechischen Antike überhaupt. Etwa zur Zeit des Parthenon von Athen erbaut, zeugt er von der Vollkommenheit klassischer Baukunst. Gleich daneben liegt die sog. **Basilika** (ca. 550 v. Chr., 54 x 25 m), der älteste der drei Tempel, der wohl **Hera** geweiht war. Hier fallen besonders die starke Säulenschwellung und die kissenartig gedrückten Kapitelle als archaische Merkmale auf.

Museum ▸ Grab des Tauchers

Im **Museum** sind Grabfunde und die berühmten Metopen (Reliefplatten) eines Tempels aus dem Heiligtum der Hera Argiva, ca. 8 km nördlich von Paestum, zu bewundern. Glanzstück ist das 1968 entdeckte sog. **Grab des Tauchers**, bislang die einzige bekannte griechische Freskomalerei aus der Klassik (ca. 480 v. Chr.): Ein junger Mann macht einen kühnen Kopfsprung von einem Turm – wohin, das bleibt der Fantasie des Betrachters überlassen.

**INFORMATIONEN**

🕐 Besonders am Abend, wenn der Blick auf die beleuchteten Tempel fällt, ist die griechische Tempelanlage in Paestum ein magischer Ort.

Fahren Sie mit dem Pkw über die A 3 bis zur Ausfahrt Battipaglia und anschließend auf der SS 18 bis Capaccio Scalo. Folgen Sie dann den Schildern nach Paestum. Von Neapel brauchen Sie mit dem Zug eineinhalb Stunden bis Paestum, von dort sind es zehn Fußminuten zu den Ausgrabungen.

**Ausgrabungen und Museum von Paestum**

V. Magna Grecia 913 | www.museo paestum.beniculturali.it | tgl. 8.45–19.30, 1. und 3. Mo im Monat 8.45–13.40 Uhr | Eintritt 7 €, erm. 4 € (Artecard)

Vollkommen ausgewogene klassische Proportionen inmitten einer arkadischen Landschaft: der um 450 v. Chr. errichtete Poseidon-Tempel in Paestum (▸ MERIAN TopTen, S. 162).

# SCHWEFELDAMPF UND MYSTISCHE STÄTTEN – DIE PHLEGRÄISCHEN FELDER 🔟

**CHARAKTERISTIK:** Erkunden Sie die Vulkanlandschaft westlich von Neapel und tauchen Sie ein in eine beeindruckende archäologische Welt. **DAUER:** Tagesausflug **LÄNGE:** Von Pozzuoli über Cuma nach Baia ca. 16 km. **EINKEHRTIPPS:** Ein exzellentes Fischrestaurant unter der Rione Terra mit Tischen im Freien: O Valjone, Pozzuoli, Via S. Paolo 2–4, Tel. 08 15 26 56 05 **AUSKUNFT:** AAST-Infobüro, Pozzuoli, www.infocampiflegrei.it

B/C 3/4

Die »brennenden Felder« erstrecken sich auf 150 km² westlich vom Vesuv und schließen geologisch auch Neapel sowie die Inseln Nisida, Procida, Vivara und Ischia ein.

## Solfatara ▶ Pozzuoli Zentrum

Für die alten Griechen lag hier der Eingang zur Unterwelt, was man heute noch bei einem Besuch des **Vulkankraters Solfatara** nachvollziehen kann. Der letzte Ausbruch des einzigen noch nicht erloschenen Vulkans der Phlegräischen Felder liegt zwar schon lange zurück (1198), aber es stinkt und schwefelt bis heute. Hohl klingt es unter dem Boden der Mondlandschaft des Kessels. Fumarolen, Solfataren und Mofetten sind typische Erscheinungen. In der Nähe erlitt der Heilige Gennaro den Märtyrertod, ein kleines Barockkirchlein erinnert an ihn.

**Pozzuoli**, heute das wichtigste Zentrum der Phlegräischen Felder mit ca. 80 000 Einwohnern, war schon in der Antike ein wichtiger Hafen; so gut wie der gesamte Warenaustausch Roms mit Griechenland und dem Orient lief über Pozzuoli. Erst als Rom seinen Hafen Ostia ausbaute, war der Glanz Pozzuolis in der Antike vorbei.

Durch heftige Bodenhebungen und -senkungen ist der Stadtteil Rione Terra, den Sie per Auto vom Krater aus in ca. zehn Minuten erreichen, in der Neuzeit mehrmals evakuiert worden. Seit 2016 ist die **Altstadt** 🚩 wieder zugänglich (▶ S. 17). Über die Via Roma gelangen Sie zum Hafenviertel.

## Fischmarkt ▶ Amphitheater

In der Nähe des sehenswerten Fischmarktes, der jeden Vormittag stattfindet, finden sich in einem archäologischen Park Säulenreste des sog. **Tempio di Serapide**. In der Oberstadt liegt das ausgezeichnet erhaltene **Flavische Amphitheater**. Es fasste 20 000 Zuschauer – schließlich wollten die Soldatenheere am Kap Misenum unterhalten sein! Steigen Sie hinab: Besonders spektakulär sind die Kellergewölbe, die sich dank des »opus caementitium«, des römischen Zements, ausgezeichnet erhalten haben.

## Pozzuoli ▶ Cuma

Über die Küstenstraße zwischen Pozzuoli und Baia erreichen Sie in ca. 30 Minuten die **Akropolis** der antiken griechischen Stadt Cuma (Kyme). Die früheste griechische Kolonie auf dem italischen Festland war zugleich der nördlichste Außenposten – nördlich davon war Etruskerland. Der Ort ist vor allem als Orakelstätte einer der Sibyllen, jenen nach antikem Glauben mit prophetischen Gaben beschenkten Frauen halb göttlicher und halb menschlicher Natur, berühmt. Bei Vergil weissagte die Sibylle von Cuma dem mythischen Begründer Roms, Aeneas, das Ende seiner Irrfahrten. Ihre Grotte ist bis heute das Ziel vieler Besucher.

### Cuma ▶ Baia

Statten Sie zum Schluss Baia einen Besuch ab. In der Burg befindet sich das sehenswerte **Museo Archeologico dei Campi flegrei**. Die Reste der luxuriösen antiken Badeanlagen finden Sie im Parco Archeologico oberhalb des Hafens, über einen bequemen Treppenweg zu erreichen. Eindrucksvoll erhebt sich bis heute die Kuppel des sog. Tempio di Mercuro mit 21 m Durchmesser über einer ehemaligen Therme.

### INFORMATIONEN

Anfahrt nach Pozzuoli über die A1, Ausfahrt Agnano, oder ab Napoli-Mergellina mit der Bahn Circumflegrea.

**Vulkankrater Solfatara**
Pozzuoli | V. Solfatara 161 | tgl.

**Flavisches Amphitheater**
Pozzuoli | V. Carmine | Mi–Mo

**Akropolis di Cuma**
Pozzuoli | V. Acropoli 1 | tgl.

**Museo Archeologico dei Campi flegrei**
Baia | Castello di Baia | Di–So 9–14.30 Uhr

Er wurde ursprünglich für einen Tempel gehalten, dann erkannte man, dass es sich um eine antike Markthalle handelte: der Tempio di Serapide ( ▶ S. 164) in Pozzuoli.

Die intensiv-fruchtige San-Marzano-Tomate stammt von der Amalfiküste.

# GOLF VON NEAPEL
# ERFASSEN

# GOLF VON NEAPEL UND AMALFIKÜSTE KOMPAKT

*Hier erfahren Sie alles, was Sie über die Amalfiküste und den Golf von Neapel wissen müssen – kompakte Informationen über Land und Leute, von Bevölkerung und Sprache über Geografie und Politik bis Religion und Wirtschaft.*

### BEVÖLKERUNG

Kampanien weist die höchste durchschnittliche Bevölkerungsdichte Italiens auf. Im Großraum Neapel leben offiziell 4,4 Mio. Einwohner, die wahre Zahl dürfte aufgrund der Schattenwirtschaft Neapels weit höher sein.

### LAGE UND GEOGRAFIE

Felix Campania – glückliches Kampanien, so nannten die alten Römer den Landstrich rund um Neapel. Die Böden hier gehören zu den fruchtbarsten der Welt, sie bringen exzellente Weine, Gemüse und Obst hervor. Dem vulkanischen Boden ist auch der Thermalreichtum Ischias zu verdanken. Dass der Vesuv gleichzeitig eine große Gefahr birgt, ist die Kehrseite der Medaille: Bei einem Ausbruch von der Stärke von jener aus dem Jahr 1631 würden jedem Golfbewohner exakt sieben Minuten zur Flucht bleiben – bei Verkehrsaufkommen und Bevölkerungsdichte von heute ist so die Katastrophe eigentlich schon vorprogrammiert.

◀ Besonders für Großfamilien geeignet: süße »babàs« ( ▶ S. 32) im XL-Format.

## POLITIK UND VERWALTUNG

Kampanien ist in die fünf Provinzen Neapel, Caserta, Salerno, Avellino und Benevent unterteilt. Die Hauptstadt ist Neapel, die drittgrößte Stadt Italiens. Präsident der Region ist Vincenzo de Luca, der frühere langjährige Bürgermeister von Salerno vom Partito Democratico. Bei den Kommunalwahlen im Juni 2016 setzte sich der ehemalige Untersuchungsrichter und Staatsanwalt Luigi de Magistiris erneut als Bürgermeister von Neapel durch, der der linksgerichteten Partei Italia dei valori (Italien der Werte) angehört. Salernos beliebter Bürgermeister Vincenzo de Luca wurde nun schon zum vierten Mal im Amt bestätigt.

## RELIGION

Der Katholizismus ist allgegenwärtig. Bizarre Katakomben, Wunderprediger und überall die Madonna: Glaube, Kult und Kommerz bilden am Golf von Neapel eine Symbiose. Jeder Ort hat seinen Lokalheiligen; die wichtigste Prozession ist der Muttergottes Madonna dell'Arco geweiht. Die vielen Votivaltäre sind Rettungsanker im alltäglichen Sorgenmeer der armen Bevölkerung.

## SPRACHE

Das Neapolitanische (»nnapulitano«) ist heute zumindest in Kampanien als Sprache anerkannt, die sich wie das Italienische aus dem Vulgärlatein mit starker Beeinflussung aus dem Griechischen entwickelt hat. Es ist v. a. durch die »canzone napoletana« weltweit bekannt geworden und kann auf eine reiche Tradition in Literatur, Theater und Film zurückblicken. Es unterscheidet sich wie die meisten italienischen Regionaldialekte vom Italienischen stark in Lexik, Grammatik und Phonetik.

## WIRTSCHAFT

Die industrielle Entwicklung des »mezzogiorno« ist trotz staatlicher und EU-Subventionen unbedeutend geblieben. Korruption, Nepotismus und die Macht der Camorra zeichnen für die wirtschaftliche Misere verantwortlich. In Kampanien ist das Bruttoinlandsprodukt nur halb so hoch wie in Norditalien. Entsprechend hoch ist die Arbeitslosenquote im Süden, in der Gruppe der bis zu 25-Jährigen weist sie mit 60 % erschreckende Zahlen auf. Es gibt eine Unternehmerschicht, die kleinere Baufirmen, Handwerks- und Landwirtschaftsbetriebe besitzt, ein Großteil der arbeitenden Bevölkerung sichert aber mit Doppel- und Schwarzarbeit seinen Lebensunterhalt. Die Schattenwirtschaft blüht, etwa in Form kleinerer Produktionsstätten, wo Kopien bekannter Markenprodukte hergestellt und dann auf dem Schwarzmarkt vertrieben werden.

**AMTSSPRACHE:** Italienisch
**EINWOHNER:** 5,8 Mio., Großraum Neapel über 4 Mio.
**FLÄCHE:** 13 590 km²
**HAUPTSTADT:** Neapel, ca. 1 Mio. Einwohner, zugleich Hauptstadt der Region Kampanien und der Metropolitanstadt Neapel (NA)
**HÖCHSTER BERG:** Monte Cervati im Cilento, 1899 m
**INTERNET:** www.regione-campania.it
**RELIGION:** 98 % Katholiken

# GESCHICHTE

*Griechen, Normannen, Spanier – viele verschiedene Kulturen haben das Land am Golf von Neapel geprägt. Wirklich »regiert« wurde es aber schon seit jeher nur von einem: dem mächtigen Vesuv.*

## 8. Jh. v. Chr. Erste griechische Kolonien

Zu dieser Zeit lassen sich griechische Kolonisten am Golf von Neapel nieder. Im Gepäck führen sie Ölzweige, Weizenkörner und das griechische Alphabet, aus dem sich einige Jahrhunderte später das lateinische Alphabet entwickeln wird, in dem wir bis in die heutige Zeit schreiben.

Die Griechen gründen um 770 v. Chr. eine Handelsniederlassung auf Ischia (Pithekoussai) und setzen 20 Jahre später nach Kyme (Cuma) aufs Festland über. Von dort aus erobern sie nach und nach die Region, vertreiben erfolgreich die Etrusker nach Norden und gründen zahlreiche weitere Städte – darunter Poseidonia (Paestum), Elea (Velia), Dikaiarcheia (Pozzuoli) und Neapolis, die »neue Stadt«.

Die griechische Sprache wird Jahrhunderte am Golf von Neapel gesprochen, und auch die Römer begeistern sich als echte Philhellenen für griechische Skulpturen und Kunst: Laut Tacitus soll Nero die Stadt Neapel als »quasi graeca urbs« bezeichnet haben.

## 24. August 79 n. Chr. Der Vesuv bricht aus

Der mächtige Vulkan verschüttet Pompeji, Herkulaneum und Stabiae. Die antiken Bewohner Kampaniens hatten einen etwa 2000 m hohen Kegelberg vor sich, von dem der heutige Somma

**8. Jh. v. Chr.**

Besiedlung durch griechische Kolonisten.

**326 v. Chr.**

Eroberung durch die Römer. Die griechische Sprache und Kultur bleiben über Jahrhunderte erhalten.

**79 n. Chr.**

Ausbruch des Vesuvs.

der letzte Rest ist. Dieser riesige Kegelberg hatte wahrscheinlich seit dem 12. Jh. geruht, wodurch der Schlot durch erkaltete Lava völlig verstopft war. 79 kommt es unter ungeheurem Druck zu einem sog. Initialausbruch, der, weil er von dem antiken Autor Plinius d. J. in einem Brief an Tacitus beschrieben wurde, auch **plinianischer Ausbruch** genannt wird. Eine Gaswolke erstickt die Bewohner der Küstenstädte, ein Asche- und Bimssteinregen begräbt das Leben unter sich.

Erst um die Jahrtausendwende entstehen wieder erste Dörfer an den Abhängen des Vesuvs.

## 1139 Eroberung Neapels

Mit der Eroberung Neapels setzt eine lange **Zeit der Fremdherrschaft** ein. Die Normannen, als Söldner in den Süden Italiens gekommen, machen Palermo zur Hauptstadt ihres Reiches und verschmelzen die Kulturen: Italienische, byzantinische und arabische Einflüsse zeigen sich in Kreuzgängen wie am Palazzo Rufolo in Ravello und am Dom von Amalfi. Vor allem unter **Roger II.** und seinen Nachfolgern entfaltet sich eine glänzende Kultur.

Die Normannen machen sich auch die Erfahrung mittelmeerischer Seeleute zunutze: Der Admiral der Flotte von Palermo war protokollarisch der ranghöchste Mann nach dem König, und dieses Amt wurde mehrfach auch Männern arabischer Herkunft anvertraut. In Neapel behaupten die Rothaarigen noch heute gerne, dass sie von den Normannen abstammen.

## 1194–1268 Hohenstaufer-Zeit

Im Jahr 1194 erbt der **Hohenstaufer Heinrich VI.** durch Heirat mit der Tochter Roger II., Konstanze, das Reich. Ihr gemeinsamer Sohn ist **Friedrich II.**, deutscher König, König von Sizilien und ab 1220 Kaiser des Heiligen Römischen Reiches. Er gründet 1224 die erste europäische Staatsuniversität in Neapel, die noch heute seinen Namen trägt (Università Frederico Secondo). Von ihm soll der schöne Satz stammen: »Wenn der Gott der Juden Neapel gekannt hätte, würde er Palästina nicht so gelobt haben.« Wenige Jah-

Goldenes Zeitalter unter den Normannen. Roger II. vereinigt Sizilien und Unteritalien zu einem Königreich.

**1442**

Alfons von Aragon zieht als Herrscher Unteritaliens ein und mit ihm die Epoche der Renaissance und des Humanismus.

**1137**

**1268**

In Neapel wird Konradin, der letzte Staufer, hingerichtet. Neapel, nunmehr Hauptstadt des Anjou-Reiches, erfährt eine kulturelle Blüte (Giotto, Boccaccio, Petrarca). Gleichzeitig streiten die Anjous mit den Aragonesen um die Herrschaft in Unteritalien.

re nur waren seinen Nachfolgern be-
schieden, denn die Kurie überträgt
**Karl von Anjou**, dem Bruder Lud-
wigs IX. von Frankreich, Sizilien. Dieser besiegt Manfred, den Sohn Fried-
richs, in der Schlacht von Benevent.
Der letzte Hohenstaufer, Konradin,
Sohn Konrad IV., wird 1268 auf dem
Marktplatz in Neapel hingerichtet.

### 1442 Neapel unter spanischer Herrschaft

Im Jahr 1442 zieht der Spanier **Alfons I.
von Aragon** in Neapel ein und mit ihm
der Geist der Frührenaissance. Der König selbst versuchte sich an der Übersetzung von Senecas Texten. Doch
noch ist die Gegend der scholastischen
Tradition der Universität Friedrich II.
verhaftet, und nur allmählich kann
sich der Humanismus behaupten.
Der Kunstgeschmack am Golf von Neapel entwickelte sich nicht wie in Florenz, Venedig oder auch Mailand aus
einem künstlerischen Mäzenatentum
einer Bürgerschaft, sondern hing von
der Persönlichkeit des jeweiligen
Machthabers, des Königs, ab. Auch aus

diesem Grund gibt es kaum Spuren der
Renaissance am Golf von Neapel.
Nach einer 60-jährigen Herrschaft der
Aragonesen kommen die spanischen
Habsburger für 200 Jahre auf den
Thron, und mit ihnen setzt sich der Ba-
rock durch.

### 17. Jh. Neapel wächst

Im 17. Jh. lebten in Neapel bereits
400 000 Menschen! Mit Paris und London gehörte Neapel zu den größten
Städten Europas, die eine hohe Anzie-
hungskraft auf Dichter und Künstler
ausübte – Luca Giordano, Jusepe de
Ribera, ein Schüler Caravaggios, Do-
menichino hinterlassen Meisterwerke.
**Karl V.** – in dessen Reich die Sonne
nicht unterging – sandte einen seiner
besten Männer als Vizekönig nach Neapel: **Don Pedro Toledo, Markgraf von
Villafranca**. Dieser reformiert das
Rechtswesen und sorgt für eine Säube-
rung der Straßen durch Trassenlegung.
Nach ihm ist die lange Nord-Süd-
Schneise in Neapel benannt, zu beiden
Seiten entstehen neue Quartiere. Die
Kehrseite der Medaille sind die Aus-

**Im 17. Jh.**

**1688**

**1713**

Nach dem Spanischen Erb-
folgekrieg werden die Könige
reiche Neapel und Sizilien
österreichischer Besitz.

Neapel ist (nach Paris) die
zweitgrößte Stadt Europas
mit prächtigen Bauten und
einer blühenden Kunstszene.

Ein verheerendes Erdbeben
fordert viele tausend
Menschenleben.

beutung des Volkes und eine Reihe von Naturkatastrophen – der Vesuv bricht im 16. Jh. gleich sechsmal stark aus, was viele Neugierige aus ganz Europa anzieht.

## 1738 Beginn der Ausgrabungen am Vesuv

In diesem Jahr setzen auf Anweisung des Bourbonenkönigs Karl III. systematische **Grabungen in Herkulaneum** am Fuß des Vesuvs ein. Der Grund war nicht ganz uneigennützig: Für die neuen Residenzen in Caserta und Capodimonte bestand ein erhöhter Bedarf an Bildwerken der Antike – möglichst im Original. Hierzu wurde eigens eine Gesellschaft gegründet, die Accademia ercolanese, die älteste archäologische Gesellschaft der Welt! Den Anfang hatte der Habsburger **Fürst von Elbeuf** gemacht, als er ab 1709 durch Stollengrabungen das Theater von Herkulaneum seiner Statuen beraubte – seither ist das Theater nicht mehr zugänglich.

Durch die Ausgrabungen in Herkulaneum und Pompeji entstand die klassische Altertumswissenschaft, die Archäologie. Die pompejanischen Wandmalereien erstaunen auch noch 2000 Jahre nach ihrer Entstehung.

## 1859 Die Zäsur

Als Neapel 1859 von den Truppen **Garibaldis** erobert und an das Königreich Italien angeschlossen wird, verliert die Stadt ihre Rolle als Hauptstadt des Königreichs beider Sizilien. Stattdessen wird die Region Teil jenes »mezzogiorno«, welches aus der Perspektive des jetzt zur Herrschaft gelangten Nordens als unterentwickelt und rückständig erscheint. Die sich ausbreitenden Cholera-Epidemien gaben dieser Haltung Zündstoff.

Andererseits blüht jene Kultur der »**napoletanità**« auf, in der die Stadt sich nostalgisch selbst feiert: Pulcinella, der spaghettischlingende Narr, die Tarantella und andere folkloristische Elemente prägen das Bild vom Golf von Neapel, das auch zum Sehnsuchtsort für Tausende von Emigranten wird, die resigniert ihre Heimat verlassen und die Reise über den Großen Teich ohne Rückfahrtticket antreten.

---

**Ab 1738**
Beginn der Ausgrabungen am Vesuv.

**1861**
Nach einem Plebiszit wird Süditalien Teil des nunmehr geeinigten Nationalstaats Italien. Soziales Elend sowie Cholera-Epidemien leiten eine ständig wachsende Auswandererwelle nach Nord- und Südamerika ein.

**1944**
Letzter Ausbruch des Vesuvs.

**1943**
Schwere Bombenangriffe treffen Neapel, das im September von deutschen Truppen geräumt wird.

## 1939–1945 Während des Zweiten Weltkriegs

Neapel war die erste italienische Stadt, die sich nach der **Landung der Alliierten** im Herbst 1943 aus eigener Kraft von den deutschen Besatzern befreite. Jetzt wird es noch einmal international: Schmuggel und Schwarzhandel aus aller Welt blühen in der Hafenstadt – der Augenzeuge Curzio Malaparte hat in seinem immer noch lesenswerten Roman »Die Haut« ein drastisches Bild von der harten Realität nach der Befreiung gezeichnet. Die Amerikaner können nur staunen angesichts von so viel Vitalität aufseiten des Volkes und der Wucht der Naturgewalten: Sie erleben hautnah den letzten **Ausbruch des Vesuvs am 18. März 1944**. Seither trägt der Vesuv seine berühmte Rauchfahne nicht mehr – aber der ruhige Anblick trügt. Jederzeit kann der Vulkan wieder ausbrechen.

## 1950er-Jahre Nachkriegsjahre

Unter dem korrupten langjährigen Bürgermeister Achille Lauro fällt die Region in der Mitte des 20. Jh. einer wilden Bauspekulation zum Opfer. Ökonomische Hilfsprogramme wie die »**Cassa per il mezzogiorno**«, die bis 1992 Milliarden in den Süden pumpte, dienten vorrangig der Industrialisierung des Südens, übersahen allerdings traditionelle wirtschaftliche und soziale Strukturen, v. a. im Bereich des Kleingewerbes und der Manufakturen – und versickerten.

Die Landschaft zersiedelt, Baugenehmigungen werden gegen Geld fast überall vergeben. Wie schon 80 Jahre zuvor breiten sich Elend und Kriminalität aus, und eine neue Auswanderungswelle setzt ein. Diesmal ist nicht mehr das gelobte Land Amerika das Traumziel, sondern v. a. die Bundesrepublik Deutschland, die 1955 ein Anwerbeabkommen mit Italien abschließt. Etwa 800 000 Süditaliener verlassen in den darauffolgenden Jahren ihre Heimat – und längst nicht alle sind zurückgekehrt. Die meisten von ihnen machen sich in Deutschland selbstständig – sie eröffnen Pizzerien namens »Napoli« und Eisdielen, die »Capri« heißen.

**1950–70er-Jahre**

Ungehemmte Bauspekulation und Korruptionsfälle.

**1973**
Cholera-Epidemie in Neapel.

**1980**
Schweres Erdbeben.

**1990er**
Durch die Aktion »Mani pulite« landen viele Politiker wegen Korruption im Gefängnis.

## 23. November 1980 Schweres Erdbeben

Um 19.34 Uhr Ortszeit bebt die Erde mit einer Stärke von 6,89 auf der Momenten-Magnituden-Skala. Das Epizentrum liegt etwa 100 km östlich von Neapel, in Irpinia, und erschüttert die Regionen Kampanien und Basilicata. Die traurige Bilanz: 2914 Menschen verlieren ihr Leben, rund 10 000 sind verletzt, 70 Siedlungszentren sind total oder schwer zerstört, 300 000 Menschen sind obdachlos, davon allein ein Drittel in Neapel.

Aus aller Welt fließt Soforthilfe in das Krisengebiet, doch die Camorra nutzt die Hilfe aus und erpresst Schutzgelder von den Hilfsorganisationen. Im Kampf um die Verteilung der Mittel verlieren weitere 800 Menschen ihr Leben. Doch es gibt auch positive Signale: Eine mit Architekten, Statikern und Kunsthistorikern besetzte Behörde mit Sitz in Neapel zum Schutz der einsturzgefährdeten Denkmäler wird als Kompetenzzentrum schnell eingerichtet und kann weitere Zerstörungen abwenden.

## 2006 bis heute Kampf gegen die Camorra

2006 veröffentlicht Roberto Saviano, aufgewachsen in der Camorra-Hochburg Casal di Principe, seinen Tatsachenroman »Gomorrha«, in dem er minutiös die Praktiken des weitverzweigten Camorra-Clans beschreibt und nicht davor zurückschreckt, die Namen der Täter zu nennen. Durch sein Buch wird der junge Autor, dessen Reportage in über 50 Sprachen übersetzt ist, zur Anti-Mafia-Ikone. Die Verfilmung wird auf den Filmfestspielen in Cannes mit dem Großen Preis der Jury ausgezeichnet. 2012 erscheint Savianos Roman »Der Kampf geht weiter. Widerstand gegen Mafia und Korruption« (deutsch bei Hanser), in dem er auch das langanhaltende Müllproblem am Golf von Neapel beschreibt. Die literarische Sensation des Herbstes 2016 im deutschsprachigen Raum ist Elena Ferrantes erster Teil der Neapel-Tetralogie »Meine geniale Freundin«. Seit Jahren ein Bestseller in Italien und in den USA, ist nun auch Deutschland im »Ferrante-Fieber«.

---

**2007/08**
Müllnotstand in Neapel.

**2013**
Am 22. April wird der 87-jährige Neapolitaner Giorgio Napolitano für eine zweite Amtszeit als italienischer Staatspräsident vereidigt.

**2008**
Die Verfilmung des Camorra-Enthüllungsthrillers »Gomorrha« von Roberto Saviano erhält den Großen Preis bei den Filmfestspielen von Cannes.

# REISEINFORMATIONEN

## Anreise und Ankunft

### MIT DEM AUTO

Die Autofahrt ab Mitteleuropa ist ohne Zwischenübernachtung eine große Strapaze. Von München beträgt die Entfernung nach Neapel 1117 km, von Wien 1324 km, von Zürich 1055 km. Auf allen italienischen Autobahnen wird Maut erhoben, für Österreich und die Schweiz ist eine Vignette erforderlich. Der italienische Automobilclub ACI leistet kostenpflichtig Pannenhilfe rund um die Uhr, Tel. 80 31 16.

### MIT DEM ZUG

Die umweltfreundlichste Variante ist die Anreise mit dem Zug nach Napoli Centrale, die von München jeden Abend bequem im Liege- oder Schlafwagen mit Umsteigen in Rom oder Florenz möglich ist. Von Zürich bestehen täglich mehrere Verbindungen, meist mit Umsteigen in Mailand. Von Wien dauert die Fahrt länger.

### MIT DEM FLUGZEUG

Die Drehscheibe für Kampanien ist der internationale Flughafen Napoli Capodichino, der ganzjährig mehrmals täglich im Linienflugverkehr und mit Low-Cost-Fluggesellschaften erreichbar ist. In der Saison fliegen viele Ferienflieger nach Neapel. Am Terminal befinden sich mehrere Autovermieter. Ein Shuttle-Bus (Alibus) bringt Passagiere schnell und bequem in 20 Minuten zum Hauptbahnhof und zum Hafen. Die Entfernung zur Innenstadt beträgt 8 km.

## Artecard

Die Regionencard ist ein Kombiticket für den Besuch der wichtigsten Museen und archäologischen Ausgrabungsstätten ohne Anstellen und (teilweise) die Benutzung der öffentlichen Verkehrsmittel für drei, sieben oder 365 Tage in Kampanien.

Folgende Artecards sind im Angebot:

**Campania Artecard für drei Tage:** zwei Ausgrabungsstätten oder Museen frei, alle anderen mit 50 % Rabatt, freie Fahrt in Kampanien (32 €, erm. für 18- bis 25-Jährige 25 €).

**Campania Artecard für sieben Tage:** fünf Ausgrabungsstätten oder Museen frei, alle anderen mit 50 % Rabatt, ohne Nutzung der Verkehrsmittel (34 €).

**Campania Artecard 365:** freier Eintritt in fast allen staatlichen Museen und Ausgrabungsstätten in Kampanien (43 €, erm. für 18- bis 25-Jährige 33 €). Alle Museen und Ausgrabungsstätten können innerhalb eines Jahres zweimal besucht werden. Keine Vergünstigungen beim öffentlichen Nahverkehr.

Informationen und Verkauf unter www.campaniaartecard.it sowie am Flughafen Neapel, an Bahnhöfen sowie in vielen staatlichen Museen.

Für Personen unter 18 Jahren lohnt sich die Anschaffung der Artecard nicht. Viele Museen gewähren ihnen freien bzw. ermäßigten Eintritt.

Führen Sie den Personalausweis/die Identitätskarte als Beweis mit sich. An jedem ersten Sonntag des Monats ist der Eintritt in alle staatlichen Museen und Ausgrabungsstätten frei.

## Auskunft

IN DEUTSCHLAND, ÖSTERREICH UND
DER SCHWEIZ
**Italienische Zentrale für Tourismus
ENIT**

– Barckhausstr. 10 | 60325 Frankfurt am
Main | www.enit.de
– Mariahilfer Str. 1b | 1060 Wien |
Tel. (01) 5 05 16 39 | www.enit.at
– Uraniastr. 32 | 8001 Zürich |
Tel. (0 43) 4 66 40 40 | www.enit.ch

IN NEAPEL
**AAST**
Die Azienda Autonoma di Soggiorno
Cura e Turismo di Napoli (www.inap-
les.it) gibt das monatlich erscheinende,
kostenlose zweisprachige (ital./engl.)
Informationsheft »Qui Napoli« heraus.
– Neapel | V. San Carlo 9
▶ **Klappe hinten, c 4**
– Neapel | P.zza del Gesù
▶ **Klappe hinten, d 2**

**EPT Salerno**
Salerno | V. Velia 15 | Tel. 0 89 23 04 11 |
www.eptsalerno.it

## Buchtipps

**Ferrante, Elena: Meine geniale
Freundin** (Suhrkamp, 2016) Der
erste Teil der Neapel-Saga ist ein
weltweiter Bestseller. Im Frühjahr
und Herbst 2017 erscheinen die Fol-
gebände »Die Geschichte eines
neuen Namens«, »Die Geschichte
der getrennten Wege« und »Die Geschichte des verlorenen Kindes«.
**Neumeister, Christoff: Der Golf
von Neapel in der Antike. Ein literarischer Reiseführer** (Beck, 2005)

Ausgezeichnete Anthologie antiker
Texte, die der Autor kundig kom-
mentiert.
**Parella, Valeria: Der erfundene
Freund** (Wagenbach, 2006) Vier
freche Erzählungen der neapolitanischen Autorin.
**Richter, Dieter: Goethe in Neapel**
(Wagenbach, 2012) Der Autor zahlreicher ausgezeichneter Bücher
über den Golf von Neapel hat diesmal Goethes »Italienische Reise«
unter die Lupe genommen.
**Sontag, Susan: Der Liebhaber des
Vulkans** (Fischer, 2006) Ein fulmi-
nant geschriebener historischer Roman, der uns in das bourbonische
Neapel des 18. Jh. und die Liebesaf-
färe zwischen dem Seehelden Lord
Nelson und der entzückenden
Emma Hamilton, der Gemahlin des
britischen Gesandten am Hof von
Neapel, führt.

## Diplomatische Vertretungen
**Honorarkonsulat der Bundesrepu-
blik Deutschland** ▶ **Klappe hinten, d 4**
Neapel | V. Medina 40 | Tel. 0 81
2 48 85 11 | neapel@hk-diplo.de

**Konsulat der Republik Österreich**
▶ **Klappe hinten, f 2**
Neapel | V. Ricciardi 10 | Tel. 0 81
5 53 43 72 | consolatoaustria.napoli@
gmail.com

**Konsulat der Schweiz**
▶ **Klappe hinten, a 3**
Neapel | V. Consalvo Carelli 7 | Tel.
00 39 3 35 8 31 52 57 (Mobil) | napoli@
honrep.ch

## Feiertage

**1. Jan.** Capodanno (Neujahr)
**6. Jan.** Epifania (Heilige Drei Könige)
**Ostermontag** Pasquetta
**25. April** Anniversario della Liberazione (Tag der Befreiung)
**1. Mai** Festa del Lavoro (Tag der Arbeit)
**2. Juni** Festa della Repubblica (Nationalfeiertag)
**15. Aug.** Ferragosto (Mariä Himmelfahrt)
**1. Nov.** Ognisanti (Allerheiligen)
**8. Dez.** L'Immacolata (Unbefleckte Empfängnis)
**25. Dez.** Natale (Weihnachten)
**26. Dez.** Santo Stefano (Fest des Hl. Stefan)

## Geld

Am einfachsten erhält man Bargeld unter Angabe der PIN mit EC- oder Kreditkarte an den Geldautomaten (Bancomat), ggf. wird dafür eine Gebühr erhoben, die an den Automaten niedriger ist als am Schalter. Bei bargeldloser Zahlung mittels Kreditkarte darf innerhalb der EU keine Gebühr mehr verlangt werden, Schweizer Bürger müssen ein Entgelt in Höhe von ein bis zwei Prozent des Umsatzes zahlen. Rechnungen und Belege (»ricevuta« bzw. »scontrino fiscale«) müssen nach Verlassen des Geschäftes eine Weile aufbewahrt und auf Verlangen der Steuerpolizei (»guardia di finanza«) gezeigt werden.

## Kleidung

Die Einheimischen legen Wert auf eine gewisse Eleganz. Shorts sollte man in Neapel ganz vermeiden, sie eignen sich weder für den Kirchenbesuch noch für das Restaurant. Bequemes Schuhwerk ist für das Laufen auf dem unebenen Lava-Asphalt ratsam. Auf den Inseln und an den Küstenorten ist Sommerkleidung üblich, doch sollte sie auf keinen Fall zu knapp sein.

Im Winter sind Hotels häufig nur dürftig beheizt. Warme Kleidung und Regenschutz sollte daher im Gepäck nicht fehlen.

## Links und Apps

LINKS
**www.campaniameteo.it**
Wettervorhersage für ganz Kampanien
**www.incampania.com**
Umfangreiche Website der regionalen Tourismusbehörde mit aktuellem Veranstaltungskalender, auch auf Englisch
**www.inaples.it**
Homepage des Fremdenverkehrsamtes von Neapel, das Magazin »Qui Napoli« kann man sich auch herunterladen.
**www.museiincampania.it**
Alle Museen Kampaniens auf einen Blick
**www.pompeiisites.org**
Spannende Homepage über die Grabungen der Vesuvstädte
**www.slowfoodcampania.com**
Kulinarische Genüsse in Kampanien: Adressen, Veranstaltungen, Projekte

APPS
**Leo**
Online-Zugriff auf Wörterbücher
Android, iOS | gratis
**MapDroyd**
On- und Offline-Kartenmaterial
Android | gratis
**The Traveler**
Reisetagebuch für Fotos und Videos
Android | gratis

## Medizinische Versorgung

KRANKENVERSICHERUNG

Die Kosten für ärztliche Behandlungen im Ausland werden von den gesetzlichen und Ersatz-Krankenkassen übernommen, sofern es sich um einen akuten Krankheitsfall handelt und die medizinische Versorgung noch am Urlaubsort erfolgen muss. Dafür benötigt man die Europäische Krankenversicherungskarte EHIC, die man von der heimischen Krankenkasse erhält. Manchmal wird man auch gebeten, die Behandlungskosten sofort zu tragen, dann benötigt man für die Erstattung zu Hause eine quittierte Rechnung mit Übersetzung (»ricevuta fiscale«). Sinnvoll ist in jedem Fall der Abschluss einer privaten Auslands-Reise-Krankenversicherung und ggf. einer Versicherung für den Krankenrücktransport. Jedes Krankenhaus bietet eine kostenlose Notfallversorgung (»pronto soccorso«).

KRANKENHÄUSER

### Ospedale Evangelico Villa Betania
▶ **Klappe hinten, östl. f 2**

Neapel | V. Argine 604 | Tel. 08 15 91 21 11

### Ospedale di Sorrento   📍 D 5

Sorrent | Corso Italia | Tel. 08 15 33 11 11

### Ospedale Costa d'Amalfi   📍 F 5

Ravello | V. Civita 70 | Tel. 08 94 45 58 96

APOTHEKEN

Apotheken, »farmacie«, geben zahlreiche Medikamente rezeptfrei ab. Die üblichen Öffnungszeiten sind Mo–Fr 8.30–12.30 und 16–20 Uhr. Nacht-, Wochenend- und Notdienste sind jeweils angeschlagen (»farmacia di turno«).

## Nebenkosten

| | |
|---|---|
| 1 Tasse Espresso (an der Bar/ im Sitzen) | ab 1,00 €/ab 2,00 € |
| 1 l offener Hauswein | ca. 5,00 € |
| 1 Glas Bier | 3,00–5,00 € |
| 1 Glas Cola | 2,00–3,00 € |
| 1 Schachtel Zigaretten | ab 4,30 € |

1 Taxifahrt ....... 3,50 € Grundgebühr, 0,05 € für 60 zurückgelegte Meter, Mindestpreis 4,50 € in der Stadt; abweichender Preis außerhalb.

| | |
|---|---|
| 1 l Benzin | 1,70 € |
| Mietwagen/Tag | ab ca. 50,00 € |

## Notruf

**112** gebührenfreie und zentrale Notrufnummer aus Mobil- oder Festnetz (Polizei, Feuerwehr)
**117** Guardia di Finanza
**118** Notarzt, Rettungsdienst

## Post

Briefmarken (»francobolli«) erhält man am besten in Tabakläden (»tabacchi«) oder auf Postämtern (»ufficio postale«). Die Briefkästen in Italien sind rot. Das Porto für eine Postkarte oder einen Brief innerhalb der EU und in die Schweiz beträgt mit der Standardpost 1 €.

## Reisedokumente

Für Bürger der EU und der Schweiz genügt zur Einreise der Personalausweis bzw. die Identitätskarte. Kinder benötigen eigene Reisedokumente. Ein Eintrag im Reisepass der Eltern reicht nicht aus. Bei Verlust haben sich Kopien der Ausweise als hilfreich erwiesen. Autofahrer müssen neben dem nationalen Führerschein und den Autopapieren auch die Grüne Versicherungskarte mitführen.

## Reiseknigge

### DIE STRASSE ÜBERQUEREN

Es hilft kein Warten: Man bewege sich mutig und bestimmt über die Straße und wird schnell feststellen: Neapels Autofahrer mögen chaotisch sein, aber sie sind auch spontan, reaktionsschnell, hilfsbereit und halten sich mehr an das, was gerade vor ihnen passiert, als an Regeln.

### GESTIK

Was generell für die Italiener gilt, gilt in besonderem Maße für die Bewohner am Golf von Neapel: Sie untermalen ihr ohnehin laut- und ausdrucksstarkes Stimmorgan durch eine ausgeprägte Gebärdensprache. Hüten Sie sich insbesondere im Autoverkehr davor, den Zeigefinger und kleinen Finger an der geschlossenen Faust gespreizt in die Höhe zu halten: Das Zeichen für das Gehörntwerden, »fare le corna«, gilt im Süden immer noch als schlimmste Beleidigung überhaupt.

Zeigen die Finger übrigens nach unten, soll die Geste vor Unheil schützen, unserem Klopfen auf Holz vergleichbar.

### KOMMUNIKATION

Die Neapolitaner sind ein überaus kommunikatives, neugieriges und offenes Volk. Gehen Sie auf die Leute zu: Ein paar Brocken Italienisch werden mit einem überschwänglichen Redeschwall belohnt. Persönliche Fragen nach dem Familienstand und der Zahl der Kinder sind selbstverständlich.

### RECHNUNG

»Pagare alla romana« – römisch zahlen heißt getrennt zahlen, was für den Neapolitaner undenkbar ist. Der Kellner wird selbstverständlich eine Rechnung für den gesamten Tisch bringen, und es ist eine Frage der Ehre, wer diese übernimmt. Eine großzügige »mancia« (Trinkgeld) ist natürlich immer gern gesehen.

### RELIGION

Wunder bleiben Wunder, ganz besonders in dieser Region, wo ein unerschütterlicher Katholizismus seit Jahrhunderten getränkt ist von einem anrührenden Aberglauben. Rütteln Sie nicht daran und hinterfragen Sie nicht.

## Klima (Mittelwerte)

| | Januar | Februar | März | April | Mai | Juni | Juli | August | September | Oktober | November | Dezember |
|---|---|---|---|---|---|---|---|---|---|---|---|---|
| Tages-temperatur | 12 | 13 | 15 | 18 | 23 | 26 | 29 | 29 | 26 | 22 | 18 | 14 |
| Nacht-temperatur | 7 | 7 | 9 | 11 | 15 | 18 | 21 | 21 | 19 | 15 | 11 | 9 |
| Sonnen-stunden | 4 | 4 | 5 | 7 | 8 | 9 | 10 | 10 | 8 | 6 | 4 | 3 |
| Regentage pro Monat | 11 | 11 | 11 | 9 | 7 | 6 | 2 | 3 | 7 | 10 | 10 | 13 |
| Wasser-temperatur | 14 | 13 | 14 | 15 | 18 | 21 | 24 | 25 | 24 | 21 | 18 | 15 |

Respektieren Sie die Orte, die in der Volksfrömmigkeit einen festen Platz eingenommen haben.
Überall am Golf wimmelt es von blutspritzenden Heiligen, das Fegefeuer durchquerenden Seelen, die nicht gestört werden dürfen, kraftspendenden Madonnen und erfindungsreichen adligen Alchemisten.

## Reisezeit

Von April bis Oktober herrscht ideales Urlaubswetter, wenn man den italienischen Urlaubsmonat August ausklammert. Dann ist es an den Küstenorten voll, laut, und die Preise steigen. Neapel hingegen entvölkert sich, aber die Hitze in den engen Gassen macht auch dem Kulturhungrigsten zu schaffen. Die durchschnittlichen 72 Regentage im Jahr konzentrieren sich meist auf die Wintermonate.

## Sicherheit

Neapel eilt ein schlechter Ruf voraus, obwohl statistisch gesehen in Florenz und Mailand mehr Autos geklaut werden als in ganz Kampanien! Dennoch ist Vorsicht angeraten: auf Schmuck und Handtaschen sollte besser ganz verzichtet werden. Führen Sie jeweils kleinere Geldmengen mit sich, am besten ohne Portemonnaie in der vorderen Hosentasche. Reisedokumente und Wertsachen gehören in den Hotelsafe, im Auto sollte man grundsätzlich keine Taschen liegenlassen. Wildes Campen sollte ganz vermieden werden. Blutfehden zwischen den Camorra-Clans werden untereinander ausgetragen und tangieren den Tourismus nicht. Bei Diebstahl muss man bei der Polizei oder den Carabinieri ein Protokoll zur Vorlage bei der eigenen Reisegepäckversicherung aufnehmen lassen. Bei Verlust der Reisedokumente wende man sich an die Botschaft des Heimatlandes in Rom.

## Strom

Die Stromspannung beträgt 220 Volt. Alle Elektrogeräte mit Flachstecker können problemlos verwendet werden. Für Geräte mit Schukostecker benötigt man einen Adapter.

## Telefon

VORWAHLEN

**D, A, CH** ▸ **Italien** 00 39
**Italien** ▸ **D** 00 49
**Italien** ▸ **A** 00 43
**Italien** ▸ **CH** 00 41

In ganz Italien müssen die Ortsvorwahlen auch aus dem Ortsnetz mit der 0 stets mitgewählt werden, in Neapel und Region 0 81 plus Rufnummer. Die italienischen Mobilfunknummern beginnen mit einer 3. Nach Ankunft in Italien bucht sich das eigene Handy ins italienische Netz ein. Die »cellulari« sind das Lieblingsspielzeug der Nation, und entsprechend gut ausgebaut ist der Empfang.
An den Kiosken und in den »tabacchi«-Läden sind Telefonkarten (»scheda telefonica«) erhältlich.

## Tiere

Zur Einreise von Hunden und Katzen ist ein EU-Heimtierpass mit gültiger Tollwutimpfung vonnöten, darüber hinaus eine Identitätskennung des Tieres durch Tätowierung oder Mikrochip. Kleine Hunde werden in Hotels meist gegen geringen Aufschlag akzeptiert.

## Verkehr

### AUTO

In Neapel, an der sorrentinischen und amalfitanischen Küste sowie auf den Inseln kann man alle Orte mit den öffentlichen Verkehrsmitteln bequem erreichen. Anders sieht es im Cilento aus. Die Promillegrenze liegt bei 0,5 ‰. Die zulässige Höchstgeschwindigkeit beträgt in Ortschaften 50 km/h, auf Landstraßen 90 km/h, auf Schnellstraßen 110 km/h und auf Autobahnen, die mautpflichtig sind, zwischen 130 und 150 km/h. Leuchtende Warnwesten müssen für Fahrer und Beifahrer im Fahrgastraum mitgeführt werden und im Fall einer Panne vor Verlassen des Autos angezogen werden. Das Mitführen von Reservekanistern ist in Italien verboten, daher wird rechtzeitiges Tanken empfohlen. Auch tagsüber müssen alle Pkw mit Abblendlicht fahren.

### FAHRRAD

In den Städten sollte man auf das eigene Fahrrad ganz verzichten. Die ländliche Gegend des Cilento ist jedoch für Radfahrer sehr geeignet! Gegen ein »supplemento bici« können Räder auch in Regionalzügen transportiert werden (www.cilento-aktiv.info/cilento-aktiv/radfahren).

### MIETWAGEN

Verleih am Flughafen von Neapel und allen touristischen Orten. Meist ist es günstiger, ein Auto über das Internet vorab zu mieten.

### ÖFFENTLICHE VERKEHRSMITTEL

**U-Bahn**

Das Netz der öffentlichen Verkehrsmittel ist ausgebaut und modernisiert worden. In Neapel kann man mit dem Fahrschein UnicoNapoli, der an den Kiosken, in »tabacchi«-Läden, der U-Bahn, an der Bergbahn und an den Bahnhöfen erhältlich ist, Busse, Straßenbahnen, die Standseilbahnen (»funicolari«) zum Vomero und die Metrolinien im gesamten Stadtbereich und in den angrenzenden Vororten benutzen.

**Campania Artecard für drei Tage**

Drei Tage lang freie Fahrt in ganz Kampanien (▶ S. 176).

**Metro del Mare**

Die Metro del Mare (schnelle Schiffsverbindungen) verbindet die wichtigsten Hafenorte: Linie 1: Salerno–Cilentoküste, Linie 2: Cilento–Amalfiküste, Linie 3: Neapel–Capri–Sapri.

**Bergbahn (Funicolare)**

Drei Bergbahnen verbinden 7–22 Uhr (Fr und Sa auch länger) Neapels Zentrum mit dem Vomero:
– Funicolare Centrale ab Piazzetta Augusteo, Toledo
– Funicolare Montesanto ab Piazza Montesanto hinauf zum Castel Sant'Elmo und San Martino
– Funicolare Chiaia ab Piazza Amedeo zur Villa Floridiana
– Funicolare Mergellina ab Hafen von Mergellina nach Posillipo

**Bahn**

Über die Stadtgrenzen von Neapel hinaus gilt das Ticket UnicoCampania (www.unicocampania.it).
Nach Sorrent fährt täglich bis Mitternacht ab Neapel-Hbf. im 30-Minuten-Takt die Circumvesuviana (Halt auch in Herkulaneum und Pompeji, Fahrtzeit 1 Std., www.vesuviana.it).
Der Campania Express, ein neuer, sauberer Express-Touristen-Zug, verbin-

det von März bis Oktober den Hauptbahnhof von Neapel mit Herkulaneum, Pompeji und Sorrent ohne Zwischenstopp (Tickets unter www.eavsrl.it). Zu den Phlegräischen Feldern gelangt man am schnellsten ab Napoli Montesanto mit der Vorortbahn Cumana und der Circumflegrea, die bis nach Cuma fährt (www.eavsrl.it).

Die Städte Caserta und Paestum erreicht man am besten mit dem Zug (www.trenitalia.com).

**Bus**

Die Überlandbusse der SITA verbinden Neapel mit der sorrentinischen Halbinsel und den Flughafen Capodichino mit Salerno und Vietri sul Mare. Tel. 0 34 41 03 10 70 | www.sitasud trasporti.it | Fahrtzeiten Neapel–Maiori–Amalfi: 2 Std., Sorrent–Amalfi: 1,5 Std.

**Schiff**

Zu den Inseln fahren Fähren, Katamarane und Tragflügelboote ab Neapel, Sorrent, Salerno, Castellammare und Pozzuoli (www.aliscafi.it, www.traghet ti.com).

## Zeitungen und Zeitschriften

Ausländische Zeitungen sind meist tagesaktuell erhältlich. Die Regionalzeitung »Il Mattino« enthält einen ausführlichen Veranstaltungskalender.

## Zoll

Wein darf in unbegrenzter Menge aus EU-Staaten nach Deutschland eingeführt werden; weitere Höchstmengen für den persönlichen Gebrauch (10 l Spirituosen, 800 Zigaretten oder 200 Zigarren) sollten allerdings nicht überschritten werden. Für Schweizer Bürger und den Duty-Free-Einkauf gelten: 200 Zigaretten, 100 Zigarillos, 50 Zigarren oder 250 g Tabak; 1 l Spirituosen oder 2 l Likör und 2 l Wein, 50 g Parfüm oder 250 ml Eau de Toilette. www.zoll.de, www.bmf.gv.at/zoll, www.zoll/ch

## Entfernungen (in km) zwischen wichtigen Orten

|  | Neapel | Salerno | Paestum | Capri | Ischia | Amalfi | Pozzuoli | Sorrent | Pompeji | Caserta |
|---|---|---|---|---|---|---|---|---|---|---|
| Neapel | – | 55 | 100 | 42 | 47 | 70 | 23 | 50 | 25 | 20 |
| Salerno | 55 | – | 48 | 76 | 98 | 25 | 76 | 55 | 33 | 90 |
| Paestum | 100 | 48 | – | 122 | 153 | 71 | 131 | 102 | 78 | 130 |
| Capri | 42 | 76 | 122 | – | 33 | 33 | 51 | 17 | 61 | 77 |
| Ischia | 47 | 98 | 153 | 33 | – | 94 | 27 | 93 | 28 | 77 |
| Amalfi | 70 | 25 | 71 | 33 | 94 | – | 92 | 32 | 49 | 100 |
| Pozzuoli | 23 | 76 | 131 | 51 | 27 | 92 | – | 70 | 46 | 44 |
| Sorrent | 50 | 55 | 102 | 17 | 93 | 32 | 70 | – | 28 | 80 |
| Pompeji | 25 | 33 | 78 | 61 | 28 | 49 | 46 | 28 | – | 62 |
| Caserta | 20 | 90 | 130 | 77 | 77 | 100 | 44 | 80 | 62 | – |

# ORTS- UND SACHREGISTER

Wird ein Begriff mehrfach aufgeführt,
verweist die **fett** gedruckte Zahl auf die Hauptnennung.
Abkürzungen: Hotel [H] · Restaurant [R]

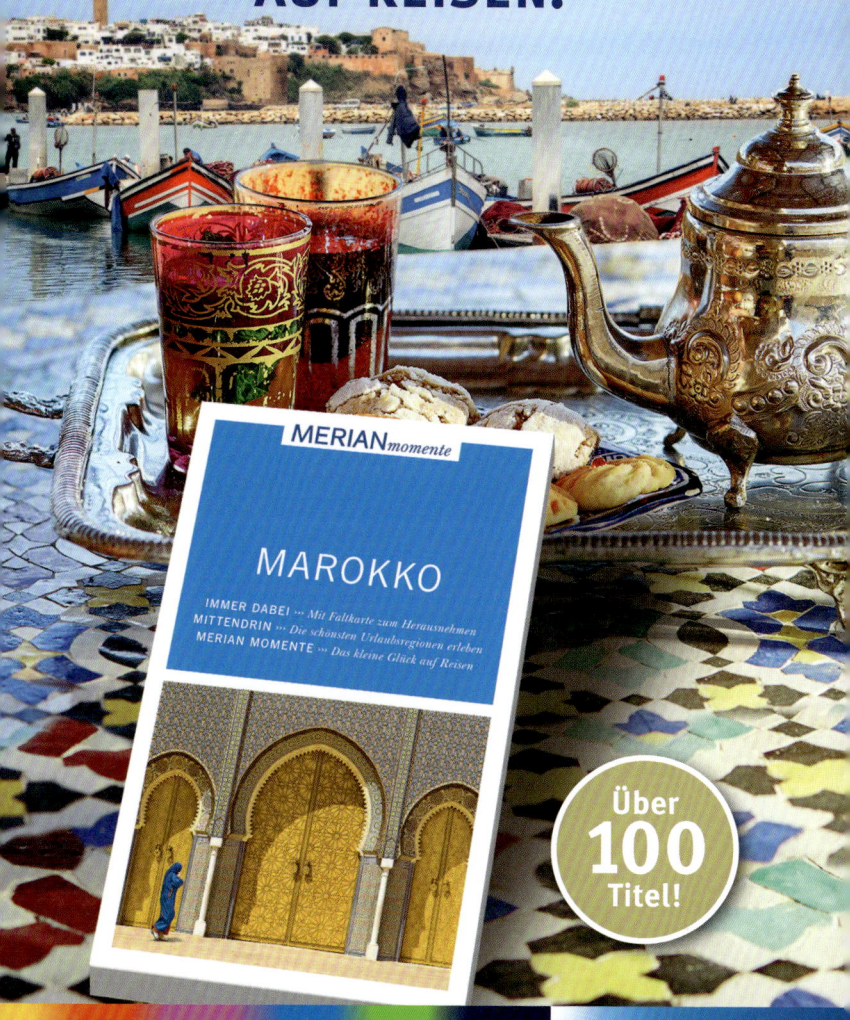

## Liebe Leserinnen und Leser,

vielen Dank, dass Sie sich für einen Band aus unserer Reihe MERIAN *momente* entschieden haben. Wir freuen uns, wenn Ihnen der Reiseführer gefällt. Wenn Sie aber Anregungen, Korrekturen oder Kritik haben, zögern Sie bitte nicht, uns zu schreiben. Denn das hilft uns, MERIAN *momente* noch besser zu machen.

Alle Angaben in diesem Reiseführer sind gewissenhaft geprüft. Preise, Öffnungszeiten usw. können sich aber schnell ändern. Für eventuelle Fehler übernimmt der Verlag keine Haftung.

© 2017 GRÄFE UND UNZER VERLAG GmbH, München
MERIAN ist eine eingetragene Marke der GANSKE VERLAGSGRUPPE.

GRÄFE UND UNZER VERLAG
Postfach 86 03 66
81630 München
merian-momente@graefe-und-unzer.de
www.merian.de
Tel. 0 89/41 98 19 41

**BEI INTERESSE AN MASSGESCHNEIDERTEN MERIAN-PRODUKTEN:**
veronica.reisenegger@graefe-und-unzer.de

**BEI INTERESSE AN ANZEIGEN:**
KV Kommunalverlag GmbH & Co KG
Tel. 0 89/9 28 09 60
info@kommunal-verlag.de

3. Auflage 2017

**REDAKTIONSLEITUNG**
Susanne Kronester
**REDAKTION**
Anne-Katrin Scheiter, Nadia Turszynski
**LEKTORAT**
Anne Köhler
**BILDREDAKTION**
Dr. Nafsika Mylona
**SCHLUSSREDAKTION**
Ulla Thomsen
**HERSTELLUNG**
Bettina Häfele, Katrin Uplegger
**SATZ/TECHNISCHE PRODUKTION**
h3a GmbH, München
**REIHENGESTALTUNG**
Independent Medien Design, Horst Moser, München (Innenteil), La Voilà, Marion Blomeyer & Alexandra Rusitschka, München und Leipzig (Coverkonzept)
**KARTEN**
Kunth Verlag GmbH & Co. KG für MERIAN-Kartographie
**DRUCK UND BINDUNG**
Printer Trento, Italien

*Ein Unternehmen der*
GANSKE VERLAGSGRUPPE

PEFC
PEFC/18-31-506

## BILDNACHWEIS
Titelbild (Atrani): AWL Images: M. Falzone
Bildagentur Huber: M. Angeli 45, M. Carassale 28, Gräfenhain 12, G. Greco 6, 165, J. Huber 125, Kaos02 41, 85, 135, S. Kremer 4–5, S. Scatà 168, R. Spila 42 | Bildagentur-online: Tips-Masci 161 | bpk: Scala/Ministero Beni e Att. Culturali 19 | Bridgemanart 70, 172 | Corbis: Mimmo Jodice 87,105, Mrs. G. Greene Hubbard/National Geographic Society 192 o, R. Marscha/imagebroker 192 u | Da Gelsomina 15 | dpa picture alliance: E. Vandeville/abaca 16, R. Wilms 17 | E. K. Jaeckel 9 | F1online 149 | fotolia.com: R. Henzel 18, sal 29 | gemeinfrei 171 | Getty Images: A. Incrocci 88, F. Chmura 120, 143, P. Barritt 56 | GlowImages 2, 58, 106 | Imago: E. Wrba/Imagebroker 91 | INTERFOTO: H. Corneli/imagebroker 20–21 | JAHRESZEITEN VERLAG: GourmetPictureGuide 80 | La Medusa Grand Hotel 25 | laif: R. Celentano 22, 46, 48, 109, 156–157, F. Blickle 131, M. Galligani 66, A. Hub 62, F. Heuer 60–61, 166–167, M. Kirchgessner 34, H. Madej 98, L. Maisant/hemis 26, 77, 79, R. Mattes/hemis.fr 14, 59, 147, B. Morandi 13 r, Ogando 137, B. Steinhilber 75 | look-foto 116 | mauritius images: Alamy 38, 83, 101, 113, A. Giannotti 30, G. Greco 69, ib 95 | Schapowalow: M. Mastrorillo/SIME 129 | Shutterstock: D. Ascione 102, basel101658 174 r, jbor 175, Magati 174 l, H. Nouwens 170, ollirg 152, onairda 126, 173, Pierdelune 92, C. Sargent 144, stefanolunardi 163, M. Stejskalova 37, Silberkorn 131 | vario images: Westend61 52 | Your_Photo_Today 138

# KULINARISCHES LEXIKON

## A

abbacchio – Milchlamm
acciuga, ghe – Sardelle(n)
aceto – Essig
aglio – Knoblauch
agnello – Lamm
alice, i – Sardine(n)
agrumi – Zitrusfrüchte
amaro – bitter
anatra – Ente
arancino – frittiertes Reisbällchen
aranciata – Orangenlimonade
arrosto – gebraten, Braten

## B

babà – mit Rum getränkter Muffin
biscotto – Keks
bistecca – Beefsteak, Schnitzel
bollito – gekochtes Fleisch
brace, alla – gegrillt
brasato – Schmorbraten
bresaola – luftgetrocknetes Rindfleisch
burro – Butter

## C

capperi – Kapern
capretto al barolo – Ziegenfleisch in
    Barolowein
carciofi – Artischocken
carne – Fleisch
cartoccio, al – im Backpapier oder der
    Folie im Ofen gegart
casareccio – hausgemacht
ceci – Kichererbsen
cedro – Zitronatzitrone
cervello – Hirn
cinghiale – Wildschwein
cipolla – Zwiebel
coniglio – Kaninchen

## D

dolce – süß, Süßspeise
dolcetta – Feldsalat

## F

fagiolini – grüne Bohnen
fegato – Leber
finocchio – Fenchel
fior di latte – Mozzarella aus Kuhmilch
forno (al) – im Ofen gebacken
fragola – Erdbeere
friarielli – neapolitanische Broccoliart
fritto – gebacken, frittiert
fritto misto – frittierte Meeresfrüchte
frutti di mare – Meeresfrüchte
funghi porcini – Steinpilze

## G

gambero – Krebs
ghiaccio – Eiswürfel

## I

imbottito – gefüllt
insalata di tartufi – dünne Pilz- und
    Trüffelscheiben mit Zitrone
insalata mista – gemischter Salat
involtini – Röllchen aus Fleisch, Fisch
    oder Gemüse

## L

latte – Milch
lattuga – Kopfsalat
lenticchie – Linsen
limone – Zitrone
lombata – Lendenstück

## M

maiale – Schwein
mandorla – Mandel

manzo – Rindfleisch
mela – Apfel
melanzane – Auberginen
miele – Honig
minestrone – Gemüsesuppe
morbido – weich, mürbe

## N

napoletana, alla – Tomatensauce mit
    Basilikum, Sardellen und Kapern
nasello – Seehecht
noce – Nuss

## O

orata – Goldbrasse, Dorade
ossobuco – geschmorte Kalbshaxe mit
    Knochen in der Mitte

## P

paccheri – sehr breite Cannelloni
paglia e fieno – »Heu und Stroh«,
    grüne und weiße Bandnudeln
pancetta – durchwachsener Speck
parmigiana di melanzane – Aubergi-
    nenauflauf mit Parmesankäse
pastiera – Kuchen aus Ricotta und
    Weizen mit kandierten Früchten
patate – Kartoffeln
pescatora, alla – mit Meeresfrüchten
pesce – Fisch
pesce spada – Schwertfisch
petto di pollo – Hühnerbrust
piatto del giorno – Tagesgericht
piselli – Erbsen
polipo – Polyp
pollo – Hähnchen
porchetta – Spanferkel
provolone del monaco – Hartkäse

## S

salmone – Lachs
salsa finanziera – Sauce mit Trüffel-
    essenz

saltimbocca – Kalbsmedaillons mit
    Salbei
scaloppina – dünnes Kalbsschnitzel
scamorza – gereifter, oft geräucherter
    Mozzarella
scialatielli – hausgemachte Band-
    nudeln
seppia – Sepia, Tintenfischart
sfogliatella – neapolitanisches Gebäck
sogliola – Seezunge
spigola – Wolfsbarsch
spinaci – Spinat
spremuta – frisch gepresster Saft
struffoli – ausgebackene Teigkügel-
    chen mit Honig
stufato – Rinderschmorbraten

## T

tacchino – Truthahn
tartufo – Trüffel, Trüffeleis
tonno – Thunfisch
trifolato – getrüffelt
trippa – Kutteln, Pansen
torta caprese – Mandeltorte aus Capri
trofie – hausgemachte Spiralnudeln
trota – Forelle

## U

uliva – Olive
uovo – Ei
uva – Trauben

## V

verdura – Gemüse
verza – Wirsing
vitello tonnato – Kalbfleisch in
    Thunfischsauce

## Z

zeppole – Hefeteigbällchen
zucca – Kürbis
zuppa inglese alla napoletana –
    überbackenes Biskuitdessert

# GESTERN & HEUTE

Weltberühmt ist diese Ansicht vom Posilippo auf die Stadt Neapel. Im Vordergrund der Stadtteil Mergellina und Goethes »unermeßlicher Spaziergang«, die Chiaia-Strandpromenade. Links oben ragt das **Castel Sant'Elmo** (▶ S. 65) als Vedute vom Hausberg Vomero. Rechts an der äußersten Spitze des Pizzofalcone-Vorsprungs liegt das **Castel dell'Ovo** (▶ S. 64), fast ganz vom Meer umspült. Majestätisch überragt die Landschaft der alles bestimmende **Vesuv** (▶ S. 90).